"十四五"职业教育国家规划教材

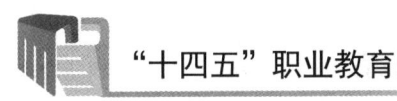

21世纪高等职业教育文秘类精品教材——任务驱动与项目导向系列

新编商务秘书实务(第3版)

向 阳 主编

叶永翠 伍岂莹 王 曦 副主编

电子工业出版社
Publishing House of Electronics Industry
北京·BEIJING

内 容 简 介

本书按照国家高等职业教育的最新理念,通过对商务秘书工作岗位能力的归纳和总结,采用高等职业教育任务驱动教学法和情景教学的设计思路,对全书的体例进行了调整,创新教材结构体系,努力体现项目引领、任务驱动及"教、学、做"融为一体的课程特色。全书分为商务秘书的角色认知、办公室事务管理、企业文书综合处理、会议与商务活动管理、信息工作与参谋辅佐五个大项目,每个大项目设有子项目、知识小结及课后练习题;每个子项目由项目任务、事件回放、任务分析、相关知识组成,既保证部分的独立性,又体现整体的系统性。

本书既可作为高职高专、成人学校、本科院校文秘专业及相关管理专业的教材,也可作为企事业单位秘书人员的培训教材和参考用书。

未经许可,不得以任何方式复制或抄袭本书之部分或全部内容。
版权所有,侵权必究。

图书在版编目(CIP)数据

新编商务秘书实务 / 向阳主编. —3 版. —北京:电子工业出版社,2021.7
ISBN 978-7-121-37918-5

Ⅰ.①新… Ⅱ.①向… Ⅲ.①商务—秘书—高等学校—教材 Ⅳ.①F715

中国版本图书馆 CIP 数据核字(2019)第 259296 号

责任编辑:贾瑞敏
印　　刷:北京天宇星印刷厂
装　　订:北京天宇星印刷厂
出版发行:电子工业出版社
　　　　　北京市海淀区万寿路 173 信箱　邮编 100036
开　　本:787×1 092　1/16　印张:14.25　字数:358.4 千字
版　　次:2014 年 8 月第 1 版
　　　　　2021 年 7 月第 3 版
印　　次:2025 年 6 月第 9 次印刷
定　　价:48.00 元

凡所购买电子工业出版社图书有缺损问题,请向购买书店调换。若书店售缺,请与本社发行部联系,联系及邮购电话:(010)88254888,88258888。

质量投诉请发邮件至 zlts@phei.com.cn,盗版侵权举报请发邮件至 dbqq@phei.com.cn。
本书咨询联系方式:(010)88254019,jrm@phei.com.cn。

前　言

随着"互联网+"时代的来临，商务秘书的工作内容、工作环境、工作方法都发生了较大的变化，传统的"三办"（办文、办事、办会）已经不能满足现代商务领域的需要，为适应社会发展和企事业单位管理水平不断提升，以及对秘书人员越来越高的要求，我们遵循高等职业教育人才培养"以能力为本位、以行动为导向、以实用为抓手"的理念，根据这些年我们对高职层次商务秘书专业教学改革的一些探索，在企业和秘书界专业人士的协助下，编写了商务秘书实务教材。本书按照国家高等职业教育的最新理念，通过对商务秘书工作岗位能力的归纳和总结，采用高等职业教育中任务驱动教学法和"教、学、做"一体化的设计思路进行编写，更加突出了能力本位的思想，通过引导学生对一个个具体任务的完成，培养学生的职业意识，训练学生的职业能力。在每个任务后面，我们还根据基层档案工作的实际，设计出不同的实训环节，通过全书三十多个实训，让学生在做中学，在学中做，在动手动脑过程中完成知识到能力的转化，真正实现"教、学、做"一体化。

本书在内容选取方面，特别凸显了企业秘书岗位工作实际要求，以及对具体问题分析、解决、处理能力的训练与培养，力图突破以前同类型教材"重学轻练"的准学科型结构体系；在教学案例方面，选取了来自企业、社会各界的丰富生动案例或素材，意在让学生能饶有兴趣地进行阅读、分析思考，并设计行动方案；在基础理论方面，大力引入近年来的新思路、新理念、新方法、新技术，反映了近年来商务秘书工作有关理论的新发展，使本书理论"适合度"与商务秘书的高等职业教育要求相匹配。

本书自出版以来深受广大师生欢迎，被很多高职院校接纳、采用。同时，也为我们提出很多宝贵的意见和建议。对此，我们谨致谢忱！同时也希望更多读者能继续关心和支持我们，通过我们的共同努力，使本书臻于完善。

本次修订再版，我们在第 2 版主体框架的基础上对四个方面进行了完善和改进：一是对重要案例进行了更新，使教材能迅速反映不断发展变化的现实情况，以及社会和企业对商务秘书提出的新要求；二是紧密结合秘书专业考证的要求，尽可能地将考证内容纳入教材中，这样既减轻了学生的学习负担，也避免了教师教学、训练方面的重复；三是根据国家关于公文方面新的规定和要求，对第 2 版中的相关内容进行了修改，以使这方面的内容、要求与国家文件精神保持一致；四是对第 2 版中少数表述欠规范、欠准确的地方进行了更正和修改，从而使本书内容更加严谨、科学。另外，为方便教学，本书还配有电子教案、习题答案、案例分析等教学辅助资料，读者可登录华信教育资源网（www.hxedu.com.cn）免费下载。

本书由向阳担任主编，完成对全书的修订和定稿工作，叶永翠、伍岂莹、王曦任副主编，具体分工为向阳负责项目一、项目四，叶永翠负责项目二，王曦负责项目三，伍岂莹与黄爱华负责项目五。全书课后练习题由王凌修改定稿。

在编写本书过程中我们参考了国内外许多学者、专业人士的研究成果，在此谨向他们表示深深的感谢。由于水平和时间所限，书中仍难免有错误与不妥之处，敬请专家与读者不吝赐教。

编　者

目 录

项目一 商务秘书的角色认知 (1)

子项目一 定位现代秘书 (1)
一、秘书一词的由来及含义 (2)
二、秘书的历史演变过程 (3)
三、现代秘书的定位 (5)
四、现代秘书的分类 (5)

子项目二 认知秘书工作 (7)
一、秘书工作概述 (8)
二、秘书工作的基本内容 (8)
三、秘书的常规工作 (9)

子项目三 做一个好秘书 (12)
一、秘书的职业道德 (12)
二、秘书的职业素养 (13)
三、秘书的职业能力 (18)
四、职业生涯规划——秘书提升素质技能的途径 (19)

知识小结 (20)
课后练习题 (20)

项目二 办公室事务管理 (24)

子项目一 办公环境管理 (25)
一、办公环境管理的含义及原则 (26)
二、办公室环境的布局与布置 (27)
三、办公室的美化 (30)
四、办公室的健康安全管理 (31)

子项目二 办公室时间管理 (34)
一、时间管理 (34)
二、日程安排 (39)
三、约会安排 (42)
四、旅行安排 (44)

子项目三 商务沟通与接待 (47)
一、电话事务 (48)
二、来客接待 (51)
三、沟通 (56)
四、协调 (60)

子项目四　办公室值班管理 (63)
- 一、值班工作的内涵 (64)
- 二、值班工作的主要任务 (64)
- 三、值班工作制度 (66)

子项目五　常用办公设备及办公用品管理 (67)
- 一、常用办公设备的管理 (68)
- 二、秘书常用办公软件的使用 (74)
- 三、办公用品的管理 (75)

知识小结 (78)

课后练习题 (78)

项目三　企业文书综合处理 (82)

子项目一　企业发文管理 (82)
- 一、文书处理概述 (83)
- 二、发文办理 (85)

子项目二　企业收文管理 (89)
- 一、收文的处理 (89)
- 二、收文处理工作程序 (90)

子项目三　企业文档管理 (93)
- 一、档案文件的平时归卷 (93)
- 二、现代企业的电子文书管理 (96)
- 三、文书归档的相关概念 (99)
- 四、文书归档的理解 (100)
- 五、文书归档的要求和步骤 (101)

知识小结 (104)

课后练习题 (104)

项目四　会议与商务活动管理 (107)

子项目一　会前策划与筹备 (107)
- 一、会议策划的含义 (108)
- 二、会议策划的工作流程 (111)
- 三、会议策划方案的内容 (112)
- 四、商定会议时间、地点 (114)
- 五、制订会议计划 (116)
- 六、准备会议资料 (118)
- 七、拟写和发送会议通知 (119)
- 八、预算和申请会议经费 (120)
- 九、会场布置 (121)
- 十、与会人员的名单及分组 (124)

· VI ·

十一、会务工作机构的成立和分工⋯⋯⋯⋯⋯⋯⋯⋯⋯⋯⋯⋯⋯⋯⋯⋯⋯⋯（124）
子项目二　会中服务与管理⋯⋯⋯⋯⋯⋯⋯⋯⋯⋯⋯⋯⋯⋯⋯⋯⋯⋯⋯⋯⋯（126）
　　一、接站技巧⋯⋯⋯⋯⋯⋯⋯⋯⋯⋯⋯⋯⋯⋯⋯⋯⋯⋯⋯⋯⋯⋯⋯⋯⋯⋯（127）
　　二、报到与签到⋯⋯⋯⋯⋯⋯⋯⋯⋯⋯⋯⋯⋯⋯⋯⋯⋯⋯⋯⋯⋯⋯⋯⋯⋯（128）
　　三、会场服务工作⋯⋯⋯⋯⋯⋯⋯⋯⋯⋯⋯⋯⋯⋯⋯⋯⋯⋯⋯⋯⋯⋯⋯⋯（130）
　　四、会议记录⋯⋯⋯⋯⋯⋯⋯⋯⋯⋯⋯⋯⋯⋯⋯⋯⋯⋯⋯⋯⋯⋯⋯⋯⋯⋯（131）
　　五、会间活动的安排⋯⋯⋯⋯⋯⋯⋯⋯⋯⋯⋯⋯⋯⋯⋯⋯⋯⋯⋯⋯⋯⋯⋯（136）
　　六、会间食宿工作⋯⋯⋯⋯⋯⋯⋯⋯⋯⋯⋯⋯⋯⋯⋯⋯⋯⋯⋯⋯⋯⋯⋯⋯（137）
子项目三　会后工作⋯⋯⋯⋯⋯⋯⋯⋯⋯⋯⋯⋯⋯⋯⋯⋯⋯⋯⋯⋯⋯⋯⋯⋯⋯（139）
　　一、会场善后工作与安排与会人员离场⋯⋯⋯⋯⋯⋯⋯⋯⋯⋯⋯⋯⋯⋯⋯（139）
　　二、会后文书工作⋯⋯⋯⋯⋯⋯⋯⋯⋯⋯⋯⋯⋯⋯⋯⋯⋯⋯⋯⋯⋯⋯⋯⋯（141）
　　三、会议总结⋯⋯⋯⋯⋯⋯⋯⋯⋯⋯⋯⋯⋯⋯⋯⋯⋯⋯⋯⋯⋯⋯⋯⋯⋯⋯（145）
　　四、会议经费的结算工作⋯⋯⋯⋯⋯⋯⋯⋯⋯⋯⋯⋯⋯⋯⋯⋯⋯⋯⋯⋯⋯（146）
　　五、会议效果的评估方法⋯⋯⋯⋯⋯⋯⋯⋯⋯⋯⋯⋯⋯⋯⋯⋯⋯⋯⋯⋯⋯（147）
　　六、会后的催办、反馈与落实工作⋯⋯⋯⋯⋯⋯⋯⋯⋯⋯⋯⋯⋯⋯⋯⋯⋯（151）
子项目四　常见会议与商务活动⋯⋯⋯⋯⋯⋯⋯⋯⋯⋯⋯⋯⋯⋯⋯⋯⋯⋯⋯（152）
　　一、开业庆典⋯⋯⋯⋯⋯⋯⋯⋯⋯⋯⋯⋯⋯⋯⋯⋯⋯⋯⋯⋯⋯⋯⋯⋯⋯⋯（153）
　　二、会见⋯⋯⋯⋯⋯⋯⋯⋯⋯⋯⋯⋯⋯⋯⋯⋯⋯⋯⋯⋯⋯⋯⋯⋯⋯⋯⋯⋯（155）
　　三、会谈⋯⋯⋯⋯⋯⋯⋯⋯⋯⋯⋯⋯⋯⋯⋯⋯⋯⋯⋯⋯⋯⋯⋯⋯⋯⋯⋯⋯（157）
　　四、签字仪式⋯⋯⋯⋯⋯⋯⋯⋯⋯⋯⋯⋯⋯⋯⋯⋯⋯⋯⋯⋯⋯⋯⋯⋯⋯⋯（158）
　　五、宴会⋯⋯⋯⋯⋯⋯⋯⋯⋯⋯⋯⋯⋯⋯⋯⋯⋯⋯⋯⋯⋯⋯⋯⋯⋯⋯⋯⋯（160）
知识小结⋯⋯⋯⋯⋯⋯⋯⋯⋯⋯⋯⋯⋯⋯⋯⋯⋯⋯⋯⋯⋯⋯⋯⋯⋯⋯⋯⋯⋯⋯（163）
课后练习题⋯⋯⋯⋯⋯⋯⋯⋯⋯⋯⋯⋯⋯⋯⋯⋯⋯⋯⋯⋯⋯⋯⋯⋯⋯⋯⋯⋯⋯（163）

项目五　信息工作与参谋辅佐⋯⋯⋯⋯⋯⋯⋯⋯⋯⋯⋯⋯⋯⋯⋯⋯⋯⋯⋯⋯（166）

子项目一　信息收集与参谋辅佐⋯⋯⋯⋯⋯⋯⋯⋯⋯⋯⋯⋯⋯⋯⋯⋯⋯⋯⋯（166）
　　一、信息概述⋯⋯⋯⋯⋯⋯⋯⋯⋯⋯⋯⋯⋯⋯⋯⋯⋯⋯⋯⋯⋯⋯⋯⋯⋯⋯（168）
　　二、秘书信息工作的概念及内容⋯⋯⋯⋯⋯⋯⋯⋯⋯⋯⋯⋯⋯⋯⋯⋯⋯⋯（169）
　　三、信息收集⋯⋯⋯⋯⋯⋯⋯⋯⋯⋯⋯⋯⋯⋯⋯⋯⋯⋯⋯⋯⋯⋯⋯⋯⋯⋯（170）
　　四、秘书信息收集与参谋辅佐⋯⋯⋯⋯⋯⋯⋯⋯⋯⋯⋯⋯⋯⋯⋯⋯⋯⋯⋯（176）
子项目二　信息处理与参谋辅佐⋯⋯⋯⋯⋯⋯⋯⋯⋯⋯⋯⋯⋯⋯⋯⋯⋯⋯⋯（180）
　　一、信息整理⋯⋯⋯⋯⋯⋯⋯⋯⋯⋯⋯⋯⋯⋯⋯⋯⋯⋯⋯⋯⋯⋯⋯⋯⋯⋯（181）
　　二、信息储存⋯⋯⋯⋯⋯⋯⋯⋯⋯⋯⋯⋯⋯⋯⋯⋯⋯⋯⋯⋯⋯⋯⋯⋯⋯⋯（183）
　　三、信息传递⋯⋯⋯⋯⋯⋯⋯⋯⋯⋯⋯⋯⋯⋯⋯⋯⋯⋯⋯⋯⋯⋯⋯⋯⋯⋯（185）
　　四、信息开发⋯⋯⋯⋯⋯⋯⋯⋯⋯⋯⋯⋯⋯⋯⋯⋯⋯⋯⋯⋯⋯⋯⋯⋯⋯⋯（187）
　　五、信息利用⋯⋯⋯⋯⋯⋯⋯⋯⋯⋯⋯⋯⋯⋯⋯⋯⋯⋯⋯⋯⋯⋯⋯⋯⋯⋯（191）
　　六、秘书信息处理与参谋辅佐⋯⋯⋯⋯⋯⋯⋯⋯⋯⋯⋯⋯⋯⋯⋯⋯⋯⋯⋯（193）
子项目三　调研工作与参谋辅佐⋯⋯⋯⋯⋯⋯⋯⋯⋯⋯⋯⋯⋯⋯⋯⋯⋯⋯⋯（196）
　　一、调研工作的概念⋯⋯⋯⋯⋯⋯⋯⋯⋯⋯⋯⋯⋯⋯⋯⋯⋯⋯⋯⋯⋯⋯⋯（197）

二、调研工作的基本类型……………………………………………………（197）
　　三、调研工作的基本方法……………………………………………………（200）
　　四、调研工作的原则…………………………………………………………（204）
　　五、秘书调研工作与参谋辅佐………………………………………………（204）
子项目四　信息反馈与参谋辅佐……………………………………………（207）
　　一、信息反馈的概念…………………………………………………………（208）
　　二、信息反馈的目的…………………………………………………………（209）
　　三、信息反馈的特点…………………………………………………………（209）
　　四、信息反馈的形式…………………………………………………………（210）
　　五、信息反馈的方法…………………………………………………………（211）
　　六、信息反馈的原则…………………………………………………………（211）
　　七、秘书信息反馈与参谋辅佐………………………………………………（212）
知识小结………………………………………………………………………（215）
课后练习题……………………………………………………………………（215）

教学设定

教学开始，第一堂课即在教学班设立一家公司，要求按照正规公司架构和运营实际来设置其组织机构，确定运营方式、经营范围等，将教学活动与公司的运作结合起来。

一、本书背景公司

- 名称：天骏秘书咨询服务公司（简称天骏公司）。
- 业务范围：面向机关、企事业单位，提供各类秘书服务。
- 组织机构：如图1所示。

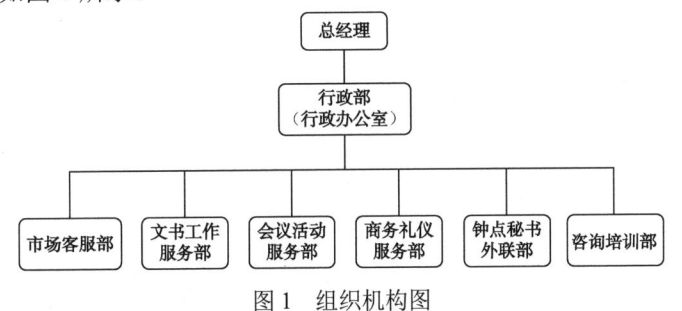

图1 组织机构图

- 人物设定：总经理　李翔；
  - 行政部经理　高明；
  - 秘书　肖琳等；
  - 其他部门人员　梅雪、孙芳等。

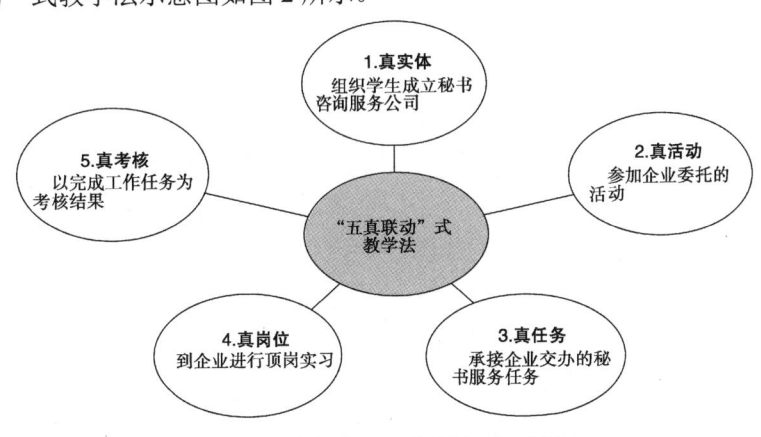

二、"五真联动"式教学法

"五真联动"式教学法示意图如图2所示。

图2 "五真联动"式教学法示意图

三、教学实施

1. 由学生按组结合成立各个部门，并分部门研讨各自的职责与分工，确定岗位。
2. 结合教学项目进行任务模拟，有条件的可以与企业联合开发项目，或到企业顶岗实习。
3. 组织学生到企业联系项目，争取获得企业项目委托，完成真实工作任务。
4. 学期结束时，依据各部门完成的工作情况进行总结，由各部门分别述职，其他部门和老师共同打分，进行课程考核评定。

项目一
商务秘书的角色认知

学习目标

项目分解
- 定位现代秘书
- 认知秘书工作
- 做一个好秘书

能力目标
- 准确把握秘书任职必须具备的岗位要求
- 明确秘书职业发展趋向及个人晋职途径
- 准确把握秘书任职必须具备的职业道德标准
- 了解秘书任职所需的能力和知识

知识目标
- 掌握秘书工作的内容范畴
- 了解秘书工作的性质、地位和作用
- 了解秘书职业化发展趋势
- 掌握秘书素质和行为规范要求

子项目一 定位现代秘书

项目任务

为自己准备一次商务秘书招聘面试。

事件回放

天骏秘书咨询服务公司(以下简称天骏公司)是一家面向机关、企事业单位,提供各类秘书服务、咨询工作及钟点秘书服务的公司。

天骏公司总经理办公室，李总正在和行政部经理高明谈话。

李总："高明，现在公司事务较多，办公室工作都挺忙的，为了让各部门的工作更有条理，公司打算招聘三位秘书，主要让他们做一些基本的办公事务。上个周末在人才市场初步挑选了六位应聘者，你准备一下，这个星期进行业务面试，确定的人选要及时进行岗前培训。"

高明："好的，我一定认真面试他们。"

高明回到办公室后，立刻打电话通知相关人员三天后进行面试。

任务分析

我们的项目任务看似比较简单，但实际上要做的工作不少。应聘者要根据秘书的岗位职责和招聘单位的人才需求，制定面试计划。在面试过程中，招聘单位既会考察应聘者的学识、技能和应变能力，还会考察应聘者的职业意识。因此，应聘者必须明确现代秘书的定位，制定较完善的面试计划，做到有备无患。

相关知识

一、秘书一词的由来及含义

"秘书"一词，古已有之。今天人们谈到的秘书，往往与文书、领导的助手、智囊、参谋等联系在一起。

1. 国际通用秘书的含义

（1）英语中的"秘书"（Secretary）：这个词来源于拉丁语，原意为"守密的人"，指那些被国王和王后雇用来保守国家和私人秘密的人。

西方国家认为"Secretary"一词有三个含义：职位、从事这一职业的职员、官员。

（2）全美秘书协会对秘书的定义：高级官员的助手，掌握机关职责，并具有在不同上司的直接监督下承担任务的才干，发挥积极主动性，运用判断力在其职权范围内对机关工作做出决定。

（3）国际秘书联合会对秘书的定义：秘书应是上司的一位特殊助手，他们掌握办公室工作的技巧，能在没有上司过问的情况下表现出自己的责任感，以实际行动显示出主动性和判断能力，并且在所给予的权力范围内做出决定。

综合国外关于秘书种种定义的共性可以看出：秘书是一种社会职业，而不仅仅是一个官职名称；秘书主要是为领导服务的人员。

2. 国内关于秘书一词的解释

这曾是我国秘书学界争论的一个热点问题，秘书学界曾经多次专门对"秘书"的定义展开讨论，但各种观点之间依然存在一定的分歧。虽然是众说纷纭，但归纳起来，这些观点大致可以分为两大类：一类是传统的观点，另一类是现代的观点。

（1）传统的观点是以传统的秘书工作为依据的，其最大的特点是把秘书工作同文书工作捆绑在一起，以文书工作作为界定的核心。具有代表性的是1979年出版的《辞海》的解释："职务名称之一，是领导的助手。秘书工作是一项机要性工作，它的任务是收发文件，办理文书、档案和领导交办事项。"

这一注释明显地突出了秘书的文书工作，旁及的也只是"领导交办事项"。《辞海》对"秘书"一词的解释代表了20世纪80年代以前学术界的观点。目前还有少数学者坚持这种看法。

（2）20世纪90年代以来，新时期秘书工作的变化及发展趋势越来越引起秘书学界的关注，众多专家学者发表了自己的见解，提出了秘书的含义。

翁世荣先生在《秘书学概论》一书中把现代秘书的概念定义为"秘书是辅助领导层或个人实施管理和处理日常事务的人员"。

刘祖遂、王守福在《通用秘书学》一书中认为："秘书是社会职务的名称之一，是为领导中枢和领导者提供综合性、辅助性服务的公务人员。"

1990年袁维园主编的《秘书学》一书中讲道："秘书是广泛的社会职业之一，是一种行政职务。"

在目前新出版的秘书职业资格考试全国通用秘书学教材中，狭义秘书的定义是："专门从事办公室程序性工作、协助领导处理政务及日常事务并为领导决策及其实施服务的人员。"广义秘书的定义是："位居领导人身边或领导机构中枢，从事办公室事务，办理文书，联系各方，保证领导工作正常运转，直接为领导工作服务并处理各方面的事务与信息。"

（3）综合研究国内外对秘书的定义及现代社会对秘书人员的要求，可以将现代秘书这样定位：

① 秘书是一种职业。
② 从事秘书职业的人员是"直接为领导工作服务"的，其服务的根本对象是领导者。
③ 秘书的工作是"协助领导处理政务及日常事务"，秘书活动的根本性质是辅助管理。
④ 秘书活动的基本方式是处理信息和事务。

二、秘书的历史演变过程

从秘书职位的角度来看，秘书职位经历了从"神权"走向世俗、从官职走向职业化的转变过程。

1. 从"神权"走向世俗

（1）最早的"秘书"名称。在我国，"秘书"一词最早出现于汉代。它最初的含义是指物而非指人，即宫廷秘藏图书和典籍。至东汉后期，秘书不仅指物，也指机构和人员。朝廷设秘书令、秘书监等官职，具有掌管图书典籍的职能。那时的秘书，并非现代意义上的秘书，其工作性质相当于皇家图书馆馆长。

（2）最早的秘书工作。秘书工作是个古老的职业。秘书的出现，必须具备两个条件：一是管理组织的出现。在原始社会，生产力低下，没有领导和被领导之分。随着生产力的发展，出现了社会管理组织，出现了领导和公务活动，这就需要秘书协助领导处理公务。所以说，秘书与领导有着天然的联系，先有领导，后有秘书。二是文字的出现。有文字才能有公文，而公文的制作、传递和管理，是秘书工作的重要内容。因此，秘书同文字和公文是密不可分的。

根据考古学家证实，我国现存最早的公文是商朝的甲骨文书，距今大约 4 000 年，而使用和撰写甲骨文书的"巫"，则可以说是我国最早的秘书。

巫，在上古时期，具有"沟通上天"的神通，他们以占筮的方式，发出"神谕"，帮助帝王解答疑难，出谋献策。当时的巫所做的工作，相当于秘书的工作。只不过那时的巫所代表的是天意，是上神，所以，凡占筮的结果，可比为"神谕"。巫的身份，相当于神的代言人。

后来，随着时代进步，神权逐渐没落，皇权日益稳固。在中国两千多年的封建时期中，巫早已消失，各级官员大臣帮助帝王进行国家管理。历代为皇帝起草文书、掌管印玺、提供参谋意见等从事现代意义上"秘书"一职的人，有各种不同的官职名称，如史官、御史大夫、尚书、长史、主簿等。那时从事秘书工作的人，其实是协助朝廷处理各类事务的官员，诸如蔺相如、诸葛亮、张良等，虽有门客、军师之名，最终还是走向了官场。

明清时期，我国的秘书工作真正走向世俗化。

辛亥革命后，随着孙中山先生任命宋庆龄等人为秘书，帮助处理文书和日常工作，现代意义上的秘书产生了，秘书职位与秘书工作得到了统一。

2. 从官职走向职业化

（1）国外秘书工作的社会化、职业化发展。从英文单词"Secretary"的含义就可以看出，秘书作为一种社会职业，在西方较早就开始确立。当"Secretary"首字母"S"为大写时，秘书意为部长或大臣，这是政府部门的高级官员；当首字母"S"为小写时，秘书就泛指受雇用在办公室中从事处理信函、保管档案、安排业务等普通意义上的秘书工作人员。

资产阶级革命后，秘书职位主要承担的是辅助性管理工作这一内涵开始得到社会的认可和接受。另外，国外私人秘书的发展历史也相当悠久。贵族成员多喜欢雇用私人秘书为他们处理信笺、账目和邀请函等。商人也有秘书，他们通常被称作"办事员"。例如，英国著名的政治学家和哲学家约翰·洛克就曾长期担任著名领袖人物的私人秘书；16 世纪英国著名诗人约翰·邓恩也曾是掌玺大臣的私人秘书。

到了近代，秘书职业开始有了自己行业的协会组织。成立于 1942 年的美国国际行政专业秘书协会，原名美国全国秘书协会，是世界有名的跨国性职业组织。该协会总部设在美国密苏里州开普斯城。会员除美国的在职秘书外，还包括欧洲、亚洲、拉丁美洲等 30 多个国家和地区的在职秘书。该协会的宗旨是，作为秘书的代言机构，维护秘书的合法利益；通过继续教育，提高秘书人员的素质和水平；介绍最新技术，增强业务技能，提高秘书的职业地位。

（2）我国秘书的社会化、职业化发展。从古代皇帝的左丞右相，到今天领导身边的左右手，我国的秘书职业已经从古代的政府职员演变成今天的职业白领。秘书职业的角色发生了翻天覆地的变化。

我国的私人秘书始于明清时期，称幕客，也称西席、馆师、宾师等，俗称师爷。由地方长官私人聘请，不拿官方俸禄，不占政府机构编制，是地方长官的私人秘书。

辛亥革命以后，秘书从名称到含义得到了统一。但是，在相当长的一段时间里，秘书还是一种行政职位，由政府任命。

改革开放以后，随着经济的发展和社会需求的提高，秘书的工作性质和含义发生了较大的变化。私人秘书、商务秘书逐渐出现，行政秘书角色开始向社会化、职业化、市场化转变，职业秘书逐渐形成。

三、现代秘书的定位

1. 明确秘书的职业角色——从属辅助

（1）从属性地位。有人说，秘书从属于领导。这个说法并不正确，应该说，秘书职业是从属于管理活动的，任何有管理活动存在的行业，都需要秘书来协助。只要有一个行业，就要有这个行业的秘书，所以人们称秘书为"第三百六十一行"。反之，管理活动消失，秘书职业也就不复存在了。

（2）辅助性作用。秘书的职业是协助管理，在管理活动中起辅助领导、服务领导的作用。秘书是领导的"外脑""智囊"，是领导的左右手，在管理活动中为领导提供信息，出谋献策，处理日常事务。

2. 明确秘书的活动范围——领导活动

秘书活动是围绕领导活动展开的，为领导服务是秘书第一位的基本职能，秘书活动是领导的附属和补充，领导活动规定了秘书活动的基本范围和工作方向，所以，领导活动的范围就是秘书活动的范围。

3. 明确秘书的工作核心——领导意图

领导意图是指领导人、领导班子或领导机关在指导其社会组织实现目标的过程中所提出的意见和意图的实质，是领导提出的工作意见，是领导工作思想的具体体现。

领导意图的形成过程实质上是领导决策的过程。领导意图的具体表现形式往往都是通过命令、指示、决定、通知等正式文件或部署安排、签批意见、口头要求等非正式文件的形式进行传达和贯彻的。秘书的工作要围绕领导意图进行。正确领会、贯彻、执行领导意图，是秘书工作的一个基本出发点。

四、现代秘书的分类

秘书是一个统称，从不同的角度，可分为不同的类别。

1. 按服务对象划分（见表1.1）

表1.1 按服务对象划分

秘书种类	工作性质
公务秘书	为各级机关、企事业单位、社会团体服务，由组织与人事部门选调，从国家或集体领薪的人员
私人秘书	私人出资聘请并为聘请者个人服务的秘书

私人秘书目前数量不多，但有很可观的发展趋势。

2. 按工作领域划分（见表1.2）

表1.2　按工作领域划分

服务领域	秘书种类
党政机关	机要秘书、党务秘书、行政秘书、文字秘书、外事秘书、通信秘书、信访秘书、事务秘书、生活秘书
商务领域	董事会秘书、行政总监、经理助理、各类文员
其他行业	科技秘书、法律秘书、医学秘书等

商务秘书主要服务于企业，他们活跃于经济领域，擅长处理各类商业事务，应对各类商务活动，是现代秘书的生力军。商务秘书已经成为秘书职业发展的主要趋势。

3. 按层次、级别划分（见表1.3）

表1.3　按层次、级别划分

层次、级别	高级秘书	中级秘书	初级秘书
机关单位	秘书长、办公厅（室）主任	文字秘书（处长、科长）	工作人员（科员、办事员）
企业	跨国公司首脑秘书、董事会秘书、地区总裁秘书	各类助理：部门经理秘书、经理助理、中小公司的经理秘书	文员：前台文员、接待文员、行政文员、人事文员

国外秘书也有分类，其中美国秘书分类最细，日本秘书则是官职，德、英、法等其他各国也各有特色。

相关链接

美国"全美秘书协会"章程提出的秘书必备的9个条件

① 像心理学家一样善于观察和理解他人。
② 像政治家一样有灵敏的头脑。
③ 像外交官一样有潇洒的风度。
④ 有调查各种棘手问题的丰富经验。
⑤ 有良好的速记能力及文字功底。
⑥ 谙熟各种商业往来中的法律关系。
⑦ 能熟练地使用各种办公自动化软件。
⑧ 具备相应的金融和税务方面的知识。
⑨ 能熟练地对各种文件资料进行整理。

随堂检测

1. 名词解释
现代秘书　商务秘书　领导意图
2. 仔细阅读《三国演义》中第七十二回描写的杨修之死，分析杨修（主簿，属秘书之职）因何失误致死。

子项目二　认知秘书工作

项目任务

前往联系单位走访（观察）一位资深秘书，整理出一份秘书日常工作内容表。

事件回放

毕业于某名牌大学的林英踌躇满志地踏上了秘书的工作岗位，经过一系列的面试竞争，她终于获得了天骏公司的秘书一职。今天是她上班的第一天，一路上林英想象着她的工作：在办公桌前熟练地进行计算机操作；用流利的英文为总经理书写函件；聚光灯下，从容地主持对外活动……

林英兴冲冲地赶到办公室报到，经理淡淡地看了她一眼，然后吩咐说："请林小姐先把办公室收拾一下。"林英一愣，但立即按照经理的吩咐做了起来，将办公桌上东一堆西一堆的文件整理归位，将茶几上用过的杯子、装满烟蒂的烟灰缸清洗干净，然后对办公室的地面进行除尘。这一切做完以后，林英对经理说："办公室收拾好了，请问经理，还有什么吩咐？"林英心想："这下该让我起草文件了吧！"可是没想到经理头也不抬地说："请帮我倒杯水。"于是林英泡了一杯热茶端了过去。"对不起，我要的是白开水。"经理挥了挥手说。林英赶忙去换了一杯热的白开水。"对不起，林小姐，我要冷的水。"经理有点不耐烦地说。林英只好去换第三杯水，这才让经理满意。之后，经理又吩咐她去做了很多琐事：寄信、购买打印纸、煮咖啡，等等。一整天就这样匆匆过去了。第一天的工作经历让林英很失落，苦读了四年大学，为了提高英语水平，熟练操作计算机，她甚至本末倒置，白天上课懒洋洋，晚上拼命读夜校，为的就是能获得一份体面的外企秘书工作，没想到现在竟然像佣人一样为别人打扫卫生、端茶倒水、跑腿等。这些不读书也能干的事为什么要让秘书来干？林英的心里充满了困惑。

任务分析

该事件说明了秘书工作具有专业性、服务性、繁杂性的特点。作为秘书，在领导工作需要时必须尽职尽责，不能对职责范围内的工作视而不见，一味地认为自己是专业人才，服务性工作不是自己应该做的。如果你是林英，你该怎样做好这些事情？通过整理秘书工作内容表，你认识到秘书工作的特性了吗？

相关知识

一、秘书工作概述

秘书工作，是指协助领导处理政务及日常事务时所进行的各项辅助性工作。这一含义反映了秘书工作的服务性、从属性、事务性、综合性和专业性等基本特性。

秘书工作的涵盖范围几乎与领导的工作范围相等，但秘书工作的特征却是起辅助作用并提供服务。现代秘书工作与领导活动的关系准确地指明了其服务性和从属性这两个本质特征。

秘书工作总是围绕领导活动的全过程进行的。有领导活动，就有为领导活动服务的秘书工作。领导的职责是制定并实施决策以掌管全局，而领导不可能事必躬亲，这就需要秘书人员做领导的助手，为领导处理各项日常事务性工作，从而决定了秘书工作具有事务性和综合性的特征。

秘书工作从属于领导工作。领导的管理活动既综合又专业，为其服务的秘书必须有与之相适应的专业能力和技巧。因此，秘书工作又具有专业性的特点。

二、秘书工作的基本内容

秘书工作的基本内容与秘书的岗位职责是分不开的，秘书和秘书部门承担着对领导层与被领导层之间、职能部门之间、本机关和外部有关公众及本机关与上、下级机关之间进行中介沟通的任务，是上情下达、下情上报、联系左右、沟通内外的枢纽岗位和部门。

从图1.1可以看出，秘书工作的大致内容归纳起来可以分为以下五大类。

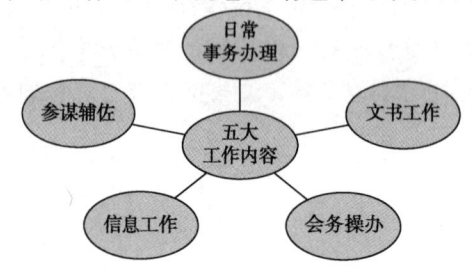

图1.1 秘书工作的大致内容

1. 日常事务办理

日常事务办理是秘书工作的重要内容，包括办公室环境管理、用品管理、常用设备管理、办公室日常事务处理、对外接待与沟通以及对领导临时交办事务和突发事务的处理等。

2. 文书工作

文书工作包括：根据领导意图进行的文件撰拟、修改、印制、校对、装订、寄发等发文工作；登记、分拣、拟办、传阅、办理等收文工作；整理、立卷、归档、保管、利用等文书档案的处理工作。文书工作在秘书工作中占的比重很大，有的单位甚至占秘书工作总量的三分之一。

3. 会务操办

秘书工作中的会务操办指的是会议前的筹备工作、会议期间的事务服务以及会议后的落实、整理和信息反馈工作等。

4. 信息工作

秘书的信息工作，是指围绕领导活动和组织管理需要开展的对各种相关信息的收集、处理、传递、储存提供利用、反馈等一系列目的明确、真实可靠、及时全面的信息服务。

5. 参谋辅佐

秘书参谋辅佐主要是指秘书在为领导者提供综合辅助和公务服务中为领导决策出谋献策，提供参考方案及有关依据；在与领导主辅配合的工作实践中，发现决策实施中的不足与偏差，并及时反馈。

三、秘书的常规工作

秘书的常规工作就是根据上司的日常工作安排和指示，处理一些非决策性的事务，包括琐碎的杂事，从而使上司能够进行科学的管理和决策。这一类工作的基本形成规律存在于秘书每天的工作常规中。

从下面两个案例可以具体了解一下秘书的常规工作。

案例 1.1 某外资企业秘书的一天

某外资企业秘书，大学英语系毕业，已做了一年的秘书工作，其直接上司是公司副经理，外国人。他一天的工作内容如下。

8:30　到公司，马上将空调、计算机、打印机等设备打开，查收 E-mail，将传真、信件等进行分类登记，浇花等。

8:45　冲咖啡，与上司简短会面，汇报 E-mail 内容（一边喝咖啡）。开始工作，与公司的人一起开会，处理国内外的电话，接待国内外的来宾。空闲时间录音，回复传真和 E-mail。

9:00　（利用耳机）听前一天上司的录音信件并录制、发送信件、复印文件、接听、转达电话等。

10:00　对收到的邮件进行分类，将需要上司处理的报送上司。

12:00　与上司和其他的外国人去外面吃饭（但通常是和日本女职员在一起）。

13:00　继续录音，继续办公室的工作，接待客人。

14:00　对收到的邮件进行分类，将需要上司处理的报送上司。和其他秘书商议工作。

15:00　冲咖啡，和上司一起商量上司出差时要订的饭店，处理传真、信件的录音等。

15:30　完成要发出的文件和录音，整理文件，接听电话等。

18:30　下班。

其他主要工作：复印在外出差的上司发送回来的信件，并向国内外发信，与上司保持电话联系等，上司虽然不在，但工作仍然很多。另外，要将文件翻译成英文。如果上司准备宴请客人，要为宴会做准备（如确定时间、地点和费用等）。此外，还要帮上司办理轿车手续、上司的住宅物业管理费自动支付手续等一些工作范围之外的工作。

案例1.2 在日本某企业秘书科工作的女秘书的一天

在日本某企业工作的一位女秘书,大专文学系毕业,在人事科工作一年后调到秘书科已三年,其直接上司是公司常务董事。她的一天是这样度过的。

8:00　打扫上司的办公室、接待室等,查点备用物品。

8:30　通过闭路电视进行早上碰头会。

8:35　为上司泡茶,确认当天的日程安排,通知秘书科科长在接待室接待预约好的客人。

8:50　有传真的话,根据上司的指示进行回复。

9:00　接听电话,将前一天来访客人的数据输入计算机中的顾客名录里,整理报纸、杂志和简报等。

9:45　邮件到达后进行分拣,将紧急的信件和包裹分发给收件人。

10:30　接待客人,给客人沏茶等。

11:40　上司外出,将上司交代的文件处理完。

12:00　午休(秘书科有办公室"午休轮流值班"的制度,但当天她轮休,所以与同事外出)。

13:00　回到办公桌前,整理简报,接听电话等。

13:10　上司回到公司,给上司沏茶,报告电话留言,领回上司上次出差的单据,核算出差费用。

14:00　根据秘书科科长的指示,打印并复印文件。

14:30　招待客人,给客人沏茶。

15:10　休息。

15:25　回到办公桌前继续起草报告(计划明天写完)。

15:30　为公司常务会准备咖啡。

16:00—16:30　把专务的信写好之后,装入文件信封,并送到邮政局寄走。常务会结束后清理会场,打印出第二天上司的工作日程表,交给上司。

17:10　上司出门办事,整理未完成的文件。

17:30　下班。

其他主要工作:预订饭店,为上司准备午饭,从银行提取现金,准备婚丧礼品,按指示打扫秘书办公室,给会议准备茶水,等等。

分析:通过这两个案例,可以发现这两位秘书的工作有许多共同点,同时也可以看出秘书工作也会因其上司的国籍、企业的规模、业务的种类和与上司的协调程度等不同而有许多不同。

总结上面两个案例,秘书日常工作程序可以用图1.2表示。

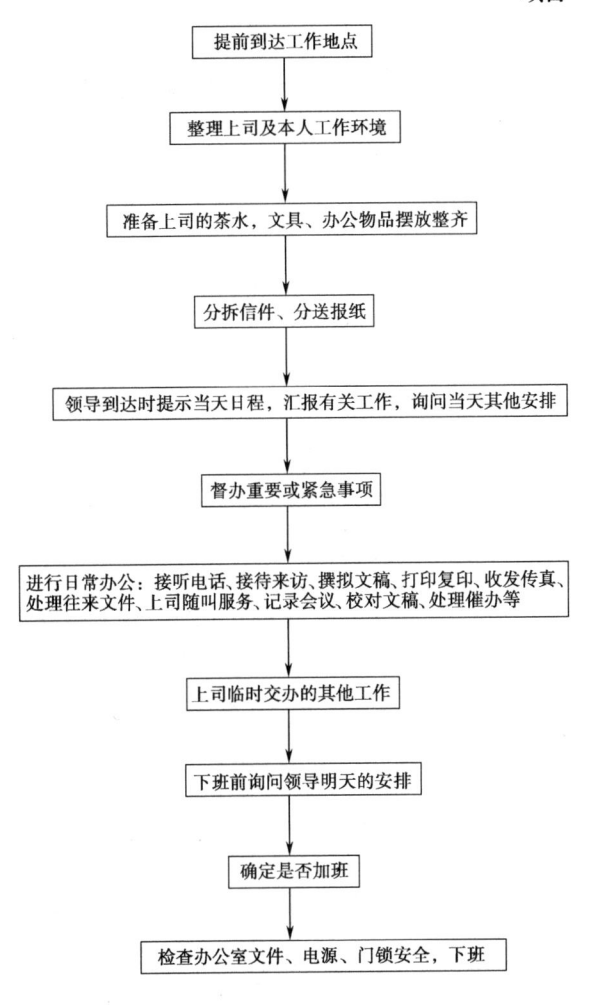

```
提前到达工作地点
      ↓
整理上司及本人工作环境
      ↓
准备上司的茶水，文具、办公物品摆放整齐
      ↓
分拆信件、分送报纸
      ↓
领导到达时提示当天日程，汇报有关工作，询问当天其他安排
      ↓
督办重要或紧急事项
      ↓
进行日常办公：接听电话、接待来访、撰拟文稿、打印复印、收发传真、处理往来文件、上司随叫服务、记录会议、校对文稿、处理催办等
      ↓
上司临时交办的其他工作
      ↓
下班前询问领导明天的安排
      ↓
确定是否加班
      ↓
检查办公室文件、电源、门锁安全，下班
```

图 1.2　秘书日常工作程序

随堂检测

1. 名词解释

秘书工作　　秘书工作特性　　事务办理

2. 案例分析

某日上午约十一点左右，天骏公司总经理秘书高明正在办公室起草文件，接到李总电话。李总说下午两点有重要客人来访，客人喜爱龙井茶，叫行政部准备一下。于是高明叫新来的秘书小娜去通知行政部的人准备。小娜一开始打电话给行政部，没人接听，于是就亲自去行政部通知，不久就回来了。下午下班前，李总把高明叫到办公室臭骂一顿，问为什么不给客人泡龙井，只上普通的袋装茶。高明回来后问小娜是怎么回事。小娜说，她去行政部时，那里没人，她就在负责接待的人员的桌面上留了便条。高明说："既然负责接待的人员不在，你为什么不自己准备一下给客人用的龙井茶？"小娜脱口说："我是秘书，不是泡茶的！"这话不久就传到了老总那里，几天后，小娜就被解聘了。

（资料来源：谭一平. 我是职业秘书［M］. 北京：机械工业出版社，2008.）

问题：小娜做错了吗？如果你是小娜，你该怎样处理这件事？

子项目三　做一个好秘书

项目任务

化一个淡妆，穿上职业装，举行一次班级内职业形象设计暨应聘面谈大赛。

事件回放

三月的一天，窗外春光明媚，但天骏公司的会议室里却充满了凝重、严肃的气氛。会前，总经理李翔给大家讲了这样一件事：

有一次，肃静的会议室里，公司与港方的谈判即将进行，双方将就今后的合作达成协议。谈判开始后，大家发现坐在李总一旁的薛秘书穿着非常休闲：一件胸前印有图案的T恤衫、蓝色的牛仔裤、白色的旅游鞋。负责送茶水的助理秘书却是花枝招展，耳环闪闪发光，手镯晃来晃去，高跟鞋叮叮作响。每当她进来送水，会谈都不得不停歇片刻。香港客人开玩笑说："李总，最好让这位漂亮小姐去参加选美。"

港商的话，除了赞美，还有别的意思吗？李总把问题留给了大家。

任务分析

一个职业秘书，不仅要是专才，更要是通才，必须在道德修养、专业技能、气质风度等方面都有较高的素质。如果你参赛，你将会为完成项目任务做哪些准备工作？

相关知识

一、秘书的职业道德

以德为首、德在能先，这是我国几千年来衡量一个人素质的重要标准。传统文化观念如此，现代企业管理观念也是如此。秘书，因其岗位和工作内容的特殊性，对职业道德要求尤为严格。

所谓职业道德，是指担负不同社会责任和服务的人员应当遵循的道德准则。它通过人们的信念、习惯和社会舆论而起作用，成为人们评判是非、辨别好坏的标准和尺度，从而促使人们不断增强职业道德观念，提高服务水平。秘书人员的职业道德素养，主要包括以下几个方面。

1. 忠于职守

秘书人员应忠于职守。大而言之，是忠于国家和人民利益；小而言之，是忠于本职工作。忠于职守的另一个含义是对工作认真负责，一丝不苟。忠于职守还意味着恪守本分，甘当助手、配角，甘当无名英雄，不越权或滥用职权。

2．严守机密

秘书人员接触的内部文件多，参加的重要会议多，在领导身边的机会也多，总而言之，秘书人员接触的机密多。因此，秘书人员要提高政治觉悟，增强保密意识，严格遵守企业制度，严守商业机密，以免给企业造成损失。

3．讲求效率

秘书人员一定要注重工作效率。在日常工作中，当时可以办理的事，就不要说"研究研究"；当日可以处理完的事，就不要推到明天；急办的事就要立即去办。总之，要把工作处理的时间压缩到最短。"雷厉风行"是秘书人员的工作原则和应有作风。

4．善于合作

秘书人员工作头绪多，涉及面广，又往往环环相扣，非单枪匹马所能完成。如果一环疏忽，就会前功尽弃。秘书人员要善于同他人合作，密切配合，步调一致，才能顺利完成任务。善于合作既要求尊重和理解同事，又要求公允地与同事分享胜利的成果，分担失败的责任。

5．恪守信用

秘书工作严谨缜密，责任重大，必须在工作中忠于职守，在人际交往中恪守信用。约定会晤、安排会议、组织联络、收发函件、传递文件都要准时；接受的任务如不能按期完成，必须及时汇报，不能拖延或擅自更改。恪守信用还包括绝不轻易允诺别人所托而自己又力所不能及的事情，一旦允诺就应该尽一切能力去办到。

6．文明礼貌

秘书人员在工作中待人接物一定要提高自身修养，注意文明礼貌，举止大方，谈吐文雅，面带微笑。

二、秘书的职业素养

案例1.3

小琳是北京万通机械股份有限公司总裁办的秘书。由于机械加工行业的利润越来越低，所以，公司决定开发纳米系列产品，以形成新的利润增长点。这天，公司召开临时董事会，讨论投资纳米产品项目的问题。因为大多数董事过去都是从事机械加工的，对"纳米"没什么了解，所以尽管技术总监用原子、电子负荷等理论解释了好久，大家仍然感到有些云里雾里。眼看着会议陷入僵局，总裁有些坐不住了。这时，坐在他身后负责会议记录的小琳悄声询问是否可以让她来解释一下什么是纳米，总裁马上点头。于是，小琳用非常通俗的语言解释了什么是纳米，纳米产品有什么功效……会议收到了预期的效果。会议结束时，总裁宣布让小琳负责公司整个纳米项目的协调工作。

小琳的表现让总裁和其他董事对她刮目相看，但对小琳来说，这实际上是水到渠成的事。小琳是英语专业的硕士毕业生，半年前来到总裁办工作，平时的工作也只是打杂，例如接电话、取文件、写通知等。但是，她并不认为自己是大材小用，或感到委屈。她认为如果自己连"杂"都打不好，领导是不会把更重要的工作交给自己的。过去她对"纳米"也没多少了解，上个月的一天，总裁说自己刚给技术总监打过电话，让她到四楼的研发部取份材料。技术总监给她的是一份公司开发纳米产品的可行性报告。她习惯性地仔细阅读了自己经手的材料。看完之后，她预感到公司有可能要进行这方面的投资。于是，她开始注意收集有关"纳米"的材料。她不仅注意收集信息，而且还充分利用自己工作上的便利条件，在与研发部打交道时，有意跟有关人员"套磁"。比如经常开开玩笑，说说笑话，并向他们请教有关纳米方面的一些问题。见总裁办秘书向自己讨教，工程师们自然乐意讲解。久而久之，小琳不仅积累了丰富的纳米知识，而且还与从事纳米产品前期研发的工程师们建立了良好的关系。这样，当总裁让她负责协调整个项目时，她早已胸有成竹了。

（资料来源：谭一平. 我是职业秘书［M］. 北京：机械工业出版社，2008.）

分析： 从所给资料可以看出，在现代企业中，领导视秘书为左膀右臂，一个职业秘书素质的高低，直接关系到其工作的质量与效率。现代秘书的职业化要求从事这一行业的人员必须具备较高的素养。

1. 在知识结构上既博学多才又系统精深

秘书的知识结构通常被称为"金字塔"结构，如图 1.3 所示。具体而言，包括以下几个方面。

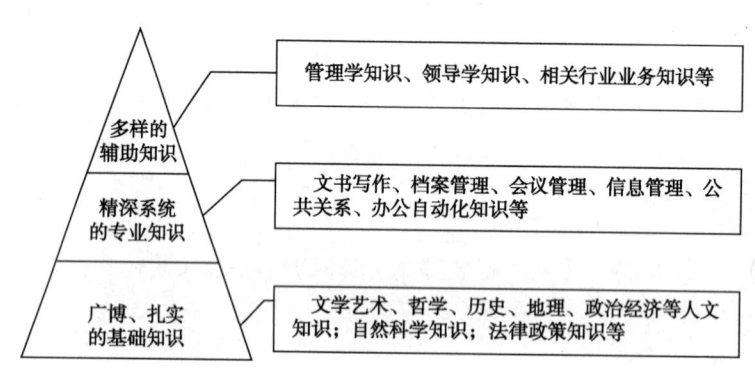

图1.3 秘书知识"金字塔"结构

（1）广博、扎实的基础知识。常言道：秘书，要上知天文，下知地理；前知五百年，后知五百年。这就是在说秘书知识的广博性。秘书应该具备的基础知识主要包括以下几类。

① 政治哲学和文化基础类知识，这是从事秘书工作最起码的知识。一般在小学、初中和高中时就已经学习了这些方面的基本知识，当然，还需要不断更新和扩展。

② 法律政策知识，包括宪法、法律、法规、政策。秘书工作的政策性很强，秘书人员如果没有较高的法律政策方面的知识修养，就无法更好地为领导服务，严重的还会造成法律后果。因此，秘书人员学习和掌握必要的法律政策知识尤为重要。秘书人员应当根据工作需要，在掌握一般的法律和政策理论的基础上，有针对性地学习有关的法律政策知识。重点有两个方面：一是同秘书工作有关的法律、法规、规章、政策；二是同服务单位业务活动有关的法律、法规、规章、政策。

（2）精深系统的专业知识。专业知识指秘书在工作范围、工作职责和工作内容内应掌握的知识。这部分知识是秘书知识结构体系中的核心部分，也是秘书知识结构区别于其他专业人才知识结构的标志。其内容主要有文书写作知识、档案管理知识、信息管理知识、公共关系知识，以及办公自动化知识等。

只有精通并能熟练运用秘书学科的专业知识，才能成为合格的秘书人才。

（3）多样的辅助知识。辅助知识对秘书人员的作用是丰富头脑、开阔视野、开拓思路、提高工作效率，主要包括以下几个方面。

① 管理学知识、公共关系学知识、心理学知识、经济学知识等。

② 秘书所在部门的业务知识。秘书人员所服务的单位都有其特定的业务活动范围，了解这些知识能使秘书人员写材料不说外行话，提建议不当门外汉，使自己的工作更具有针对性和科学性，当好领导者的参谋和助手。

此外，秘书人员还应掌握一些诸如决策学、咨询学、预测学、人才学、创造学、情报学、编辑学、新闻学、传播学、社会学等方面的知识，扩大自己的知识面，以便使自己在工作中更加得心应手、挥洒自如。

2. 优良的心理素质

（1）培养坚定的意志。秘书人员要有锻炼和培养自己坚定意志的毅力。在确定目标和接受任务时，要加强自觉性，克服盲目性；在遇到困难和挫折时，要坚韧不拔、勇往直前，不要意志薄弱、半途而废；在复杂的情况下办文办事、协助领导处理问题时，要多出主意，有自信心；发现问题时，要及时上报，做了错事及时改正。

对于一个既要参与政务，又要管理事务的秘书，如果不具备这种始终如一的中心意志，其工作就会虎头蛇尾、有始无终，难以令人满意；有了这种贯穿始终的中心意志，就能兢兢业业、满怀信心，顺利到达理想的彼岸。

（2）养成良好的性格。性格是表现在人的态度和行为方面的比较稳定的心理特征的总和。秘书作为"内管家"，其工作的特殊性，对秘书人员的性格要求也不同，必须具备以下几个方面的素质。

① 豁达开朗。秘书的位置特殊，要与各种类型的人打交道，在处理事务时，常会引起误解和不满。因此，秘书人员的性格中很重要的一面就是对人对事需要豁达开朗，即在坚持原则的前提下采取宽容、忍耐的态度。对所服务的领导者要多加体谅，主动热情，细致周到。对同志热情、关心，乐于助人，给人以欢乐、勇气，团结同事共同工作。

② 意志坚强。秘书工作是一项十分繁重而复杂的劳动，秘书必须具有坚韧不拔、百折不挠的毅力，克服各种困难，实现自己的职能；要有较强的心理承受能力，对来自领导、基层和外界的种种压力能够从容应对，任劳任怨；在辅助领导的过程中，要能够坚持原则，实事求是，自觉抵制不正之风，做领导忠实的参谋和助手；同时，还要严于律己，努力克服自身的缺点和不足，成为一个意志坚强的人。

③ 敏捷应变。秘书不仅要有坚强不屈的性格，还要有机敏灵活的应变能力。秘书工作涉及面广，变化性强。因此，秘书要有敏锐的观察力和迅速的判断力，善于沟通，善于协调，既不丧失原则，又不激化矛盾，特别是在遇到突发事件和复杂情景时，能够机警灵活，随机应变，使问题得到及时而恰当的解决。可以说，现代秘书工作对秘书的适应能力和应变能力提出了更高的要求，那种墨守成规、反应迟钝、不讲求效率的秘书已不能适应时代

的需要了。

④ 幽默风趣。秘书工作内容繁杂,压力很大,有时不免产生烦躁、厌倦之情。具有幽默感的秘书,则能以出众的机智和精美的语言化解困境,战胜挫折,获得良好的心境,保证工作的顺利进行。秘书在交往活动中运用幽默,可以使人感到轻松,易于沟通情感和取得理解,消除陌生和紧张,营造和睦的交际氛围。因此,秘书应该具有幽默的性格。

⑤ 友爱合作。秘书应有友爱合作的性格,宽容待人,乐于助人,不斤斤计较,不因小怨小隙而存嫌。对所服务的领导者要多加体谅,主动热情,细致周到。对秘书部门的其他工作人员,要开诚布公,谦逊虚心。严格要求自己,维护集体的团结。

（3）保持兴趣。优秀的秘书应自觉培养对本职工作的兴趣,以百倍的精力、满腔的热情投入其中。培养出良好的兴趣,能使自己在工作中产生愉快、兴奋的积极情绪体验,自觉提高职业素质,高效完成工作任务。另外,秘书还应培养业余兴趣,以丰富生活,陶冶情操,增进身心健康。

（4）调节和控制情感。优秀的秘书应自觉培养自己良好的情感品质,清醒地把握自己的情绪状态,保持稳定的心境,能镇静、从容、敏捷、果断地处理问题。要加强情操的修养,具有高尚的道德感、健康的审美感和高度的理智感。

3．优雅大方的职业形象

秘书部门是企业的窗口部门,秘书形象往往代表着企业的形象。因此,形象对秘书人员至关重要。秘书的职业形象包括个人的仪容、仪表、举止谈吐等方面。

（1）仪容。仪容指发式、面容、手脚等身体未被服饰遮盖的部位。秘书仪容的基本要求是整洁有生气,精神面貌充满活力,如表1.4所示。

表1.4　形象修饰自测表

头　发	不遮掩面孔,发型好；头发清洁,无头屑；修剪鼻毛和耳毛
耳　朵	清洁
眼　镜	合适,镜片干净；胸前不要挂眼镜
牙　齿	光亮,洁白整齐
口　气	清新（无异味）
指　甲	干净
体　味	香水、须后水等用量适当

男　士	女　士
面部清洁	口红不要沾到牙齿上
不留胡须	妆容恰到好处,不浓妆艳抹
裤子拉链拉好	指甲油光洁不剥落,色泽大方

（2）仪表。仪表指服饰装扮。常言说,服装是人的第二张皮肤,可见服饰的重要性。秘书服饰讲究四个原则,即符合场合、时节、身材和色彩的要求。

国际社交场合,服装大致分为礼服和便装两种。正式、隆重、严肃的场合着深色礼服（燕尾服或西装）,一般场合则可着便装。目前,除个别国家在某些场合另有规定（如典礼活动,禁止妇女穿长裤或超短裙）外,穿着趋于简化。

我国服装无礼服、便服的严格划分。一般而言，工作场合，男女均着职业装；社交场合，中国男士通常着上下同质同色的中山装，或着上下同质同色的深色西服并系领带，穿同服装颜色相宜的皮鞋，女士穿旗袍或礼服；非正式场合（如参观、游览等），可穿各式休闲装、民族服装、裙装，配颜色相宜的皮鞋或布质鞋。

（3）举止谈吐。具体包括如下几方面。

① 规范的姿态。站立有精神、挺拔，如图 1.4 所示；坐相稳重、端正，如图 1.5 所示；行走步伐轻快敏捷。

站　姿

宜	忌
站直	无精打采
脚保持安静	来回移动脚
肩部放松	晃动身体
双臂垂于体侧	两臂抱胸
头和下颌抬起	低头

图 1.4　站姿挺拔

坐　姿

宜	忌
坐直	东歪西靠
两腿在脚踝处交叉	两膝分开太远或跷着二郎腿
身体微微前倾	双脚不停地抖动

图 1.5　坐姿端正

② 规范的表情。保持微笑，目光注视对方。向人致意、鞠躬、介绍、递物、接物等都要诚心诚意，表情和蔼可亲，神情专注。

③ 规范的手势。手势不宜单调重复，打招呼、致意、告别、欢呼、鼓掌等都要注意力度大小、速度快慢和时间长短，不可过度。

握手也有先后顺序，应由主人、年长者、身份高者、女士先伸手，客人、年轻者、身份低者、男士见面先问候，待对方伸出手后再握。但年轻者对年长者、身份低者对身份高者握手时应稍稍欠身，双手握住对方的手，以示尊敬。男士与女士握手时，应只轻握一下女士手掌。

多人同时握手时，切忌交叉进行，应等别人握手完毕后再伸手。男士在握手前应先脱下手套，摘下帽子，握手时应双目注视对方，微笑致意。

三、秘书的职业能力

1991年年初，以美国为代表的西方国家为联合国秘书长的选定协定的条件：具有领导、筹划和组织众多国家职员的管理能力；能流利使用联合国两种工作语言；具有作为领导人物感人的魅力和沟通人际、交流思想的能力。以下所说的是一般秘书应具备的能力。

1. 办事能力

秘书活动具有强烈的事务性特征，办事是秘书的一项基础性和经常性工作。因此，精敏的办事本领是秘书素质之一。要具有一定的办事能力，必须做到"知识面广，头脑清楚，思维敏捷，手脚勤快，经验丰富"，这些是基础。办事能力是多种能力综合而成的，例如，理解和领会能力、分析能力、应变能力等。

2. 交际能力

秘书部门是沟通上下左右的枢纽部门。秘书每天都要接触各种人，与他们相处。秘书只有善于交际，才能使人容易接近，也容易被人依赖，办事的成功率才会高。人的社会性决定了人际交往的必要性，人际关系是双向的、互惠的，要在积极主动的交往中形成发展，而交往方法的正确与否往往决定工作的成败。美国成人教育家戴尔·卡耐基在调查了无数明星巨商、军政要员之后认为，一个人事业的成功，只有15%是基于他的专业技术，另外85%要靠人际关系和处世技巧。

3. 表达能力

表达能力包括口头表达能力和书面表达能力，能说会道是秘书的"看家本领"。秘书虽然很少去演讲，但却经常说话。上传下达要说话，汇报情况要说话，接待来访要说话，打电话要说话……因此，秘书需要具备一定的表达能力。

4. 操作能力

操作能力主要包括办公设备的使用能力、驾驶能力、摄影能力、多媒体操作能力等。秘书职业能力综合表如表1.5所示。

表1.5 秘书职业能力综合表

职业能力	职业能力（操作性）
阅读与倾听能力	计算机应用能力
表达能力	办公设备使用能力
协调能力	计算机速记和笔记能力
管理能力	财务辅助能力
信息处理能力	掌握各种通信工具
公关交际能力	驾驶技术

相关链接

① 急事慢慢地说。
② 大事想清楚再说。
③ 小事幽默地说。
④ 没把握的事小心地说。
⑤ 做不到的事不乱说。
⑥ 伤害别人的事坚决不说。
⑦ 没有发生的事不要胡说。
⑧ 别人的事谨慎地说。
⑨ 自己的事怎么想就怎么说。
⑩ 现在的事做了再说。
⑪ 未来的事未来说。

——美国前国务卿 科林·卢瑟·鲍威尔

四、职业生涯规划——秘书提升素质技能的途径

秘书事业被称为 21 世纪最广泛的职业，是办公室的黄金花瓶。但"凡事预则立，不预则废"，作为秘书，同样要进行完美的职业规划，使自身事业走向成功。

1. 提前确立未来发展方向

因为秘书行业的特殊性，使从事该职业的人一旦年龄过大，易面临诸多危机，尤其是女性。因此，及时确立未来的发展方向就变得势在必行。众多秘书面临危机的根本原因是，对于未来的职业发展，他们没有提前做好准备。职业方向是职业生涯规划与发展的基础，可以指导个人快速实现自己的职业目标，少走弯路。

2. 及时充电，为将来奠定基础

秘书的入职门槛较低，换言之，秘书大多不具备明显的核心竞争力。这一点是造成从业多年的秘书学历退化的根本原因。培根说过，"知识就是力量"。将这句话运用在职场上，我们可以理解为"知识就是通往职业生涯发展的大道"。想要走出这种困境，身为秘书，必须不断充电，不断提高自身的素质，用更专业的知识武装头脑，紧跟时代的步伐。

3. 工作中注重人脉的积累

虽然秘书并不是一个发展空间巨大的职位，但是这项工作之中潜藏着一个优势：与人打交道的机会。企业中只有经理及以上的人员才可以配备秘书，与他们有工作往来的人大多身居要职。所以，作为领导的发言人，秘书就拥有了和这些人员交流的绝佳机会。留住这些人际资源就是把握了秘书一职的优势资源，他们或许就会成为你明日的合作伙伴。

4. 创造机会，鱼跃龙门

秘书工作虽然是服务性、从属性的工作，但是由于时刻围绕着领导者工作，不可避免地要与领导密切接触。因此，秘书有机会学习和掌握很多领导艺术和管理方法。这些都为秘书自身的发展创造了良好的客观条件，只要秘书人员把握机会，提高自身的能力与素质，晋职前途就会一片光明。

由于秘书工作范围比较广，需要自己随机应变处理的事情多，与公司高层领导人接触的机会多。因此，他们在激励自我、提高自我的同时，扩充了自己的社会关系网络。在从事多种业务基础上积累的秘书经验，为自己将来转到别的部门发挥自己的优势提供了保证。现在社会上很多有名的政治家和企业家，当初都是以鲤鱼跃龙门的方式从秘书岗位上脱颖而出的。

年纪稍大一些的女性秘书多是转去担任管理秘书部门的工作；通过长期秘书工作的历练，具备了一定的商业意识和其他能力，转调到其他部门，如人事、财务、公关等部门做管理工作的例子也不少；改行甚至开始自己创业的也有，由于长期的秘书工作积累的知识、经验和社会关系，成功案例很多。秘书在自己的人生转折点上调去从事管理工作，不单纯是辅助上司工作，而是为自己人生将来的多种选择打下基础，为自己的人生奋斗目标提供可能。

> **随堂检测**
>
> 1. 名词解释
>
> 职业道德　仪容　秘书职业能力
>
> 2. 有人认为，做秘书不需要多少专业知识和能力，也不必讲求职业道德，只要忠于领导，认真为领导服务就行了。你认为此观点对吗？为什么？

知 识 小 结

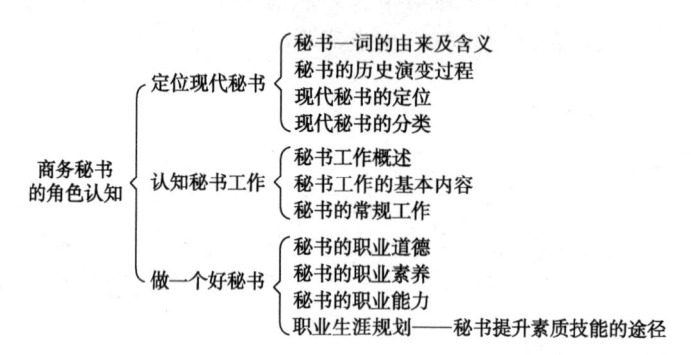

商务秘书的角色认知
- 定位现代秘书
  - 秘书一词的由来及含义
  - 秘书的历史演变过程
  - 现代秘书的定位
  - 现代秘书的分类
- 认知秘书工作
  - 秘书工作概述
  - 秘书工作的基本内容
  - 秘书的常规工作
- 做一个好秘书
  - 秘书的职业道德
  - 秘书的职业素养
  - 秘书的职业能力
  - 职业生涯规划——秘书提升素质技能的途径

课后练习题

一、单选题

1. 我国的秘书工作最早出现在（　　）时期。

　　A. 夏　　　　B. 商　　　　C. 先秦　　　　D. 唐

2. 我国最早从事秘书工作的人，被称为（　　）。
   A. 史官　　　　B. 尚书　　　　C. 秘书　　　　D. 巫
3. （　　）是对秘书工作的基本要求。
   A. 热情　　　　B. 细致　　　　C. 周到　　　　D. 耐心
4. 办公室工作的特殊性决定了秘书的主要职能是（　　）。
   A. 服务群众　　B. 甘于奉献　　C. 服务领导　　D. 严守机密
5. （　　）是所有社会组织对办公室人员尤其是秘书无条件的纪律要求。
   A. 爱岗敬业　　B. 服务群众　　C. 严守机密　　D. 清正廉洁
6. 秘书工作的根本性质是（　　）。
   A. 政治性　　　B. 政策性　　　C. 辅助性　　　D. 机要性
7. 现代社会要求秘书人员既是专才，又是（　　）。
   A. 通才　　　　B. 全才　　　　C. 人才　　　　D. 天才
8. 某公司没有专门的保洁人员，也没有制定打扫卫生的轮值制度，办公室的卫生由公司职员自己打扫。如果你是该公司职员，你通常会采取哪种做法？（　　）
   A. 上班后，看有没有人做卫生，如果没人做，就自己做
   B. 不管别人做不做，自己都做
   C. 如果公司有比自己年轻的同事，可以让他们去做
   D. 等领导安排自己做的时候再做
9. 单位对因公出差的住宿费一般都有限额规定，如果领导安排你出差，你会采取以下哪种做法？（　　）
   A. 无论工作是否需要，都按单位规定的最高限额选择饭店
   B. 只要能完成工作，就尽量选择价格较低的饭店
   C. 只要能完成工作，住什么样的饭店无所谓
   D. 住宿的档次对单位的形象和工作有影响，应根据工作需要进行选择
10. 办公室工作的（　　）决定秘书的主要职能就是为领导服务。
    A. 关键性　　　B. 复杂性　　　C. 综合性　　　D. 特殊性
11. （　　）是秘书良好的礼仪风度中最基本的原则之一。
    A. 仪表　　　　B. 个性　　　　C. 正直　　　　D. 善解人意
12. 某顾客在商场挑选商品时，花了很长时间，仍然犹豫不决。这时售货员可能有以下几种不同的说法，你认为正确的是（　　）。
    A. "选好了没有？"　　　　　　B. "选好了吗？那边还有许多顾客等着呢。"
    C. "需要帮忙吗？"　　　　　　D. "所有商品的质量都是一样的。"
13. 秘书的仪表形象不仅代表自身的个人风格，同时也是组织形象和（　　）的代表。
    A. 组织利益　　B. 客户利益　　C. 国家利益　　D. 个人利益
14. 假设有人在领导面前说你的坏话，你会（　　）。
    A. 当什么也没发生　　　　　　B. 跟领导解释
    C. 决定找他谈谈　　　　　　　D. 同样在领导面前说他的坏话

15. 领导活动是秘书活动的（　　）。
    A. 环境　　　　B. 核心　　　　C. 性质　　　　D. 原则

二、多项选择题

1. 仪态是人的举止行为的统称，也是现代人的职业文明标志，包括（　　）。
    A. 气质和风度　　　　　　　　B. 站姿
    C. 坐姿　　　　　　　　　　　D. 走姿

2. 握手的基本方法有（　　）。
    A. 自报姓名并伸出自己的手
    B. 如果对方无意握手，自己就不必伸手
    C. 握手要坚定有力
    D. 伸手时稍带角度，拇指向上，双方虎口互相接触

3. 最能体现人的精神面貌的姿态就是走姿。正确的走姿应该优雅自如，保持身体挺直不摇晃，忌（　　）。
    A. 走八字步　　　　　　　　　B. 多人并排、搂肩搭背
    C. 女士穿裙装走直线　　　　　D. 遇到尊者主动让路

4. 职业服装一般不包括（　　）。
    A. 西服套裙　　　　　　　　　B. 两件套西服
    C. 夹克和裙子　　　　　　　　D. 晚礼服和牛仔装

5. 服饰穿戴选择的基本原则是服饰的选择与穿戴者的（　　）相协调。
    A. 所处的环境　　　　　　　　B. 社会角色
    C. 自身条件　　　　　　　　　D. 穿戴时节

6. 符合接待来访礼仪的表现有（　　）。
    A. 客人到来后，秘书亲切问候，请客人入座
    B. 端茶倒水
    C. 当客人进来时，趁着客人不注意迅速化好妆
    D. 一边交谈一边继续完成自己的工作
    E. 不轻易打断客人讲话
    F. 认真记录来访者反映的情况和要求
    G. 在交谈过程中保持温和的目光和亲切的笑容

三、工作实务

1. 某招聘广告如下。

> **Union Life 合众集团上海分公司招聘区域行政秘书**
>
> 招聘日期：2020-12-11
>
> 公司名称：Union Life 合众集团上海分公司　　招聘职位：区域行政秘书
>
> 工作性质：全职　　　　　　　　　　　　　　学历要求：大专学历以上
>
> 职位薪水：4 000～6 000 元　　　　　　　　　工作地点：上海
>
> 职位描述/要求：
>
> （1）协助经理维持公司正常的工作秩序。
>
> （2）对各类档案文件进行索引、更新、维护和管理。
>
> （3）协助主管计划、安排公司各种工作会议，并做好必要的记录。
>
> （4）负责公司其他日常行政事务。
>
> 具体要求：
>
> 20～28 周岁，大专学历以上（应届毕业生也可），性格开朗，具有良好的待人接物能力、团队合作精神。具有人事、管理经验者优先。
>
> 熟练使用 Windows 操作系统及各种办公自动化应用软件。

要求：（1）针对上述招聘广告写一份应聘书。

（2）按学习小组组织进行一次招聘与面试。

2. 查阅"河北第一秘"李真案件，分析秘书应具备的职业道德与素养。

3. 一分钟自我介绍。

虚拟公司，每个部门推选 1～2 人，在讲台上用普通话介绍自己，包括：专业、姓名、兴趣爱好等。

要求：仪表端庄，神态自然大方，男士最好打领带，配提包；女士最好涂口红，配挎包。

每位同学在选手出场时，记下该选手的学号，以不记名投票方式选出前五名最佳仪表自我介绍者。

项目二 办公室事务管理

学习目标

项目分解
- 办公环境管理
- 办公室时间管理
- 商务沟通与接待
- 办公室值班管理
- 常用办公设备与办公用品管理

能力目标
- 能合理布置办公室并对办公室环境进行合理的优化
- 掌握办公室安全管理的方法与技巧
- 能制作合理的时间安排表
- 掌握客户接待和商务沟通的程序、技巧和礼仪
- 掌握值班工作的安排方法及电话记录的处理方法
- 熟练使用 Office 常用办公软件编辑、制表、制作演示文稿
- 能熟练地上网浏览、搜索资料
- 能熟练使用和操作打印机、复印机、传真机及多媒体设备
- 能根据实际情况对常用设备进行合理的维护和保养
- 能合理地对办公用品进行管理

知识目标
- 掌握办公环境管理的内容与要求
- 掌握办公环境管理的措施
- 掌握时间管理的原则与方法
- 掌握客户接待和商务沟通的程序和要求
- 掌握值班工作的内容与要求
- 了解计算机应用基本知识
- 了解 Internet 应用知识
- 了解常用办公自动化设备的使用和维护
- 了解常用办公用品的管理

项目二　办公室事务管理

子项目一　办公环境管理

项目任务

天骏公司行政部经理高明出差即将回来，为了改善工作环境，秘书肖琳需要将高经理和自己的办公室重新布置一下。

事件回放

天骏公司行政部秘书肖琳今天来得比往日都早，她准备利用高经理出差之际为高经理创造一个舒适温馨的工作环境。

高经理的办公室在最里间，肖琳的办公室在高经理办公室的外面，两个办公室之间有一扇门相通。任何人要进入高经理办公室都得从肖琳的办公室经过。肖琳的办公室就相当于枢纽和窗口。其他的部门呈半环形分布在肖琳和高经理办公室的对面。

肖琳进入自己的办公室，首先映入眼帘的是窗台上的各式盆景和竞相开放的各色鲜花。门的右边是棵高大的绿色灌木，给人以很清新的感觉。不过可能因为高经理不在，暂时也没有秘书专门负责监督，清洁公司并没有把地上的落叶清扫干净。肖琳的办公桌上有一台计算机、一台传真机、三部电话、一些文件格、文件夹和几页未装进文件夹的散开的文件，另有一些笔筒之类的必备用品；办公桌的前面放着为客人准备的椅子和沙发，后面是自己的座椅，座椅后面是靠墙的大型立柜，立柜里分格分层放着各类文件和书籍，却有一些凌乱，在大型立柜旁边紧挨墙的地方，有个齐腰矮柜，上面放着饮水机，矮柜里放着一些纸杯和咖啡、方糖之类的饮料和食品。

高经理的办公室要比肖琳的办公室大一些，基本的摆设没有很大的差异。宽大的办公桌上也有一台计算机，另外简单地摆着电话和一些文件夹。有两个并列的靠墙立式柜，在对面靠墙的地方环形摆开的是沙发。整个办公室体现的是一种简约美，让人心旷神怡。

肖琳打量完两个办公室，对自己的工作应该从哪里着手也基本了然于胸。她打开窗帘，打开空调，调节好办公室的温度、湿度。之后将窗台、办公桌、计算机……凡是目光可及的地方都仔细地擦过；饮水机里的水不多了，应该和送水公司联系一下；储备的办公用品也应该再补充一些；应该再去买点书法绘画之类的物品装饰一下墙面……她想好好美化这里的办公环境，不仅给高经理，也给来访的客人一个良好的印象。

清洁整理工作基本告一段落，现在正好是 8:30。

（资料来源：无忧考网. http://www.51test.net/show.asp？id=353790&Page=2）

任务分析

在企业中，秘书可能与上司在一个办公室，也可能自己拥有一个办公室。秘书应该重视对办公室的设计、布局、布置及对工作环境的美化。环境美化主要是指工作场所（办公室）选择适当，布局合理，布置现代化，既适应工作的需要，又有益于工作人员的身体健康。

环境美化是工作效率的保证。办公机器、设备的恰当摆放，地毯和现代化装饰品、自然的或人工的花卉植物等的圆满布置，会令人产生一种舒适的感觉，陶冶人的性情，提高工作效率。本案例中秘书肖琳懂得办公环境与工作效率之间的关系，因而能够主动为上司和自己布置并设计美观、恰当的办公环境，这是值得每位秘书工作者学习的。

就一个秘书来说，对于办公室的整体布局或许无法予以有效地左右，但领会上司的意图，根据工作的实际需要，对办公室布置予以认真地考虑并在许可的情况下予以有效地实施，这不但是可能的，而且是责无旁贷的。作为秘书，应该而且必须了解办公室布置的主要内容。

相关知识

一、办公环境管理的含义及原则

1. 办公室的含义

关于办公室的含义，不同的语境下有不同的理解，主要分为以下两个方面。

（1）办公的空间，是工作人员办理公务的地方。

（2）机关和企事业单位内部办理行政事务的工作机构，是设在上司身边直接为上司服务的综合部门。

2. 办公环境的含义

办公环境，又称办公室环境。从广义上说，它是指一定组织机构的所有成员所处的大环境；从狭义上说，它是指一定组织机构的秘书部门工作所处的环境，包括人文环境和自然环境。人文环境主要是指工作氛围和人际环境。目前组织追求的最优人文环境是团结协作、开拓进取、积极向上、文明健康的环境。自然环境包括空间环境、视觉环境、听觉环境、空气环境、健康与安全环境。

人文环境与一个国家的社会大环境、组织内部的职能环境有着密切的关系。在通常情况下，办公环境所面临的社会环境，是一个秘书人员所难以影响和改进的；而对于组织内部的职能环境，一个秘书或许能在某种程度上对其施加一定的影响并进行选择或加以改进，但这必须是以自己种种经验的不断积累和地位的提升为前提的。因此，对于一个秘书来说，平常能够直接影响并在工作中加以选择、优化的，在更大程度上来讲，就是自然环境了。

3. 办公环境管理的原则

（1）舒适。对于一个办公室来说，不管是装潢还是摆设，都应以舒适为准，光线、色彩、气候、噪声等在不同程度上都会对工作人员的情绪有所影响。所以，秘书在设计办公室时应首先并且特别注意这些因素。另外，整洁有序的环境有助于营造舒适的氛围，提高工作效率。因此，不论是办公室、办公桌，还是抽屉，都不要放置与办公无关的东西，办公文具的摆放要井然有序。一个凌乱肮脏的工作环境，很难想象能产生出令人满意的工作效率。

（2）和谐。一个和谐的办公环境，能激发工作人员的团队精神。因此，在优化办公环境时，要注意其和谐性。例如，办公室的办公桌椅、橱柜等的大小、格式、颜色要尽可能统一，这不但可以增强办公室的美观效果，更重要的是可以强化成员之间的平等观念，创造和谐的人际关系。

（3）实用。优化办公环境的实用原则。首先，办公室布局应该力求方便，争取时效，例如，相同或相关的部门应尽可能安排在相邻的地点，以避免不必要的穿插和迂回，便于工作的密切联系和同步进行。其次，为了改善办公室的单调环境，可以适当地放置一些工艺品或绿植，价格不一定要昂贵，但注意不要流于粗俗，否则将会影响整个组织的形象，因为办公室往往就是一个组织的"窗口"。

（4）安全。保证组织的物品安全、机要安全、人身安全是秘书的重要职责之一，也是优化办公环境不可忽略的一个原则。布置办公室时要留意附近的环境和办公室存放财物的安全，如保险柜是否安全，谨防被盗、丢失、泄密等；同时也要防止人身事故隐患，加强对电器电路、危险物品、易燃易爆物品、火灾隐患的管理，要经常关注人流密集的门口、过道、楼梯等关键地点。

相关链接

办公环境对秘书工作效率的影响

① 工作方面。办公环境对秘书人员的器官功能、知觉感受、体力消耗、心理反应等都有直接影响。例如，光线不足，足以使人的辨别力降低，眼力消耗较大，进而产生疲倦，使注意力难以集中，工作效率降低。

② 生理方面。环境变化必然会引起生理变化。办公环境不适宜，会增加秘书的体力消耗，体力消耗过多则产生疲劳，疲劳产生则工作兴趣降低，兴趣低，工作效率必随之递降。

③ 心理方面。办公环境的不适宜，会引起秘书对工作厌烦的心理反应。心理厌烦导致人的精神苦闷，易产生抑郁和怒怨之感。这些心情对工作效率皆有不良影响。

二、办公室环境的布局与布置

1. 办公室环境的布局

办公室布局合理与否，对工作人员的精神状态和工作效率有着很大的影响。因此，合理地设计好办公室布局，是优化办公环境的重要内容，对于创造最佳的工作环境至关重要。

目前常见的办公布局种类、特点及优缺点如表 2.1 所示。

表 2.1 常见的办公布局种类、特点及优缺点

	开放式	封闭式	混合式
特点	一个大工作间；多个相对独立的工作单元	若干小办公室	大办公室；组成若干工作区域
优点	能源成本低；建筑成本低；减少办公场所使用面积需求量；空间利用率大；场地利用率高；重新布局的成本低；管理者和员工之间交流的障碍少	工作环境安全；有相对独立的私人空间	各部门既相对集中，又在一定程度上避免了相互干扰
缺点	难以进行机密性工作；各种噪声使人很难集中注意力，影响工作效率	信息难以得到及时有效的沟通；工作协调不够快捷灵便；工作效率受到影响；非办公空间的占用率大	需要相当量的资金投入

2. 办公室环境的布置

相关链接

有意思的办公室

美国有一个家具工厂，利用先进的灯光技术制造了虚拟加州海滩氛围的工作环境，工作人员可以穿着海滩短裤、T恤衫上班，享受百分之百的新鲜空气和自然阳光。

有趣的是，根据美国《商业周刊》报道，这家公司的生产率因此提高了15%。另外，有8位被挖角跳槽的员工，在离职两星期后自动回来报到，原因竟是他们"无法忍受其他单位晦暗的工作环境"。

（资料来源：重庆装饰网.http://www.cqzs.com/forum/essay.php forum=11&serial=969&listpage=）

（1）办公室布置的内容。办公室布置主要有空气、光线、色彩、声音、办公设备等方面的内容，各方面具体要求如下所述。

① 空气。温度：18～26℃；湿度：40%～60%；流通：$45m^3/min$；净化：流动速度0.25m/s。

② 光线。多装几盏灯；利用自然光，光源置高处，从后方或左侧射入；避免表面光亮的物品反光而刺激人的眼睛。

③ 色彩。内墙建议选择白色或乳白色；会议室以淡黄色为主；天花板选用白色；地板用棕色。

④ 声音。让办公空间远离噪声源；用隔音玻璃、隔音板控制噪声；播放适量音乐。

⑤ 办公设备。办公桌应大小适中；办公椅最好有靠背，并可以调节方位；办公家具以必需为限；办公自动化设备需方便使用，远离工作区。

相关链接

常见办公室布置的要求

① 从光线、通风、监督、沟通方面考虑，采用一大间办公室比采用同样大小的若干间办公室为优。

② 使用同样大小的桌子，可更加美观，并促进职员间的相互平等感。

③ 使同一区域的档案柜与其他柜子的高度一致，以更加美观。

④ 将通常有许多外宾来访的部门置于入口处，若此法不可行时，亦应规定来客须知，使来客不干扰其他部门工作。

⑤ 将自动售货机、喷水池、公告板置于不致引起职员分散精力及造成拥挤之处。

⑥ 应预留充分的空间，以备最大工作负荷的需要。

⑦ 领导者座位应位于员工座位后方，以便监督；同时保证不因领导者接洽工作而转移和分散工作人员的视线和精力。

⑧ 自然光应来自桌子的左上方或斜后上方，以保护视力。勿使职员面对窗户、太靠近热源或坐在通风口处。

⑨ 装设充足的电源插座，供办公室设备之用。

⑩ 常用的设备与档案置于使用者附近，切勿将所有的档案置于靠墙之处，档案柜应背对背放置。

⑪ 在办公区内设置休息处，并提供便利充分的休息设备，作为工余休息、自由交谈及用午餐之需。

⑫ 办公桌的排列应按照直线对称的原则和工作程序的顺序，其线路以最接近直线为佳，防止逆流与交叉现象。同室工作人员应朝同一个方向办公，不可面面相对，以免相互干扰和闲谈。

⑬ 各座位间通道要适宜，应以事就人，不以人就事，以免往返浪费时间。

⑭ 电话最好是每 $5m^2$ 空间范围内放置一部，以免接电话离座位太远，分散精力，影响效率。

⑮ 办公室的用具设计要精美，坚固耐用，适应现代化要求。办公桌是工作人员的必备工具，应注意美观、适用。有条件的可采用自动升降办公椅，以适应工作人员身体高度的不同。同时，应根据不同工作性质，设计不同形式的办公桌、椅。设置垂直式档案柜、旋转式卡片架和来往式档槽，以便存放和随时翻检必要的资料、文件和卡片等。

（2）办公室布置的工作程序，具体内容如下所述。

① 对各部门的业务工作内容和性质加以考察与分析，明确各部门及各员工间的关系，以此为依据确定每位员工的工作位置。

② 将各部门的工作人员及其工作分别列表记载下来。按工作人员的数量及其办公所需的空间，设定办公室大小。通常办公室的大小因各人的工作性质而异。但一般而言，每人的办公空间，大者 $3 \sim 10m^2$，普通者 $1.5 \sim 8m^2$ 即可。

③ 根据工作需要，选配相应的家具、桌椅等，并列表分别详细记载。

④ 绘制办公室座位布置图，然后依图布置。

⑤ 对设备的安放提出合理建议。

（3）办公室环境的日常维护。办公室环境的日常维护，也是办公室布置不可或缺的内容。秘书一定要形成良好习惯，例如，经常打扫卫生，维护办公室环境的清洁；保持办公桌的井然有序；每天下班之前，将办公桌上的文件收藏好，以免丢失或泄密；管理好办公设备等。虽然这些工作是烦琐的、不起眼的，但不管是对于组织整体形象来说，还是对于秘书形象而言，都是不可忽视的。所以，对于秘书来讲，这是一件持之以恒的工作，具体内容如下所述。

① 办公室需要全面打扫时，应该通知管理部门的负责人，告诉他们办公室需要彻底打扫。

② 每天下班离开办公室之前，留一张便条给清洁工人，要求他们认真打扫室内的死角，如积满灰尘的照明灯罩。

③ 定期给电话拨盘和电话听筒的两端消毒。

④ 装在书盒里的书必须摆放整齐，没有灰尘。

⑤ 调整好百叶窗，使其保持一致的角度，还要根据百叶窗调整的情况，调节照明灯光线。

⑥ 暖气、空调、通风或音响系统等设备出现异常情况时，必须立即通知有关部门或管理人员。

⑦ 如果有权对办公室的布局进行安排，最好不要和别人面对面坐，更不要和领导在一

个办公室里。而且房间里的办公桌等物件要合乎规律地放置，不要在通向领导办公室的路上设置不便行走的障碍。办公桌、椅子，特别是客人坐的椅子，不要放在灯下，以免他们的脸直接对着光源。

三、办公室的美化

秘书工作者的主要工作场所是办公室。办公室布置得如何、美化程度如何等，在一定程度上反映着秘书的能力和情趣爱好。秘书要学会发现美、欣赏美。只有用美的心灵和眼睛审视办公室环境，才能创造出一个和谐舒心的工作场所，使大家心情舒畅地工作。关于办公室美化（Office Landscaping），美国著名秘书学专著《韦氏秘书手册》中提到，实际上也就是最现代化的办公室布置。按照这种美化布置，办公室里除可以移动的隔板外，没有墙壁，是个敞开的巨大空间。各种高度的屏蔽隔板，能使办公室工作不受干扰。彩色的组合器具可根据需要组合成最适宜的形状，地毯和现代化装饰品、自然的或人工的植物都会产生一种令人舒适的效果。要想达到这个效果，就必须对办公室予以认真的研究。办公室美化应力求做到以下几点。

（1）办公室收拾整齐，不要放置个人生活用品，否则会给人以凌乱和不守纪律的感觉，有损办公室的形象；秘书对常规的办公设备具有管理与维护的责任；计算机、复印机、传真机等，使用到规定的期限时就要请人保养、维护，不能等出了问题时才去修理。

（2）每天把当日工作表、约会时间表放在办公桌显眼的地方，以便及时查阅。下班前应留一点时间，检查一下当日工作是否完成，并做好明日的工作安排。

（3）每日工作完毕，应将办公桌上的文件、资料收藏好，以免丢失和泄密；每天下班前，要认真检查空调是否关闭，抽屉、柜门等是否锁好；离开办公室要查看计算机、复印机等是否关闭，切断电源。

（4）尽可能使办公空间宽敞，通风流畅，光照充足，要将办公桌摆放有序并保持桌面整洁，文件柜高低一致。

（5）将来访接待室设于入口处，阅报栏、公告栏置于宽敞处，还应在接待场所配备沙发、饮水机、茶叶、口杯等休息和饮用器具。

（6）全体办公室人员的座位应面对同一方向，以避免相对而视的局促感；主管的办公位置在下属座位之后，以示尊重，并可以减轻来访者的干扰。

（7）办公桌的放置应符合采光要求，即自然光来自办公桌的左上方或斜后方，使人没有逆光之感。

（8）办公区域要用屏风隔开，各办公单元要安装足够的地板电源插座，并备有吸尘器、防声干扰设施、防火报警设施，墙上不要乱贴、乱挂物件。

（9）常用的办公用具、纸篓等应放于隐蔽而易取的地方，以免经常翻腾。

（10）档案柜应背对背放置于墙角；处理过的文件应及时归档，不能搁置在案头桌旁。

（11）注意净化室内空气。办公室的化纤地毯、塑料家具、地板蜡、黏合剂、油漆等都会散发出有毒气体，使人头晕、嗓子难受、皮肤干燥、胸口发闷，甚至会让人呼吸困难、昏昏欲睡、浑身乏力。因此，在办公室养几盆月季、吊兰等花卉，既能美化办公环境，又能吸收有毒气体，可谓一举两得。

相关链接

办公室布置的基本原则

办公室的布置不仅是简单的设施摆放，还需要考虑工作人员在其间工作的舒适感、与办公环境的协调以及有利于工作人员之间的沟通和监督等因素。其所要遵循的原则有以下几项。

1. 有利于沟通

沟通是人与人之间思想、信息的传达和交换。通过这种传达和交换，使人们在目标、概念、意志、兴趣、情绪、感情等方面达到理解、协调一致。办公室作为一个工作系统，必须保证工作人员之间充分的沟通，才能实现信息及时有效地流转，系统内各因子、各环节才能动作协调地运行。

2. 便于监督

办公室的布置必须有利于监督，特别要有利于职员的自我监督与内部监督。

办公室是集体工作的场所，上下级之间、同事之间既需要沟通，也需要相互督促检查。每个人由于经历、学识、性格等方面的差异，都有各自的特点，有优点和长处，也有缺点和不足，而个人的缺点往往又是自己难以觉察到的，如果不及时纠正，就会给工作带来损失。同事之间的相互监督能够有效地避免这一问题。因此，办公室的布置必须有利于在工作中相互督促、相互提醒，从而把工作中的失误降到最低。

3. 协调、舒适

协调、舒适是办公室布置的一项基本准则。这里所讲的协调是指办公室的布置和办公人员之间配合得当、舒适，即人们在布置合理的办公场所中工作时，身体各部位没有不适感，或不适感最低。协调是舒适的前提，只有协调，才会有舒适。协调的内涵是物质环境与工作要求的协调。它包括办公室内设备的空间分布、墙壁的颜色、室内光线、空间的大小等与工作特点性质相协调，人与工作安排的协调，人与人之间的协调，包括工作人员个体、志趣、利益的协调及上级与下级的工作协调等。

四、办公室的健康安全管理

办公环境管理

案例 2.1

天骏公司行政秘书肖琳下午发现接待区通往门口的通道上堆放了很多销售部的空纸箱，肖琳是这样处理的：立即向行政主管报告，得到马上清理的指示；参加清理工作，确保接待区到门口的过道通畅。

分析： 生命意识的日益增强，使人们越来越关注办公环境的健康和安全。因此，秘书人员必须树立安全意识，在工作中要善于发现安全隐患并及时上报。否则，一旦疏忽大意，就会造成不堪设想的后果。

1. 树立健康安全意识

安全的工作环境所给予人的不单是身体上的健康，更是一种精神上的安全感。《中华人民共和国宪法》和《中华人民共和国劳动法》等法规对此有相应的规定。作为秘书，也应树立健康安全意识。例如,掌握基本的法律知识,用法律保护自己的合法劳动权益;上岗前认真学习并自觉遵守有关安全生产、劳动保护的规定和本组织有关的规章制度;细心检查并主动识别工作场所及机器设备等所存在的隐患。一旦发现问题,如果是在自己的职权范围内的,应及时加以排除,或者向上司报告,尽快解决,以维护好健康安全的工作环境。

2. 识别办公室的安全隐患

对于一个秘书来说,应该在强烈的安全意识指导下,了解、识别办公室中各种有碍健康和安全的潜在危险,以减少乃至抑制危险发生的可能性。一般来说,办公室的隐患主要存在于以下几个方面。

(1)办公建筑隐患:主要指地板、墙面、天花板及门、窗等,如地板缺少必要的防滑措施,离开办公室前忘记关窗和锁门等。

(2)办公室物理环境方面的隐患:如光线不足或刺眼、温度和湿度调节欠佳、噪声控制不当等。

(3)办公家具方面的隐患:如办公家具和设备等摆放不当,阻挡通道;家具和设备有凸出的棱角;橱柜等端角堆放太多东西,有倾斜倾向等。

(4)办公设备及操作中的隐患:如电线磨损裸露、拖拽电话线或电线、计算机显示器摆放不当产生的反光、复印机的辐射、违规操作等。

(5)工作中疏忽大意的人为隐患:如站在转椅上举放物品、女士的长头发被卷进有关的机器设备中、复印后将保密原件遗留在复印机玻璃板上、在办公室里抽烟、不能识别有关的安全标志等。

(6)消防隐患:如乱扔烟头、灭火设备已损坏或过期、在灭火器上堆放物品、火灾警报失灵等。

了解这些潜在的办公室危险,可以帮助秘书养成良好的工作习惯,为工作效率的提高创造一个健康安全的工作环境。

3. 办公环境健康及安全的维护和管理

(1)应遵守有关的法规,实行安全管理责任制。作为秘书,应协助上司按照国家及有关部门的法规和本组织规章中的有关规定,在组织内部落实安全管理责任制,对办公环境实施安全和健康管理,使办公环境的健康和安全得以有效完善。

(2)应定期进行安全检查,改进工作环境。秘书除要协助上司按照有关规定落实好安全管理责任制外,还要在自己的工作范围内,主动对办公环境和办公设备定期进行安全检查,及时发现隐患,采取有效措施,做好风险的防范和排除。特别要注意危害人群健康、污染办公环境的"无形杀手"(如吸烟)及装饰时有没有采用无毒无害的绿色建筑材料等。有条件的话,可以请有关部门进行检测,进行科学的处理。

4. 识别工作场所和常用设备的隐患

要能够主动识别存在于工作场所和常用设备中的安全隐患,并在职权范围内予以排除,维护自己和他人的健康和安全;能定期对办公环境和办公设备进行安全检查,及时发现和排除隐患,做好风险防范。通常企业办公室中安全检查的方法如下。

(1)确定检查周期,定期对办公环境和办公设备进行安全方面的检查。

（2）发现隐患，在职责范围内排除危险或减少危险。

（3）如果发现个人职权无法排除的危险，有责任和义务报告、跟进，直至解决。

（4）将上述第三项中异常情况的发现、报告、处理等过程认真记录在本企业的"隐患记录及处理表"中。进行安全检查要包括办公环境和办公设备两部分。

要区分使用"隐患记录及处理表"和"设备故障表"，前者记录的是隐患，包括办公环境和办公设备两部分，后者记录的是办公设备运行中出现的故障。例如，复印机能操作，但如果机器靠墙壁太近，就应该填写"隐患记录及处理表"；若复印机不能工作了，就应填写"设备故障表"。这两种表的样式分别如表2.2和表2.3所示。

表2.2　隐患记录及处理表

序号	时间	地点	发现的隐患	造成隐患的原因	隐患的危害和后果	处理人	采取的措施

表2.3　设备故障表

时间		发现人	
设备名称		设备故障	
维修要求		维修负责人	

5. 安全管理重点

要营造一个安全的环境，就必须从以下方面加强管理。

（1）防盗。在办公大楼内应设有专门的保安人员24小时值班。

（2）防火。火灾首重预防，电器电线应做定期检查，以防走火跑电引起火灾。

（3）防止意外伤亡。为了防止意外伤亡事故发生，组织应对职员进行如何防止意外事故的教育，使之平时养成安全的工作习惯。

随堂检测

案例分析

秘书小梅上班总是匆匆忙忙的，办公室的窗台上布满了灰尘，办公桌上堆得满满当当，计算机键盘污迹斑斑，领导要的文件总是东翻西找，每日常用的"访客接待本"也总是找不到。自己的办公桌都没有管理清楚，更无暇顾及他处。

秘书小王每天都认真整理自己的办公桌，常用的笔、纸、回形针、订书机、文件夹及电话等都摆放有序。下班前，她会将办公桌收拾得干净整齐，从不把文件、物品乱堆乱放在桌面上。但小王很少参与清理和维护公用区域，也常将公用资源如电话号码本、打孔机、档案夹等锁进自己的办公桌抽屉里，常常影响别人的工作。

某公司秘书小李在一次董事会后用碎纸机粉碎废弃的选票时，在操作过程中，不小心把戴在胸前的长丝巾卷入碎纸机中，虽然电源被立即切断，但丝巾还是被毁掉了。

问题：请结合上述案例谈谈秘书人员办公室管理的内容。

子项目二　办公室时间管理

项目任务

天骏公司的行政部经理高明下周一要参加一系列活动，为了圆满地完成工作，秘书肖琳需要帮经理合理地安排当天的时间。

事件回放

天骏公司行政部秘书肖琳接到行政部经理高明的一张便条，内容如下所示。

便　条

肖琳：
　　以下是我下星期一（9月2日）要参加的一系列活动。
　　上午举行董事会议，所有的经理都要参加。
　　上午给参加员工培训的新员工讲话。
　　中午与A公司的董事长马××及其夫人共进午餐。
　　下午前往B公司拜会市场开发部的经理高××。
　　下午会见C公司的销售部经理张××。
　　请你抓紧时间为我做一份合理的时间安排表并将其填入工作日志中。
　　谢谢！

行政部经理：高明
2020年8月28日

任务分析

肖琳的任务是按照经理的工作习惯和规律，把经理下周一的工作内容合理地安排在领导日志里。这要求秘书具备时间管理的能力。

相关知识

秘书的日常事务之一就是做好组织的时间管理，包括日程安排、约会安排和旅行安排。

一、时间管理

1. 办公室时间管理的含义

所谓时间管理，是指在同样时间耗费的情况下，为提高时间的利用率和有效性而进行的一系列控制。这种控制是应用现代科学技术的管理方法，对时间消耗进行计划、实施、检查、总结评价和反馈等程序，以达到预期的目标。具体内容如下。

（1）决定时间的耗费标准，选定目标，制定规划。
（2）用分割与集中的方法来增加自由时间，使时间耗费趋于合理。
（3）诊断自己时间的耗费情况，找出非工作性时间和浪费的时间，并尽量将其消除。
（4）应用现代系统论、控制论的方法，定量使用时间，以提高工作时间的有效性。
（5）对工作时间合理安排，进行控制。

总之，秘书人员时间管理的目的在于发现时间的各种规律，从而科学地安排和使用时间，避免被时间所支配。

2. 时间管理的方法和要素

时间管理一般通过编排时间预订表和时间计划表来进行。时间管理要素主要有以下几个方面。

（1）强烈的时间观念。所谓时间观念就是管理、运用时间的自觉性。时间观念的强弱，以及是否真正了解时间的价值，并把利用时间和提高效率紧密地结合起来，决定了管理者能否灵活有效地利用时间。秘书要辅助领导进行决策，必须十分珍惜时间，要有强烈的事业心和成就欲，对时间要有极强的紧迫感。

（2）清晰的时间成本效益观念。所谓时间成本效益，是指某项工作取得的效果与完成该项工作耗用的时间之比。现代管理重视成本效益，一定量的投入，必须获得尽可能多的产出。时间管理也是这样，必须考虑成本效益，也就是说，做一项工作耗费的时间越少，时间成本效益就越高。

（3）时刻牢记时效观念。所谓时效观念，就是不要错过时机，抓住机遇。对于现代管理来说，永远是机不可失，失不再来。

（4）定量控制自己时间的能力。管理者对时间的系统管理，主要表现在定量支出自己的时间上。

（5）区分关键和一般事情的能力。秘书人员时间的有限性与面临的大量工作始终是一对矛盾，这就要求秘书人员能够把自己所控制的时间全部用到关键的地方。

（6）节约和灵活运用时间的技巧。秘书人员应学会和掌握各种节约时间的技巧，学会授权、调动下级人员分担自己的一部分工作，学会隔绝、集中和分割时间的方法等。

（7）完成工作的熟练技能。完成工作的熟练技能是科学利用时间的基础，是秘书人员缩短完成工作的时间、提高工作的可靠性、运用和调度时间等的依据，是减少时间消耗的手段。

3. 时间管理的一般原则

秘书人员的时间大致可分为两类，一类是不可控制的时间，即受限于职权的要求而不能自由支配的时间，一般是例行工作的时间；另一类是可以控制的时间，即在自己权限内可以自由支配的时间。

对时间管理的成功，不在于在不可控时间中表现得如何良好，而在于尽量把不可控时间变为可控时间。

（1）用精力最佳的时间干最重要的工作。人和自然界的其他生物一样，各项生理活动都带有明显的时间节律。人的智力、体力、情感都不断发生着周期性的变化，这就是人体内"生物钟"的作用。科学家研究证明，人的一生要受100多种生物钟的支配，各种生物钟的周期长短不一，但对人的影响很大。每个管理者都应该熟悉自己体内的生物钟（可以通过科学的方法或积累的经验测明），找出自己精力最旺盛的时间，用来处理最重要、最困难的工作，而把例行公事放在精力稍差的时间去做，这样可以提高时间的利用率和有效性。

小贴士：一日生理时间表

7：00 人体免疫力最强。吃完早饭，营养逐渐被人体吸收。

8：00 各项生理激素分泌旺盛，开始进入工作状态。

10：00 工作效率最高。

10：00—11：00 属于人体的第一个黄金时段。心脏充分发挥其功能，精力充沛，不会感到疲劳。

12：00 紧张工作一上午后，需要休息。

12：00—13：00 是最佳"子午觉"时间。不宜疲劳作战，最好躺着休息半小时至一小时。

14：00 反应迟钝。易有昏昏欲睡之感，人体应激能力降低。

15：00 午饭营养吸收后逐渐被输送到全身，工作能力开始恢复。

15：00—17：00 为人体第二个黄金时段。最适宜开会、公关、接待重要客人。

17：00 工作效率达到午后时间的最高值，也适宜进行体育锻炼。

18：00 人体敏感度下降，痛觉随之再度降低。

19：00 最易发生争吵。此时是人体血压波动的晚高峰，人们的情绪最不稳定。

20：00 人体进入第三个黄金阶段。记忆力最强，大脑反应异常迅速。

20：00—21：00 适合做作业、阅读、创作、锻炼等。

21：00 大约在晚饭后1~2小时，超重者或患有高脂血症等心血管病症者，在医生指导下可进行相应的体能锻炼，以提高疗效。

22：00 适合梳洗。呼吸开始减慢，体温逐渐下降。最好在十点半泡脚后上床，能很快入睡。

23：00 人体功能下降，开始逐渐进入深度睡眠，一天的疲劳开始缓解。

24：00 除了休息，不宜进行任何活动。

（资料来源：https://wenku.baidu.com/view/00812b711711cc7931b7169a.html）

（2）消耗时间要计划化、标准化、定量化。消耗在某项工作上的时间要依这项工作对目标的作用程度来制定标准，预测出每项工作需要多少时间，进行时间的定量分配，制订出耗时计划。秘书人员应以最有效的方式，利用定量的时间，有秩序地从一种行动转换到另一种行动。

（3）保持时间上的弹性。文武之道，一张一弛。使用时间要注意劳逸结合和精力的调节。"连轴转"是低能管理者的做法，只能劳民伤财，只有适当调节才能使工作有持久性，保证高效率。很多人都有这样的体会：较长时间的紧张工作后，抽支烟，喝杯茶，甚至伸几次懒腰，都可以使精神为之一振，提高工作效率。

（4）反省浪费的时间。养成定期检查时间利用情况的习惯。可充分利用台历、效率手册、时间耗用卡片、记事簿、计算机等工具，随时记录时间耗费情况，及时检查，力求发现浪费时间的因素并将其消除。

（5）保持时间利用的相对连续性。集中时间，切不可把时间分割成零星碎片，这是合理利用时间的一个原则。心理学家认为，当人们正在专心致志地做一项工作或思考某一个问题时，最好能够一气呵成，不要中断。因为中断的干扰会破坏人的集中力，要经过相当长的一段时间,才能使精神和思维重新集中起来。

(6)一般工作"案例化",固定工作"标准化"。秘书部门对凡已经有条例、规定的要按章办事。科学管理之父——泰勒提出了一个管理"例外"原则,就是管理者只管条例、规章制度中没有规定的例外事件。同样的问题反复出现后,把结果和处理记录下来,列入规章制度,使其"案例化",下次再处理,就有了标准,处理办法就可以标准化了。这是使管理人员摆脱琐事的有效方法。同时,要大力推进业务程序的标准化,把每项工作通过标准化的业务流程规范下来,可使工作达到事半功倍的效果。

(7)切忌事必躬亲。事必躬亲是小生产的管理方法,不懂得授权,而满足于自己的辛辛苦苦,往往顾此失彼,干不到点子上,实际上是放弃管理职责。要从日常繁忙的工作中解放出来,增加可控时间,把这些时间用到重要的工作上去。

(8)坚持从现在做起的信念。时间管理的目的是提高工作效率,取得更大的工作成果。因此,对已经过去的时间不应做过多的追究,应当重视的是今天的工作不能等到明天去做。要时时向自己提问:这项工作的效率能否再提高?

(9)保留自我时间管理的最低批量时间。任何成功的管理者,都必须每天或隔段时间给自己安排一些最低批量的自我时间管理的时间,用以计划、检查、总结自己的时间管理状况。

4.秘书时间管理方法

案例2.2 几位领导同时布置任务怎么办

某市政府办公室的詹秘书,在接到徐市长要求的写作一份材料的紧急任务后,正急匆匆地往自己办公室走,在走廊被分管经济工作的杨副市长叫了过去。杨副市长要詹秘书赶紧为他找有关市场经济的重要资料。詹秘书此时此刻一心只想着完成徐市长布置的任务,对杨副市长说了什么似乎一无所知。杨副市长见他有些走神,又重述了自己的话。

问题: 詹秘书听后,觉得有如下方法,可做选择。

(1)以徐市长布置的紧急任务为由,推脱了事。
(2)接受杨副市长交办事项,接受后按任务先后顺序完成。
(3)接受任务后回到办公室,向办公室主任汇报,与其他秘书协商,由他人完成杨副市长交办的事项。

如果你是詹秘书,此时应如何选择?

分析: 作为一名专职秘书,虽然工作繁忙,如果安排好的话还是可以避免失误的。就是说办事情要有主次、缓急之分,领导再三嘱咐要办的,应属于重要的,紧急的,要及时办理。

秘书面临纷繁复杂的工作,有许多事情是无法预料的,如突如其来的上级命令、头绪不清的内外扯皮、千变万化的企业生产经营形势、令人头痛的人事关系等,占用秘书的大量时间。所以,必须把有限的时间科学地分配在自己所掌握的系统的关键上,只让少数重要的工作占用自己宝贵的时间,这样才能更好地实现预定的目标。秘书常用的时间管理方法有以下两种。

(1)ABCD工作法。现阶段时间管理理论的核心内容是根据事情的重要和紧急程度,将各种事务划为A、B、C、D四个类别,即ABCD工作法,如图2.1所示。

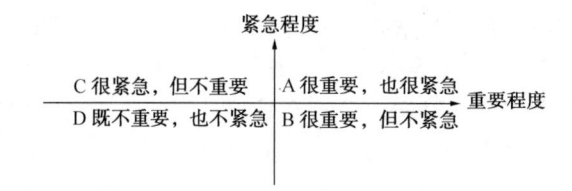

```
                        紧急程度
                          ▲
    C 很紧急，但不重要 │ A 很重要，也很紧急
    ──────────────────┼──────────────────→ 重要程度
    D 既不重要，也不紧急│ B 很重要，但不紧急
```

图 2.1　ABCD 工作法

A——应该在第一时间去做，并值得为它花费大量的时间；

B——计划好什么时候开始做，应该花费大量的时间去完成；

C——马上就做，但应在尽可能短的时间内完成；

D——尽量控制做这类工作的时间，应该在完成了所有重要的、紧急的事情之后，有时间再做。

ABCD 工作法的特点如表 2.4 所示。

表 2.4　ABCD 工作法的特点

分类	特征	管理要点	时间分配
A 类	• 最重要：具有本质上的重要性 • 最迫切：具有时间上的迫切性 • 有后果	重点管理： • 必须做好 • 现在必须做好 • 亲自去做好	占总工作时间的 60%～80%
B 类	• 重要 • 一般迫切 • 无大的后果	一般管理，最好自己去做，也可授权别人去办理	占总工作时间的 10%～20%
C 类	• 不重要 • 很迫切 • 无大的后果	一般管理，可授权别人去办理	占总工作时间的 10%～20%
D 类	• 无关紧要 • 不迫切 • 影响小或无后果	不管理，可以忘掉	0

（2）时间表编制法。时间表是管理时间的一种手段，它是将某一时间段中已经明确的工作任务清晰地予以记载和标明的表格，是提醒使用人员和相关人员按照时间表的进程安排行动，从而有效地管理时间，达到完成工作任务的简单方法。时间表的类别如表 2.5 所示。

表 2.5　时间表的类别

分　类	要　求
年度时间表	将一年中企业的例行会议、重要的经营活动、确定的商务出访安排妥当，参照上一年的时间表和新一年的工作部署
月时间表	由主管领导召开会议拟订或请其他领导提出下月计划，再结合集体议定事项，由秘书制表，经主要领导审定下发实施
周时间表	周五下班前或周一上午由主要领导碰头协商活动安排，在月时间表的基础上，加上平时收集的信息，由秘书人员按周一至周五上、下午排表，经被授权人过目后印发给相关人员
单项重要工作事项预订表	根据具体情况编制专门的工作计划表

时间表的编制方法如下所述。
① 根据需求确定编制时间的周期。
② 收集并列出该阶段所有的工作、活动或任务。
③ 发现活动有矛盾时，主动与负责人协商，及时调整。
④ 按照时间顺序将任务排列清晰。
⑤ 绘制表格，标明日期、时间和适合的行、列项目。
⑥ 用简明扼要的文字将信息填入表格，包括内容、地点。
时间表的样式如表 2.6 所示。

表 2.6　第二季度会议时间表

周次	4月	5月	6月
1			
2			
3			
4			

二、日程安排

1. 日程安排的内容

秘书日程安排的内容是把领导或组织每月、每周、每天的主要活动纳入计划，并下发给组织相关单位或部门。领导或组织日常工作安排一般涉及以下内容。

（1）各种接待、约会。接待、约会包括接待或会见本单位员工、外单位来宾和国外来宾。

（2）商务旅行活动。当前各组织领导特别是企业领导经常到各国、各地联系合作事宜，进行市场调研和参观学习。

（3）参加各类会议。各类组织都会经常举行不同类型的会议，领导部署重要的任务，或者听取员工的建议，或组织各类表彰会议等。

（4）到车间进行实际检查或指导。优秀的企业家都注重及时了解本组织的生产、营销、资产运算等方面的情况，这离不开亲自去一线车间检查、指导，以及进行市场分析、产品分析和资产分析等。

（5）组织的各类重大活动的安排。

（6）领导私人活动的安排。在西方国家，以及日本，秘书一般都要对领导的私人生活进行安排，如何时去休假、替领导安排好接待领导私人亲朋的日程表等。

2. 日程安排的基本要求

（1）统筹兼顾。所谓统筹兼顾，就是安排日常活动要从组织的全局出发，既要统一筹划，又要兼顾领导的实际情况。

（2）安排规范。安排规范就是根据组织领导的分工，明确规定哪一类组织活动应由哪些领导参加，避免出现随意性，注重实效，克服形式主义。

（3）效率原则。日程表的安排要体现效率原则。

（4）突出重点。采用 ABCD 工作法，对完成中心工作有直接联系的重要活动，要优先安排，加以保证，以便领导集中精力办大事，防止领导疲于奔命，力戒形式主义。

（5）留有余地。领导的时间不要安排得过于紧密，要给领导留有空隙时间。

（6）适当保密。领导的日程安排，一般都是制作成一览表的形式。日程表给领导一份，给秘书科长和其他领导一份，然后给有关科室和司机一份。但是，给科室和司机的日程表，内容不能太详细，以防泄密。

（7）事先同意。在安排领导的日程表时，无论是一般的工作还是重要的工作，都要事先得到领导的同意。

3. 日程安排注意事项

案例 2.3

经理按铃叫秘书进来，想知道上午有什么必须要汇报给他的事情。今天是新来的秘书邹小姐，性格开朗，办事风风火火。一进门，她就大声问："什么事？老总。"

"请把上午重要的来电讲一下，邹小姐。"

"哦，蓝星公司经理来电，说他刚从德国访问回来，只是让告诉您一下，还请您代他问张总好。"

"嗯，还有吗？"

"您太太中午来过电话。"

"什么事？"

"她让您回电话，下午 2 点以前，别忘了。"

"没有啦？"

"没有了。"邹小姐看看记录。

"河川公司看房时间定下来没有？"

"哎呀，糟糕，忘了联络了。"

"马上去联络。"经理挥挥手，自己又忙着处理其他事务去了。周末工作会议上，经理要求重新聘个称职的秘书来。邹小姐感到非常委屈，问道："我怎么了？"

您能回答吗？

分析：首先，秘书应该有基本的沉稳和老练，不能简单依照自己的性格特点处理问题，应该遵守秘书的基本操行。

其次，秘书应该有详细的日程安排，编制日程计划表，应该有日志、台历、备忘录、计算机等辅助手段。

再次，秘书还要做好上司日常工作的提醒工作。

最后，邹小姐连一天的工作都不能安排妥当，被解聘也在情理之中。

领导的日程安排可以分为年计划表、月计划表、周计划表和日程表。

（1）日程表编写以记叙、说明为主要表达方式，不加评论，不做过多分析，简洁而具体，使人一目了然。

（2）月计划、周计划、日计划不要安排得太满，尤其是后两者。因为环境随时变化，领导要根据不同的情况做出一定的改变，所以编写要留有余地。

（3）所有的日程安排都应按领导的意思去办。经领导审核通过后打印成表并送给相关部门，同时要留有备份。

（4）活动与活动之间要有一定的空隙时间，以避免时间冲突。

（5）在制定日程安排表的过程中，应养成谦虚细心的习惯。凡事不论大小，都要认真去检查核对，然后再请领导审核。这样一方面可减少错误，另一方面也可提高工作效率。

（6）对已经处理完的工作，一般应注明结果；对没处理的工作，也要进行相应标注。这样可以避免漏掉一些重要的内容，也可以帮助领导随时掌握信息。

4．工作日志

日志是根据周计划表写出的一天内组织领导的活动计划。一般分为纵、横两种方式。所谓纵，是以时间为线索，从上班开始到下班为止。整个过程中什么时间应做什么事，按照顺序排列，以属于领导必做的事为主线，将其安排在领导精力最好的时间段。所谓横，是指事务。每一项事务都应该设定处理所需要的时间，将一些重要的事务工作马上安排让领导完成。

（1）日志填写的方法。目前常用的日志填写方法主要有手工填写和电子填写两种。

（2）上司工作日志的内容。无论是手工工作日志还是电子工作日志，填写的信息内容应相同，上司工作日志内容通常包括以下几项。

① 上司在单位内部参加的会议、活动情况，要记录清楚时间、地点、内容。

② 上司在单位内部接待的来访者，要记录清楚来访者的姓名、单位详情、约会时间。

③ 上司在单位外部参加的会议、活动、约会等情况，要记录清楚时间、地点和确切细节及对方的联络方式等。

④ 上司个人的安排，如去医院看病等，以保证秘书不会在这段时间安排其他事宜。

⑤ 上司私人的信息，如亲属的生日等，以提醒上司购买生日卡或礼物。

（3）秘书工作日志的内容。秘书工作日志的内容除包含上司的日志内容外，还需要包括以下几项。

① 上司的各项活动需要秘书协助准备的事宜，如为上司的某个会议准备发言稿、制定会议议程、订机票，为上司的某个会谈草拟合同、订餐等。

② 上司交办自己的工作，如为签字仪式联系地点、媒体等准备工作等。

③ 自己职责中应做的工作，如撰写半年工作总结，参加值班等。

（4）注意事项。注意事项有如下几点。

① 领导与秘书都要去参加的活动要记录在相同的时间内。

② 秘书单独的活动，只能安排在领导的空余时间，或者单独活动的时间内。

③ 秘书在记录秘书工作日志和领导工作日志时，要互相协调配合。

5．处理工作日志的变化与调整

案例2.4

天骏公司行政部秘书肖琳坐在办公桌前整理文件。电话铃响了，肖琳及时拿起听筒并答道："你好！天骏公司。"听筒中传来行政部经理高明的声音："肖琳，今天下午我临时有个会议，原定召开的各部门经理会议挪到明天下午吧，时间地点不变，你安排一下。"肖琳："好的。我马上安排。"

放下电话，肖琳从文件夹中抽出"上司工作日志"，在上面做了修订；又抽出"个人工作日志"做了修改。

肖琳拿起电话，拨号。肖琳："后勤吗？我是肖琳，今天下午的会议取消了，就不用会议室了。会议改在明天下午举行，我预订一下会议室。时间还是下午两点钟。"

"得赶紧通知各位经理。"肖琳自言自语道。她继续拨打电话："销售部吗？请问赵经理在吗？赵经理，我是肖琳，今天下午的会议取消了，改在明天下午进行。"……

分析：日程安排有时会因为预想不到的事或对方的原因而必须改变，如果是己方原因变更安排，会造成一些有形或无形的影响，甚至会影响企业、单位的信誉和双方的信赖关系。因此，秘书应尽量想办法将日程安排的变更限制在最小的范围之内。

一般日程的变更包括：原定项目结束时间延长、超时；追加紧急的或新添的项目；项目的时间调整、变更；项目终止或取消。日志调整应注意以下事项。

（1）安排的各个活动之间要留有10分钟左右的间隔或适当的空隙，以备活动时间的拖延或新添临时的、紧急的情况。

（2）进行项目时间调整、变更时，仍然要遵循轻重缓急的原则，并将变更的情况报告上司，慎重处理。

（3）确定变更后，应立即做好有关善后工作，如通知对方，说明理由，防止误解等。

（4）再次检查是否已经将变更后的信息记录到工作日志中，防止漏记、错记。

此外，秘书还应注意：当日出现情况变化时，应立即更新日志，并告知上司出现的变化；在上司日志变化的同时，应更改自己的日志，并做好变更的善后工作。

日志变更的一般流程：更新上司的日志→通知上司→更改自己的日志。

三、约会安排

1. 约会的含义

约会也称约见，是指上司在事先约定的时间、地点与别人会面洽谈业务，会商工作。在企事业单位中，约见这一种交际形式被运用的频率仅次于电话联系和书信联系。凡商量工作、解决问题、交流信息、联络感情，都常用这种形式。在现代社会中，会面应事先约定，这是讲究社交礼节、注重工作效率的表现。

2. 约会安排的基本原则

（1）要根据领导的工作规律和生活习惯来安排约见。约见一般不能安排在领导生活中的休息时间和睡眠时间。

（2）要区分轻重缓急，合理安排约见。一般来说，凡是领导安排约见的人，就必须进行安排，但对方要见领导，就不一定有约必见。

（3）协助领导收集有关信息，使领导能事先心中有数。约见应当是有准备的，越是重要的约见越要准备好。

（4）酌情弹性。这种弹性包含两方面内容，一是指办公室人员安排约见时间要错开进行，不可太紧或太松；二是早期安排的约见，时间不能太确定，因届时也可能会因情况有变而变动约见时间。

（5）注意提醒领导准时赴约。如果领导不能按事先约好的时间进行约见，办公室人员要设法及早通知对方。保证领导准时赴约，不误约，不失约。

3. 安排约会的步骤

（1）预先安排约会活动。办公室应把领导每月、每周、每日的主要活动纳入计划，经领导同意后，明文印刷发给有关部门或人员。

（2）记好日历和备忘录。日历以台历为宜，可前后翻动，每页空白处可记录当天的活动内容；备忘录是一种永久日历，可以是一套小卡片合订本，或者是一个可转动的文件夹，上端有凸出的索引纸表示当年的月份，还可自制一套 1~31 日的小纸片，表示当月的日期。

在日历和备忘录的空白处，秘书人员可将每周的活动日程逐一填写清楚，包括活动名称、具体时间、地点、参加人员、注意事项等。

（3）提醒领导准时赴约。发挥日历与备忘录的功能；可在上班前将次日的约会事项填写到卡片上，送给领导和司机，自己保存一张；最好在每天早上上班时，在领导办公桌上放一份打印好的一天内的约会时间提示表。

（4）保证领导顺利赴约。及时提醒领导准时赴约，并做好用车、提供资料等准备工作。

（5）做好约会前后的服务工作。除预先安排、事前准备外，约会场所和招待事宜有时也由秘书人员负责。

4. 安排约会的方式

（1）面约。面约即秘书受领导的委托与服务对象当面约定见面的时间、地点、方式等。

（2）函约。函约即秘书人员受领导委托利用各种信函约见服务对象。

（3）电约。电约即秘书人员利用各种现代化的通信手段与客户和服务对象约见，如电话、传真、电子邮件等。

（4）托约。托约即秘书人员拜托第三者代为约见，如留函代转等。

（5）广约。广约即利用大众传播媒体把约见目的、内容、要求、时间、地点等广而告之。届时在场与客户见面。

5. 约会安排的注意事项

（1）配合上司的时间表。领导对自己的日程安排有一定的原则，秘书人员在为领导安排约会时，不能随便打乱领导的常规工作，要注意配合领导的工作规律和生活习惯，平时就要做"有心人"。

（2）分辨轻重缓急。在领导频繁的约会活动中，要依约会的性质、重要性、紧迫性妥善予以安排。要保证该约的、该见的，不耽误，适时安排；不该见的，坚决不约，但必须说明原因，要想办法推辞；该见的但并不是很急的，可稍缓安排约见。

（3）约会时间留有余地。安排上司的约会时，在时间上一定要留有充分的余地，这包括两方面的内容：一是约会时间要错开，不可太紧或太松，要在每次约见之间留出 10~15 分钟的机动时间；二是远期安排或答应的约会，时间不能太确定。

（4）适当保密。上司的约会安排，一般要注意保密。约会日程安排表不要随意乱发。一般来说，给领导一份，有关科室和汽车司机各一份，自己留一份。给科室和司机的约会日程安排表，内容不能太详细，只有文秘人员自己和领导本人手中的日程表才允许内容详细。为应对竞争对手，日程表还可使用特定符号。

（5）内外兼顾。随着业务的发展，领导与外界打交道的时间越来越多，但是领导必须内外兼顾。秘书人员在给领导安排约见时，一定要留出专门的时间让领导了解单位的基本情况，及时处理业务中的各种矛盾和问题，把握单位的发展。

（6）在领导时间比较充裕、精力比较充沛的情况下安排约会。不要在领导出差回来当天安排约会；不要在临近下班时安排；不要在周末、节假日或对方休息日安排约会。

（7）细致周到。安排约会时，要向对方说明约会的内容和时间是得到领导的同意的。了解每位与自己领导约会的人的姓名、地址及电话号码，以便万一取消或变动约会时间时可及时通知对方。特别重要的约会，在临近约会的时间前，应与对方再联络一次，以确保约会的顺利进行，并随时提醒领导准时赴约。下班前将第二天的约会事项填入小卡片，一张送交领导，一张交给司机，一张自己保存，以供提醒。

（8）每天核对，以防疏漏。若领导安排了约会却忘记告诉秘书，则会使秘书陷入被动与尴尬的境地。因此，秘书每天上班时首先要请领导核对日程表，看看有无约会疏漏，这是很有必要的，必须做到领导与秘书的日程表完全一致。

相关链接

约会卡片

约会卡片的制作虽然看上去很简单，但在实际工作中非常重要，也很实用。为使领导的约会工作顺利进行，作为秘书，要做好精心的准备工作，其中制作约会卡片便是一项不可忽视的重要工作。约会卡片的样式如下所示。

约 会 卡 片

××××年××月××日　星期×

10：00　会见张××，商谈下一年度的销售问题，地点：公司会议室。

13：00　与××公司王××经理共进午餐，地点：白云大酒店三楼。

14：30　与律师商谈租赁位于中环大街的假日别墅事宜，地点：瑞金路18号。

16：00　去白云机场接××公司董事长周先生及其夫人，客房订在白云大酒店。

19：30　赴白云大酒店三楼晚宴（宴请20：00开始），服装：套装，附请柬。

四、旅行安排

企事业单位由于工作的需要，领导会经常出差、旅行。有些旅行任务甚至是临时决定的。无论是国内出差还是国外出访，是短期出差还是长期出差，在每次出差前，秘书都要为领导做好大量的准备工作。

1. 旅行计划

旅行计划是领导出差能否顺利完成工作任务的重要前提。一份合理、周全、程序规范的旅行计划，能保证领导在最短的时间内完成工作任务。一份周密详细的旅行计划主要从以下几方面进行考虑。

（1）时间。一是指旅行出发、返回的时间，包括因商务活动需要到两个或两个以上地点的抵离时间和中转时间；二是指旅行过程中各项活动的时间；三是指旅行期间就餐、休息的时间。

（2）地点。一是指旅行抵达的目的地（包括中转地），目的地名称既可详写（哪个地区、哪个公司），也可略写（直接写到达的公司名称）；二是指旅行过程中开展各项活动的地点；三是指食宿地点。

（3）交通工具。一是指出发、返回的交通工具；二是指商务活动中使用的交通工具。这要求秘书了解这方面的知识，如识别火车种类等。

旅行计划

（4）具体事项。一是指商务活动内容，如访问、洽谈、会议、宴请、娱乐活动等；二是指私人事务活动。

（5）备注。记载提醒上司注意的事项，诸如抵达目的地需要中转、中转站名称、休息时间、飞机起飞时间，或者需要中转时转机机场名称、时间，为旅客提供的特殊服务，或者开展活动及就餐时要注意携带哪些有关文件材料，应该遵守对方民族风俗习惯等。

计划制订后，至少打印 3 份，一份交出差上司，一份由秘书留存，一份存档。

案例 2.5

天地公司经理与三利公司经理就某合作项目安排了约见，预订在某日下午 1:00 开始。天地公司秘书预订了约见前一晚直飞三利公司所在 A 城的机票。但天地公司经理认为自己工作很忙，前一晚还有其他安排，恐怕不能飞往 A 城。于是秘书改订约见日上午 8:00 的机票。但是，由于天地公司经理晚上工作得太晚，而早班飞机又比较早，所以最终没能赶上班机。于是，天地公司经理只能立即买飞往相邻城市 B 城的机票，再乘大巴赶到 A 城的三利公司。由于迟到，三利公司经理不悦，认为天地公司对该项目的合作缺乏诚意。最终，天地公司失去了与三利公司合作的商机。

分析：本案例中由于秘书没有做多方面的准备，导致经理在洽谈中迟到，从而使公司失去了商机。该案例说明秘书在为上司做出差准备时，一定要细心周到。

2. 旅行日程表的格式要求与内容

旅行日程表实际上就是旅行计划的具体细化实施表，其样式如表 2.7 所示。

表 2.7　王军总经理出差深圳日程安排

（2020 年 11 月 19—21 日）

日期	时间	日程	地点	备注
11 月 19 日	17:25	北京—深圳 CA1305	机场	接机人：××× 联系电话：1360×××××× 入住新世纪酒店 该车在深圳期间随行
	21:30	夜宵		自行安排
11 月 20 日	11:30	嘉利会面及午餐	新世纪酒店 上海餐厅 宁波厅	嘉利参加人：何焯辉、谭永雄、邓秉觉 联想参加人：×××、××× 议题：嘉利最新情况通报 对方联系人：邓秉觉 联系电话：1390××××××

续表

日期	时间	日程	地点	备注
11月20日	13:20		出发前往 EMC Office，×××陪同前往	
	14:00	EMC 会面	深圳沙头角保税区21-23栋北座	联想参加人：×××、×××、×××、×××、××× EMC 参加人：总经理 余昭信；副总经理 陆杨； 　　　　　　业管处经理 张界杨；技术处协理 郭宗钦； 　　　　　　研发部经理 张滨 会面安排： 14:00—15:00 双方公司介绍交流 15:00—16:00 参观工厂 16:00—17:00 产品研讨（显示器/计算机相关产品）及未来业务合作磋商
	17:20		返回新世纪酒店，梁青陪同	
	18:00	晚餐	新世纪酒店餐厅	美国国家半导体参加人：李彬及随行人员 联想参加人：×××、×××
11月21日	14:00	东莞金和涂料有限公司会面	深圳××镇沙头南区（后附地图）	金和参加人：总经理 董合枝；生产经理 董博霖 嘉利参加人：采购部主管 黄宝球； 　　　　　　工程总监 邓秉觉 联想参加人：×××、×××、××× 议程安排： 14:00—14:05 双方介绍 14:05—14:25 金和介绍（工厂历史、油漆种类、生产工艺及相关喷漆关键技术、发展趋势等） 14:25—14:55 双方讨论 14:55—15:25 参观金和新厂
	15:35	瑞和塑胶五金电子厂会面	深圳××镇沙头南区	议程安排： 15:35—15:40 联想与瑞和人员互相介绍 15:40—16:10 参观瑞和工厂 16:10—16:25 机动 16:25 前往机场，车程约 30 分钟
	17:40	深圳—北京CA1303		×××安排接机

随行及重要联系电话：（略）

随堂检测

案例分析

初萌：钟苗，这是总经理办公会议定下的第三季度各位领导有关的工作安排，苏经理请你制作一份第三季度的会议时间表。

第三季度各领导主要工作安排
（2020年7—9月）

1. 王总：7月的第一、第二周到上海参加客户洽谈会，8月的第二周到香港参加一周的产品订货会。

2. 刘副总：在8月的每个星期三都要参加公司内部的销售部门工作会。

3. 赵副总：每周的周一参加公司的办公会议，9月的第三周要开一个全公司的分公司销售会议，9月的最后一周安排休假。

钟苗：好的，我马上做。

【下午】

苏经理：（拨电话）是钟秘书吗？请到我办公室来一下。

钟苗：（推门而进）苏经理，您找我？

苏经理：你这份第三季度会议计划表编制得有问题，你把7、8、9三个月的会放在一个栏目中，既看不出第几周，又不知道是谁去开，领导怎么根据这个计划表安排时间？

第三季度会议时间表
（2020年7—9月）

7月	8月	9月
上海会议； 每周的周一参加公司的办公会议	到香港参加一周的产品订货会； 每周的周一参加公司的办公会议； 每个星期三要参加公司内部的销售部门工作会	休假； 每周的周一参加公司的办公会议

钟苗：我就是太忙了，没太仔细设计，我回去重新编制一下。

问题：请根据该案例情景指出钟苗的错误并修改时间表。

子项目三　商务沟通与接待

项目任务

天骏公司有客户来访，行政部秘书肖琳需要进行合理地接待和沟通。

事件回放

上午9点，天骏公司行政部秘书办公室，秘书肖琳正打算关闭计算机，有人敲门。

肖琳："谁呀？进来！"王军推门而入："你好！请问这是业务部吗？"肖琳坐在那里，抬眼看着来人道："这里就是，你找谁？"王军："张经理在吗？我跟你们张经理约好了。"

王军说着掏出名片，双手递给肖琳。肖琳用左手接过名片，随手放在桌上，同时马上变得热情起来，招呼道："啊，刚才张经理还等您呢。不过这会儿他有点急事要办，让您稍等一会儿，他马上就回来。您先坐。"

肖琳让王军坐下，转身倒水，用纸杯招待客人。"您是习惯喝茶还是白开水？"客人："不客气，都可以。"

这时，电话铃响起，铃响四遍后，肖琳拿起电话："谁呀？打错了。"挂断。

肖琳坐下后开始与客人交谈……

任务分析

秘书是公司对内、对外联系的桥梁，是上、下信息沟通的枢纽，沟通与接待是秘书的一项重要职责。秘书应该对每位来电、来访者都给予热情的接待，如此才能保证公司良好的形象，进而保证日常工作的顺利、高效运转。

相关知识

一、电话事务

现代社会，电话已成为人们处理日常事务的重要工具，尤其是秘书部门的工作，上传下达、内外沟通、左右联系……很多都需要通过电话来进行。礼貌、准确、高效地接打电话是秘书的一项重要业务技能。秘书通过电话所展现出来的电话形象，对于营造一个具有和谐人际关系的工作环境，树立组织的良好形象，提高组织的美誉度，都有着直接的影响。

1. 接打电话的原则与要求

（1）表达规范、正确。

（2）礼貌热情，语气清晰和婉。

（3）语言简洁、高效。

（4）保密。

（5）注意时间。非常重要或紧急的电话一般在刚刚上班的前40~60分钟拨打，午饭前、午休时间、下班之前最好不要打电话。

2. 拨打电话的程序和技巧

（1）拨打电话的程序。

① 准备通话提纲。在拨打电话之前，应先拟好这样一个提纲：我的电话要打给谁；我要说几件事情；它们之间的顺序怎么样；我需要准备哪些文件资料；对方可能会问什么样的问题；我该如何回答。

② 核查电话号码。一般秘书的身边要常备最新电话号码簿、常用电话号码表、国内外城市直拨电话区号（代码）、世界各地时差表等，以备需要时能及时查找。拨号之前查清预打电话的号码以及预找之人。

③ 拨出电话。拨号时精神要集中，要耐心等待线路接通，至少要让电话铃响6次以上，确认对方没人应答才收线。

④ 问候并自我介绍，确认对方。电话接通后，首先应用亲切的语调向对方问好并确认对方是否是自己要找的对象："您好！请问是××公司吗？"在得到对方的确认后，应先做自我介绍（包括介绍自己的工作单位和自己），如"您好，我是×××办公室（或公司）的秘书×××"。注意使用礼貌用语；说话时声音要清晰、温和；语速要比平时略微缓慢。

⑤ 清楚陈述内容，并复述重要内容。简明扼要、准确清楚地陈述预先准备好的电话内

容，特别重要和容易弄错的地方，可以重复，确认对方已明白无误地听清、记住。通话过程中要自始至终保持音量适中，吐字清楚，声音愉快。

⑥ 道别、挂机。通话结束后，要使用礼貌告别用语，然后轻轻挂机。

⑦ 整理记录。

整个拨打电话的程序可以用图2.2表示。

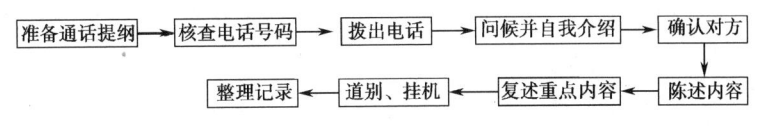

准备通话提纲 → 核查电话号码 → 拨出电话 → 问候并自我介绍 → 确认对方 → 陈述内容 → 复述重点内容 → 道别、挂机 → 整理记录

图2.2　拨打电话的程序

（2）拨打电话的技巧。

① 理清自己的思路。
② 立即表明自己的身份。
③ 用合适的方式确定对方是否具有合适的通话时间。
④ 表明自己打电话的目的。
⑤ 给对方足够的时间做出反应。
⑥ 避免与旁人交谈。
⑦ 设想对方要问的问题。
⑧ 不要占用对方过长时间。
⑨ 拨错号码应道歉。
⑩ 适时结束通话。

3．接听电话的程序和技巧

案例2.6　请看下面一段电话录音

"喂！"
"喂！"
"你找谁？"
"我找老黄。"
"哪个老黄？"
"黄长生。"
"我们这里没有黄长生。"
"你们是哪里呀？"
"环球公司，告诉你也没用，跟你没关系。"
"对不起，打错了。"
"啪！"

分析：

① 电话通常是一个公司与外部联系的首选工具，电话的接听技巧和态度也是首要的，恰当的表达及友好的态度会令接听电话者感到他在被认真地倾听并且受欢迎，这样会有效地增加沟通的机会，有利于树立良好的公司形象。

② 接听电话，应该首先告之本公司名称并说明自己的身份，避免说"喂"之类的话语，

尽量节省对方时间，步入正题。

③ 和别人通话时，不管多忙，秘书必须专心，不能敷衍了事，以免让对方感觉不被重视。秘书代表的是上司和公司，态度必须诚恳，语气应该亲切而友好，令对方觉得自己备受关注，自然就对公司产生良好印象。

（1）接听电话的程序。

① 记录准备。在电话旁边准备好"电话记录表"（或记事本）和笔等，电话铃一响，左手摘机，右手马上准备记录。

② 礼貌应答。一般情况下，在电话铃响过两声后立即摘机接听。如果因故在电话铃响过三四声后才接，应马上道歉："对不起，让您久等了。"接电话后，先问好，然后再做自我介绍（包括介绍自己的单位和自己），以便对方确认自己所打的电话是否有误。

③ 认真听记。通话时，秘书应用心倾听，准确领会对方意图，认真做好记录。

在通话过程中，可适当插用一些短语或其他的反应方式，如"好的""我们会尽快处理"等表示自己在认真倾听。重要的内容，应主动予以复述，以得到主叫方的确认。不明白、不清楚的地方，应不厌其烦地请主叫方重复或解释，保证信息的准确性。带有保密性质的电话留言，要注意保管好留言记录。通话要注意节奏，不宜太快或太慢，因为适中的节奏可体现出一个人的沉着和自信。

④ 结束通话。结束通话的礼节要求与拨打电话相类似。

接听电话的程序如图2.3所示。

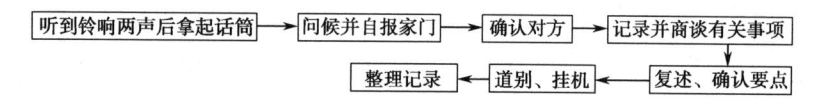

听到铃响两声后拿起话筒 → 问候并自报家门 → 确认对方 → 记录并商谈有关事项

整理记录 ← 道别、挂机 ← 复述、确认要点

图2.3 接听电话的程序

（2）接听电话的技巧。

① 仔细倾听对方的讲话。

② 避免在电话中争论或有不佳的情绪反应。

③ 对方声音不清晰时，应该善意提醒。

④ 代接电话时，要分清情况，恰当处理。

⑤ 如果谈话所涉及的事情比较复杂，应该重复关键部分，力求准确无误。

⑥ 谈话结束时，要表示谢意，并让对方先挂断电话。

相关链接

无论是拨打电话还是接听电话，必要的时候，都要有电话记录，要依据电话内容做好电话记录工作。记录时，要注意通话中的五要素是否齐全。这五要素通常称为"5W1H"，即原因（Why）、对象（What）、地点（Where）、时间（When）、人员（Who）、方法（How）。

记录电话内容，应备有固定格式的电话记录本，摘记内容可依据"5W1H"的要求记录。电话记录本是事先印制好的表格式簿册，其样式如下所示。

接听电话记录单

来电时间			□紧急	
接话人		留言人		
对方单位		留言人电话		
□将再来电			□请您回电	
留言内容				
处理意见				

常用电话沟通技巧

1. 询问用语
- 对不起，请问我能耽误一下您的时间吗？
- 请问您现在有时间谈话吗？
- 不知现在给您打电话是否合适？
- 您能给我一分钟时间，让我简单地给您说一下吗？
- 请您在收到传真之后思考一下，然后再给我回个电话，好吗？

2. 回复用语
- 对不起，我的办公室还有人等着，我会尽量在短时间内解决，然后给您回电话，好吗？
- 我对这件事十分关心，我会核实之后给您打电话的。
- 请您给我几分钟让我考虑一下好吗？
- 我正在接听别人的电话，过一会儿再给您打过去好吗？

二、来客接待

案例2.7

天地公司的初萌是一名新员工，她在前台负责接待来访的客人和转接电话，还有一位同事小石和她一起工作。每天上班后1~2小时之内是她们最忙的时候，电话不断，客人络绎不绝。某天，有一位与人力资源部何部长预约好的客人提前20分钟到达。初萌马上通知人力资源部，部长说正在接待一位重要的客人，请对方稍等。初萌转告客人说："何部长正在接待一位重要的客人，请您等一下。请坐。"正说着电话铃又响了，初萌匆匆用手指了一下椅子，赶快接电话。客人面有不悦。小石接完电话，赶快为客人送上一杯水，与客人闲聊了几句，以缓解客人的情绪。

问题： 请问秘书初萌做得有什么不妥之处？秘书接待应做好哪几方面的准备工作？

分析： 接待是秘书的一项重要工作，是沟通内部上、下的"桥梁"，是联系外部的"窗口"。从某种意义上说，秘书的接待工作就是单位的门面、喉舌，是单位形象的缩影。

1. 接待的含义

所谓接待工作，是指组织在对内、对外的联络交往中所进行的接洽招待工作。一个组织在社会这个大网络中有着许许多多的内外联络，这些联络大都要通过办公室这个枢纽部门来进行。所以，接待工作既是组织整个联络工作中的一个重要组成部分，也是秘书工作的一个重要内容。接待工作的好坏,不但直接体现了秘书个人的素质、能力,更反映出了一个组织的工作作风和外在形象,所谓"见其礼而知其政"。涉外组织的接待工作有时甚至影响着一个国家的形象。因此,秘书必须重视和切实做好接待工作。

2. 接待的分类

接待的分类如表 2.8 所示。

表 2.8 接待的分类

角度	接待对象的国别	组织关系	来访目的	接待对象是否预约	来宾人数	接待规格
类别	内宾接待 外宾接待	上级来访 下级来访 平级来访 公众来访	视察、检查 参观、考察 事务接待 会议接待	有约接待 无约接待	团体接待 个体接待	一般性接待 高规格接待

3. 日常一般性个体接待

日常一般性个体接待几乎是秘书每天都必须要面对的。处理日常一般性个体接待,无须制订具体的接待计划,只需有礼有序地接待便可。一般来说,日常一般性个体接待有有约接待和无约接待两种。

(1) 有约接待。约见对象就约见的有关事宜预先有了约定,秘书接待依约而来的来宾,称为有约接待。在有约接待中,秘书一定要做好充分的准备,使接待有礼有序地进行。常见的接待程序如图 2.4 所示。

事先准备 → 热情待客 → 礼貌引导 → 妥善处理 → 适时告退

图 2.4 有约接待的程序

① 事先准备。一般来说,对预先约好的客人,在约见前就要做好相应的准备,如适时提醒上司,做好接待室的卫生和布置及相关的其他准备工作。如果有必要,还要跟对方予以确认,保证约见按计划顺利进行。

② 热情待客。对依约前来的客人,秘书应立即停下手头上的工作,礼貌而热情地起身招呼客人:"××先生,您好!我们经理正在等您呢!"并将客人带到事先安排好的会谈地点。如果来宾比约定的时间来得早一些,上司因工作关系,不能马上接待。这时,秘书应请来宾稍作等候,并奉上茶水及消遣性读物。如果来宾进入办公室时,秘书正在接打电话,这时,秘书也应先以目光或手势向来宾示意,然后迅速结束通话,招待来宾。招呼后,秘书应及时用适当方式把来宾来访信息通知上司,或者直接把来宾引到接待地点,而不能让来宾久等。

③ 礼貌引导。迎接来宾后,应妥善地把来宾引到事先安排好的上司办公室、接待室或其他接待场所。离开办公室时,把桌面上的文件、资料等收起放好。

引导来宾途中,秘书应配合来宾的步调,在来宾左前方稍前处引导,并可与来宾进行适当的寒暄、交谈。转弯或上楼梯时,应稍停并指示方向,礼貌地用手示意说"请这边走"(This way, please)或"请上楼"(Upstair, please)。乘电梯时,应先告知来宾"在××楼",并按住电梯开关,让来宾先入先出。

到达接待场所,应向来宾说明"就在这里",或者先行敲门,或者直接为来宾推拉门,面对来宾,请来宾先入内。

④ 妥善处理。来宾依约前来,而上司还在与前一位宾客会谈。这时,可礼貌地先招呼来宾稍作等候,然后马上用便条写下客人的姓名及"约要等候的时间"等文字交与上司,等候指示。进会客室时,不要忘了先敲门,并向上司和来宾致歉:"对不起,打扰了。"出来后应先向来宾说些"久等了"等表示歉意的话,然后转达上司的意思。如需来宾再等一些时间,可与来宾交谈或送些报纸杂志等让来宾消磨时间。

⑤ 适时告退。一般情况下,在上司和来宾入座后,秘书要端上茶水、饮料。然后,便应适时告退了。退出接待室关门时不要背对来宾,应以正面倒走方式退出。退出时用目光扫视一下接待室里所有的人,看看他们是否还有事要办。

在上司和来宾会谈时,秘书应在适当时候添加茶水、饮料。如果接待室的门关着,进去时不要忘记敲门,并诚恳地说声"对不起,打扰了!"之类的礼貌用语。

(2)无约接待。来访宾客事先没有约定而临时来访,这种接待称为无约接待。对于临时来访的来宾,秘书不能"有求必应",但又不能无礼怠慢。既要学会接待,让上司见到愿意与之会晤的来宾;又必须学会有效地甄别,过滤不速之客,有理有节地为上司挡驾,婉拒上司不愿意接见的来宾,避免浪费时间或可能遇到的困窘。一般接待无约来访的客人的程序如图 2.5 所示。

了解来宾的身份及来意 → 分流 → 婉拒来宾 → 礼貌相送

图 2.5　无约接待的程序

① 了解来宾的身份及来意。上司的日常工作大都是按计划进行的,不速之客的到来可能会使既定计划受到干扰。因此,为了保证工作的正常顺利进行,上司对无约来访的客人不可能"每个必见",但也不能"一个不见"。因为这样的话,有时会耽误一些重要紧急事情的处理。所以,对于无约来访的客人,秘书必须礼貌委婉地了解其身份及来意,以便做出恰当的接待安排。

② 分流。秘书在了解了来宾的身份和意图后,应及时对来宾做出恰当的分流处理,具体方法如表 2.9 所示。

表 2.9　秘书对来宾的分流处理

对象	处理方法	注意事项
重要来宾(如上司熟识的上级、客户、亲属、朋友等); 有重要、紧急事者	初步接待;尽快安排他们的会面时间;或立即通知上司,按上司的指示处理	—
由上司接待,但事情不是非常的紧急;上司目前有没有时间接待	诚恳地与来宾协商另外的会见时间	不应该态度漠然地予以拒绝
不需要上司出面就能解决问题的来宾	热情地把他们介绍到其他有关部门	不要贸然把来宾径直带到上司办公室
上司刚好独自在办公室,而这时有来宾来访	先问清来宾意图,请示上司后再按上司的意愿处理	—
上门的推销员	介绍其与采购部门联系;让其留下名片和产品说明书	不能动辄就带其见上司

续表

对象	处理方法	注意事项
不受欢迎者； 胡搅蛮缠者； 多次前来索取赞助者	委婉而坚决地打发他们离开；根据来宾的意图，请有关部门做必要的解释	以礼相待

③ 婉拒来宾。对于不愿表明来意的来宾，可使用"善意的谎言"，先表明不清楚上司去向，然后说："请您稍等一下，我去找找，看经理在不在。"接着想办法尽快请示上司，要是上司不准备会见来宾，应明确婉拒来宾："实在抱歉，经理今天出差去了。"若对方再坚持非见不可，可以更坚决地为上司挡驾，或者再请示上司。但是，"出差""不在办公室"之类的借口不能常用，它们已是众所周知的"公开托词"。有时，在向对方说出"不"之前，不妨诚恳地向对方说出大致的原因，使对方有不受冷遇之感，如可直说"对不起，先生，恐怕今天很难如愿，经理今天的日程已排满。"或"对不起，先生，没有预约，我恐怕没法给您安排。"如果对方还是纠缠不休，可以说："对不起，我真的是无能为力。"

④ 礼貌相送。尽管来宾是不速之客，但秘书同样应以礼相送，即使来宾仍有不服甚至余怒，也应如此。因为这样既可以平息他们的情绪，也显示了自己的风度，对公司良好形象的树立也有极大的帮助。

（3）其他相关接待要领。除对来宾施以热情有礼的接待外，在接待过程中，为了把接待工作做得更好，秘书还要了解掌握其他一些相关的接待要领。

① 交换名片。递送名片时，一般是来宾或地位较低的人或晚辈先行递出。递送时起立，上身稍微前倾，以示尊敬，用双手的拇指和食指轻握名片的前端，文字正面朝向对方（给内宾时应用中文一面，外宾则用外文一面），并说声"请多多指教"之类的礼貌用语或同时报上自己的名字，这可使对方加深对你的印象，尤其是当名字中有不易读懂或特别读法的字时，更应清楚地说出来或加以解释。

当对方不止一人时，应把名片先递给职务较高者或年龄较大者，若看不出职务高低或年龄的大小，则可从最先进来的一边开始，依次交换名片。

接收名片时，应双手恭敬地接过，并认真地看一遍，遇有不懂的字，应礼貌地向对方请教："对不起，请问您的尊姓大名该怎样念才对？"并跟对方复诵一次。然后，把名片放在桌上可以看到的地方，千万不能把名片压在其他物件的下面或将其当记事纸用，甚至乱扔乱放。

秘书处在接待的前沿，收到的名片日积月累，数量繁多，为了查找方便，提高工作效率，应不时抽空整理好名片。

来宾走后，可在名片的背面记下初次见面的时间、对方的特征等，以便于再见面时的记忆，使名片成为交际档案。

应对名片进行分类摆放。分类的方法可以采用地区划分法、单位划分法、人名划分法、拼音法、字母法等，也可几种方法配合使用。分类后，应有序摆放，以方便查找。

接到某人的新名片或收到其服务单位的电话号码变更等新信息时，要及时更换或更改。

② 学会记住来宾姓名。名字是一个人的表征，在日常生活中，人们往往很重视并关心自己的名字。美国成人教育家戴尔·卡耐基说："要使人喜欢的一个原则是'记住一个人的名字'，因为普通人对他自己名字所感的兴趣，比世上其他所有的名字放在一起还多。记住其姓名并容易地呼出，你便已对他进行了巧妙而有效的恭维。但忘记了或记错了，你便置

自己于极不利的位置。"的确，当双方认识并相隔一段时间后，对方能亲热地称呼你一声或叫出你的名字，相信你一定会很高兴。既然人们如此重视自己的名字，那么，作为整天跟人打交道的秘书，学会记住来宾的姓名并正确称呼来宾，竭力满足来宾的愿望，这有利于改善人际关系，有时会给工作带来意想不到的效果。

③ 做好来访记录。办公室是组织的枢纽，迎来送往，络绎不绝。为了更好地掌握接待来访工作情况，不断总结经验教训，提高接待工作质量，秘书应对每天的来访情况进行记录，可以准备一个专用的来访记录本，也可以采用表格式。

④ 必要时帮助上司中止会客。秘书应留心上司接待来宾的情况，有时上司需要秘书帮助他及时结束接待工作，如在下一个活动，尤其是重要活动的时间已经临近时，或者面对已谈完正事仍喋喋不休的来宾，秘书需及时提醒上司。但要注意，处理这样的事情，秘书事先应与上司有所约定或达成某种默契，按照上司的意图采取行动。一旦确认上司需要这方面的帮助，可以进行如下处理。

在纸条上写上下一个接待的时间和来宾的名字，或者夹上来宾的名片，直接进入接待室通知上司下一个来宾已到："对不起，打扰了！××经理，您十点约见的客人来了，我能告诉他您很快就可见他了吗？"但不要涉及来宾是谁；或者进入接待室请示上司即将进行的下一个接待是否安排在接待室以外的场所进行，但不要说出其他具体的地方和来宾。例如，可说："××经理，您十点约见的客人是否安排在别的地方进行？" 用内线电话通知上司，特别是上司不宜自己出面催促来宾时，可以重复多次打电话，但电话交谈时注意只需上司在来宾面前回答"是"或"否"则可，而不必说出自己的意见。总之，秘书应该明白，在什么样的状况下应该给予上司什么方式的帮助才能有效地中止接待，成为上司名副其实的助手。

相关链接

1. 迎宾礼仪

（1）见到来宾光临，主动迎上前亲切问候，表示欢迎。尤其是遇到老、弱、病、残、幼的客人，要特别主动帮忙，倍加关心。

（2）宾客乘坐的车辆到达时，要热情相迎。当车子停稳后，应一手拉门，一手挡在车门框上沿，以免客人的头部碰撞到车顶门框。下雨天时要撑伞迎接，以防客人被雨淋湿。

（3）帮助宾客提行李物品时，要主动热情，同时要尊重宾客的意愿。对宾客的行李物品要轻拿轻放，对贵重和易碎物品，要倍加小心。

（4）接待团体宾客时，应连续向宾客点头致意和多次重复问候语。问候时注意力要集中，眼睛注视着宾客。若宾客先问候致意的，要及时还礼。

2. 送客礼仪

（1）帮助宾客确认所携带的行李物品，并帮助宾客小心提送到车上。安放好行李后，向宾客做一下交代，并施礼感谢光临和致告别语，如"祝您旅途愉快，欢迎下次再来！""祝您一路平安，同时希望我们合作愉快！"等。

（2）帮宾客关车门时，用力要恰到好处，不能太重，也不能太轻。太重会惊吓客人，太轻车门会关不上。还要注意不要让宾客的衣服裙裤被车门夹住。

（3）车门关好后，不能马上转身就走，而应等宾客的车辆启动时，面带微笑，挥手告别，目送车子离开后才能离开。

3．接待用语礼仪

（1）接待常用语。一般有"欢迎，欢迎！""请您稍等一下""谢谢！欢迎下次再来""实在对不起，让您久等了""感谢您的光临，请走好""对不起，您要找的人不在，有需要我帮忙的吗""没关系，我将尽力而为"，等等。

（2）接待用语注意事项。

① 多用祈使句，少用命令式的句子。例如，"对不起，请您等一下好吗？""对不起，请您先等一会儿，总经理正在开会，几分钟后能见您。"

② 多用肯定句，少用否定句。例如，"对不起，现在总经理很忙，但是陈副经理刚好没有预约，要不您与我们陈副经理谈一下？"

③ 委婉拒绝，态度要诚恳。例如，"实在很抱歉，我们主任正在主持一个重要的会议，不能接见客人。您能否改一下时间，再与他见面？若可以，我将尽快给您安排。"

④ 恰当使用负正法。例如，"如果能推迟到明天再谈，您今天是辛苦一趟，但是，明天会有更充裕的时间同总经理商讨具体的细节。"和"虽然明天总经理有更充裕的时间跟您商讨具体的细节，但是，今天这一趟得让您白跑了。"比较，前一句比后一句更能让人接受。

⑤ 耐心倾听，注意观察宾客的言行。由于对象、时间、场合不同，秘书要善于察言观色，使得自己的话能说到点子上。

三、沟通

所谓沟通，是指根据一个设定的目标，把信息、思想和情感在个人或群体间传递，并且达成共同协议的过程。秘书工作的本质就是沟通，因此，秘书在工作中需掌握和灵活运用沟通技巧。沟通可分为横向沟通和纵向沟通。

1．横向沟通

横向沟通一般体现为部门间员工的沟通，在横向沟通中不存在直接的上下级关系。横向沟通的目的是为了增强部门间的合作，减少摩擦。横向沟通在组织中的表现形式为会议、面谈、备忘录、报告等。

（1）横向沟通中的障碍，有如下几种。

① "部门本位主义"和员工短视倾向。工作业绩评估体系的存在，是造成部门本位主义泛滥、部门员工趋于短视行为的主要原因。对员工来讲，为获得晋升和嘉奖及其业绩被认可的机会，会不自觉地表现出维护本部门利益、强调本部门业绩的倾向。

② "一叶障目"，对公司组织结构的偏见。有些部门对其他部门产生的先入为主的偏见会影响部门沟通的顺利进行。这种认为组织部门有贵贱等级之分的成见，显然会降低正常横向沟通的效果。

③ 性格冲突。跨部门沟通失败、低效的另一个主要原因是沟通各方性格、思维行为、习惯的冲突。每个人因其独特的工作领域、成长经历和生活体验不同，会形成独特的社会行为和沟通方式。如果缺乏对沟通对象特定的沟通方式的了解，沟通往往会失败。

④ 猜疑、威胁和恐惧。缺乏信任的后果，不完全就是猜疑和恐惧。但引发猜疑、威胁

和恐惧的原因，一定是缺乏信任。由于过去经历的负面沟通，会使人产生猜疑，或者感觉到威胁。当然，这也与沟通中主体的个人性格有关。

（2）横向沟通的策略。

相关链接

当别人不愿与你合作时

大新糖果糕点饮料公司秘书陈青青，刚调到公司办公室。一天，办公室主任交给她一项新任务，负责全公司的黑板报宣传工作。但是陈秘书不会编排版面，美术字也不过关，主任又选派了同一办公室有美术功底的杨秘书负责版面编排工作，让陈秘书专门负责组稿、改稿等工作。杨秘书很有才干，编排版面、写美术字、画画在公司是小有名气的，他根本就没把陈秘书这"黄毛丫头"放在眼里。碰到他工作忙起来，就把出黑板报的事儿抛到九霄云外去了，弄得主任常常催促陈秘书："怎么黑板报又延期了？"陈秘书又不好明说，只好硬着头皮去催杨秘书，可杨秘书根本不配合，还拿冷眼对她，陈秘书只恨自己没用，不能动笔画。

分析：面对这种情况，陈秘书有几种方案可选择。

（1）凭自己的关系，在公司内部另外找一个人来帮忙，按时把黑板报办好。

（2）把杨秘书不愿合作的事直接告诉办公室主任，并向主任表明责任不在自己，看主任怎样处理。

（3）再一次去催促杨秘书，并和他摊牌，告诉他："如果再这样下去，就当面到主任那里去解决。"

（4）过一天算一天，听之任之。

（5）抱着与人为善的态度，采取委婉的劝说方式，启发他与自己合作。

针对横向沟通中出现的问题和存在的障碍，秘书可以通过以下策略消除。

① 选择针对性的沟通形式。例如，对决策性的会议，与会的人数可能倾向于少和精，以提高集合面；对于咨询性的会议，其目的就是集思广益，应该扩大与会人数和与会人员的背景，以提高覆盖面；对于通知性的会议，只要让所有需要知晓信息的人接收到信息就可以了，同时注意反馈，确保信息接收者准确无误地理解信息。

② 树立"内部客户"的理念。"内部客户"理念认为工作的下一个环节就是本工作的客户。要用对待外部客户、最终客户的态度和热情去服务内部客户。

③ 耐心倾听而不是叙述。在交流会谈中，每个部门的参加者最擅长的就是表述本部门的困难和麻烦，同时指责其他部门如何不合拍、不协同，很少花时间耐心倾听。当沟通的各方仅仅关注如何组织发言，去阐述和强调本部门、本岗位中遇到的阻碍和困难时，对别人的发言，他们就不会去倾听。

④ 换位思考。试着采用他人的思维和沟通框架，设身处地地替他人着想，并体会他人的看法，这会是很有益的。跳出自我的模式，进入他人的心境，未必要同意他人，但能了解他人看待事物和认识事物的方式，这样才能找到合适的沟通方式，并行之有效。

2. 纵向沟通

纵向沟通包括自上而下、自下而上两种沟通。其中，自上而下进行下行沟通是纵向沟通的主体，而自下而上的上行沟通是纵向沟通的关键。公司管理层所涉及的各种活动，基本上依赖下行沟通去实现。上行沟通则开辟了一条管理人员听取员工意见、想法和建议的通道，提供员工参与管理的机会，从而减少因员工不能理解下达的信息而造成的损失。

纵向沟通在组织中的表现形式如表2.10所示。

表2.10 纵向沟通的表现形式

类别	下行沟通	上行沟通
形式	公司政策、报告、信函、备忘录、谈话、口头指示、会议、传真、电子信箱	建立建议系统、申诉和请求程序、参加员工座谈会、设置巡视员

（1）纵向沟通中的障碍，有如下几种。

① 接收者沟通技能上的障碍。对员工来讲，沟通技能之一是理解力。但由于员工在组织内部所处的时间长短不一，员工自身的理解能力等存在差异性。对一个新进员工采用复杂的命令式进行沟通，可能造成员工误解信息或一知半解，导致沟通失效。

② 沟通各方心理活动引起的障碍。研究表明，下行沟通中容易出现信息膨胀和扭曲。之所以出现信息膨胀，主要是因为信息传递方对沟通效果的顾虑。

③ 不善聆听。在组织中，员工和领导急于表现自己，以达到受到重视的目的。许多人学会了口若悬河，而非侧耳聆听。于是，在别人说话时，听众甚至会粗暴地插话议论。要做到聆听，首先必须学会自我克制，同时要全神贯注。

④ 草率评判。许多信息接收方在与对方进行谈话时，不是试图去理解对方的意思，而是企图进行评判，或者进行推论和引申。有时，在没有充分理解的情况下就下结论，在内心表示赞同或否定。这样的沟通结果往往不会成功。

⑤ 语义表达和理解方面的歧义。有这么一个希腊神话：有一个人向神许愿，希望自己能长生，却对神说成"不死"。结果，一般人是"生老病死"，而他却是"病而不死"，永远也解脱不了。在管理过程中，类似这种由语义歧义引起的误解而导致沟通失效的例子比比皆是。

（2）纵向沟通的策略。纵向沟通的策略如表2.11所示。

表2.11 纵向沟通的策略

类别	下行沟通	上行沟通
策略	（1）制定沟通计划； （2）减少沟通环节，提高沟通效率； （3）去繁从简，减轻沟通任务； （4）言简意赅，提倡简约的沟通； （5）启用反馈，鼓励接收者对信息进行评价； （6）多介质组合，如书面形式与电话沟通相结合	（1）建立信任； （2）适当采用走动管理，安排非正式的上行沟通； （3）维护领导层的内部一致性，请示、汇报工作严格按照职责分工进行，不越级，不在背后发表议论

3. 冲突处理

（1）冲突发生的征兆。实践中，几乎没有不发生冲突的团队。在某些情况下，冲突是公开、直接的。但大多数情况下，冲突是缓慢形成的，这种隐藏的冲突往往比公开的冲突更具有破坏性，更阻碍团队的工作并破坏团队内的和睦气氛。通常这些征兆包括以下几个方面。

① 团队内存在着使人感到厌恶的气氛，士气低下。
② 同事之间相互防备或不愿意交谈。
③ 总有人发表消极的言论。
④ 组织内会议记录、电子邮件和备忘录数量明显增加，而同事之间的交谈减少。

（2）冲突产生的原因。冲突可能存在于团队内，也可能存在于团队之间。冲突并不总是负面的，但破坏性的冲突将会给组织带来危害。了解原因是解决冲突的前提。以下是引发冲突的潜在原因。

① 信息传达不够精确或不够完整。
② 目标不同，难以合作。当双方目标不一致时，冗长的争论很难避免。此时，寻求共识，是唯一能化解僵局的方法。
③ 责任不明，缺乏效率。每个人做事都要依靠自己的方法，而做事方法和程序的差异，很可能就是引发冲突的原因。
④ 抵触或其他方面的个人感情。

（3）处理冲突的策略。人们对冲突做出的反应方式并不相同。这和冲突本身产生的原因、涉及的人及人们的个人风格都有关系。表 2.12 为处理冲突的 9 种策略。需要注意的是，在实际运用中，同时运用几种策略可能比单一运用某一种策略更加有效。

表 2.12　处理冲突的 9 种策略

序号	策略	适用状况
1	按兵不动	（1）需要时间搜集更多资料、争取更多支持； （2）暂时没有精力来处理这件事情
2	粉饰太平	（1）对自己的想法很清楚，但缺乏决策者支持； （2）没有时间、精力去做长时间的讨论
3	铁令如山	（1）对事情有绝对自信，非马上去做不可； （2）相信别人的意见，不会改变想法； （3）认为事情没有重要到需要讨论的地步
4	制定规则	（1）决定的过程比结果更重要； （2）任何进展都比原状好
5	和平共存	争议双方都坚信自己的想法是对的
6	讨价还价	协议达成，双方都能从中得到较大好处
7	弃子投降	（1）相信对方的专业能力的确高出自己许多； （2）事情无关紧要，而对于对方而言却非常重要
8	全力支持	对方能力不错但缺乏自信，又希望能得到帮助
9	携手合作	（1）事情非常重要却很难妥协； （2）所有参与者都非常值得信任，且有充裕的时间可以互相沟通意见

四、协调

案例 2.8

南方冶金设计院张院长与王副院长，长期以来因工作上的矛盾，两人之间的隔阂越来越大。院长办公室的李秘书看在眼里，急在心里，想方设法在其间进行协调，但收效甚微。两位院长的分歧与矛盾依然存在，双方都认为，是对方故意跟自己过不去。

有一天张院长病了，住进了医院，李秘书认为调解的机会到了。当天李秘书就到医院看望张院长，他把带来的礼品放在张院长的床头："我是代表王副院长来看您的，今天听说您生病了，王副院长就约我和他一起来看望您，谁知在半路上被科技处的刘处长叫去了，省科技厅的领导要他们去汇报一个攻关项目。临别前，王副院长再三叮嘱要您好好休息，单位上的事情他会妥善处理，处理不了的他会跟您联系，请您一定放心。"张院长听了以后十分感动。过了一段时间，王副院长的爱人病了，李秘书到医院看望，又买了礼品放到床头，而后对王副院的爱人说："我是受张院长委托来的，张院长原来决定下班后与我一起来医院看望您，临时人事部门有个急事，硬把他拉走了。张院长要我转达他对您的问候，并祝愿您早日恢复健康！"事后王副院长十分感动，责怪自己过去错怪了张院长。

经过李秘书从中协调，两位院长之间的矛盾终于逐渐化解了，现在他们相处融洽。

分析：李秘书协调领导之间的关系，缓和领导之间的矛盾是非常成功的。领导之间在感情上有距离、在工作上有分歧等都是正常现象。如果领导之间的矛盾和分歧是原则问题，对于秘书来说，只要坚持原则、立场鲜明地站在正确的一方就行了。事实上，领导之间的矛盾，绝大多数是工作中的分歧；有的也隐藏着"谁说了算"的意气之争。秘书人员对这种非原则性的问题，就要善于"和稀泥"，避免事态扩大，尽量缓和矛盾，促进矛盾化解，增进团结，而不能搬弄是非，挑拨离间，扩大矛盾。

从案例 2.8 可以看出，秘书的协调作用并不亚于领导本身的协调作用。一个称职的秘书要尽力促进领导双方的沟通和理解，使之统一认识，消除内耗，团结一致，把精力用到工作上。有时，为了促进领导之间的团结，消除领导之间的误解，秘书可以说点"假话"，"编造"一点理由，这是秘书的协调艺术，而不是品质问题。

秘书协调是指秘书人员在职责范围内，或根据领导授权，调整和改善部门之间、工作中人与人之间的关系，使之步伐整齐，达成共同使命。具体包括对上关系的协调、对下关系的协调、上下双方关系的协调、秘书与领导关系的协调、秘书与群众关系的协调及秘书与领导成员之间关系的协调。本处仅对前三种协调做详细介绍。

1. **对上关系的协调**

对上关系的协调是指组织对其上级领导人和领导部门的协调。这种协调往往通过正确贯彻上级的政策、指示，全面领会领导意图，使局部利益与整体利益保持高度的一致性，不折不扣地完成上级下达的工作计划和工作任务，并及时汇报执行情况等组织行动来实现。

（1）对上关系协调的方法和做法。秘书要在上级与本单位间做好沟通工作，一旦发生某些不够协调的现象，能敏锐地从文书往来和领导的言谈话语中及时发现问题。发现问题后，要及时向领导汇报，并积极采取相应的协调措施，具体做法如表 2.13 所示。

表2.13 对上关系协调的方法和做法

方法	具体做法
自查	检查本部门自身是否全面领会上级领导的意图；是否贯彻了上级部门的政策精神；局部利益是否服从整体利益；是否在各个方面与上级领导保持一致；是否完成了上级部署的各项工作；是否符合标准等
整改	在自查中发现有与上级要求不一致的地方，加以整顿、改进，以纠正偏差
积极请示	在贯彻执行上级的工作要求时，如有不恰当的地方，下级部门不宜擅自决定，而应多做请示，请领导对难以解决的问题予以定夺
主动汇报	将本部门的工作安排和进展情况、所遇到的问题等主动向上级部门汇报

（2）对上关系协调的注意事项。

① 要维护领导成员的威信和形象。在工作中，只能为领导补台，不可拆台；要注意维护领导的自尊心。

② 要维护领导层内部的团结。反映情况与转达意见时要讲究方式、方法，不利于团结的话、闲话、气话不能说；发现领导之间有误会，应寻找适当的机会帮助澄清、化解；秘书请示或汇报工作，应严格按领导成员职责分工进行，有分管领导就找分管领导，不越级请示；涉及全局的问题，要请主要领导人裁定，并通报其他领导成员。

2．对下关系的协调

对下关系的协调是指上级机关在工作过程中，充分考虑了下级的实际情况，倾听下级的意见和要求，科学地制定决策，并有效地将组织决策意图贯彻到下级各执行单位，使之自觉地协调运转，为实现组织目标而积极努力工作。

（1）对下关系协调的方法和做法，如表2.14所示。

表2.14 对下关系协调的方法和做法

方法	形式	适用情况
面商协调法	（1）代表组织意见的正式谈话；（2）个人之间的谈心和交流	不涉及多方，或者虽涉及多方但不宜或不必以会议方式协调的问题
商榷式协调法	协调者以平等的身份、商量的态度、探讨的语气发表自己的意见，征求对方的意见，共同寻求解决问题的最佳办法	在重大问题未决策前，上下级之间、平行级之间、部门之间，为了达成某种协议共同磋商
建议式协调法	协调者以平等的身份、建议的态度、谦逊的语言，将自己的意见转告给对方，请对方选择采用	平行关系、无隶属关系的单位之间及上级机关某部门与下级单位之间

（2）对下关系协调的注意事项。

① 严守本分，不擅权越位。这是因为秘书部门不是独立的，而是领导层的辅助机构，对下关系协调，必须注意处理、协调问题的时候，只能依据领导的决定、决议和批示的精神办事，而不能代替领导拍板。秘书人员虽然辅助领导研究各种问题，但只有发言权，没有表决权。秘书部门提出解决问题的预案，只有经过领导的研究决定后，作为领导形成的决定才能生效。

② 放手使用，充分信任。这主要针对一些能力较强，但又桀骜不驯的下属。这些下属常常提出与上级相反的意见，而往往又能显示出他的意见的高明。对待这种人应该放手使用，充分信任，为他们提供施展才华的机会和条件，采纳他们的意见，赋予他们解决问题

的权力。对那些能力强的人,谦虚尊重,反而能令其心服,同时也可以吸引更多的人才。

3. 上下双方关系的协调

上下双方关系的协调是指对本部门的上级与本部门的下级进行协调。目标是理顺上下关系,使得上下思想、行动保持一致。进行这项协调工作的秘书处于中间环节,作用大,责任重。其一般工作程序为:先找准问题,然后拟订方案,最后实施协调。

(1)上下双方关系协调的方法和做法,如表2.15所示。

表2.15 上下关系协调的方法和做法

方法	形式	适用情况
文字协调法	(1)拟订工作计划、活动部署、订立制度、集体审订修改文稿; (2)征求文稿意见、会签文件、会议备忘录、会谈协商纪要	(1)组织内部上下各相关方面的工作协调运转; (2)协调组织与外部各方面的关系
信息沟通法	将有关部门、单位和人员召集起来,如实介绍情况	由于不了解情况,凭主观臆测,加上偏听、偏信产生的矛盾
政策对照法	对照党和国家的方针、政策、法规,用政策统一思想,达成共识	对同一项工作,有的部门认为该办,有的认为不该办、不能办

(2)上下双方关系协调的注意事项。

① 捕捉有利的协调时机。在协调工作中,时机把握得好,可事半功倍;时机把握得不好,则寸步难行。当协调对象精神愉快、工作间歇、心情平静时,容易接受别人的意见或建议;当矛盾显现、条件成熟、是非分明、上级政策、方针明确时,协调易于取得成功;当各相关方面意识到共同利益、共同目标的实现必须协调时,协调能很快取得成效。这就需要秘书人员能敏锐地捕捉信息,要有观察问题、发现问题的能力,要善于发现偶然线索,抓住有利时机和条件,并加以利用,进行协调。

② 协调活动中的换位思考。在实际工作中,由于各自所处的位置不同,人们看待问题的角度也不同,可能产生很大分歧。在这种情况下,协调者不要一味地重申或强调自己的看法和意见,而要理解对方,想办法使自己和有关方面人员都平静下来,试着将自己置于对方的位置,以对方的处境、情感及观点来考虑和解决共同的问题,以期求大同存小异。

③ 服从大局。秘书人员必须有全局观念。全局或大局,是指事物的整体,某一事物发展的总过程,构成事物整体的各个部分、各个方面和事物发展过程的各个阶段。对一个行业中的各个单位而言,全行业是大局,任何时候都必须做到部门、单位利益服从全国利益和本地区的整体利益,职能部门的利益服从全单位的利益。同时,在此基础上,应当尽可能地满足局部、部分的正当权益及合理要求。秘书人员在协调中如果不讲大局,就失去了协调的依据和方向。在实际工作中,许多部门、单位往往容易站在自身的立场上,维护本部门、本单位的利益。因此,秘书在代表领导做协调沟通的工作过程中,要积极引导各部门在工作目标、思想观念和实际步骤上达成共识,把本部门的利益、工作目标与全局的利益、目标结合起来。各部门之间互相协调和适应,不搞自我封闭,摒弃"各人自扫门前雪,休管他人瓦上霜"的自私狭隘心理,为全局的工作做出贡献。同时,身处协调岗位的秘书,也应设身处地地为各部门考虑,做适当的利益平衡,方能稳定大局。

> **随堂检测**
>
> 案例分析
>
> 在河滨公司实习的秘书小魏第一天上班,被安排在接电话的岗位,由于心情十分激动,第一次遇到外来电话,铃声刚响,他就迅速地抓起听筒,"喂,你找谁?"
>
> 第二次接电话时,是对方打错了,小魏一听就告诉对方:"你打错了。"然后就挂上了电话。
>
> 第三次接电话时,电话响了,小魏在第二遍铃声后拿起听筒,对方没有说明来意就直接要找总经理,对方说:"请李总接电话。"小魏很兴奋地说:"李总外出和吉利公司的张老板打保龄球去了。"对方说:"你知道李总的手机号码吗?"小魏热情地帮对方查了号码,并在对方的道谢声中说了再见。他觉得自己处理得很好。
>
> 问题:请指出案例中小魏工作失误的地方。

子项目四 办公室值班管理

项目任务

天骏公司行政部秘书肖琳周末值班,值班时所有工作都需要认真对待,认真记录。

事件回放

今天轮到肖琳值班,虽然是星期天,肖琳还是早早地来到了办公室。

首先是查看昨天的值班记录,随后肖琳用了20分钟在公司转了一圈,发现了两个问题:一是仓库的门快掉下来了;二是接待室的窗户没有关上。

上午9点左右,行政部经理高明的一位老乡来公司找高明,说是高明的家人托他带来一些干果,要转交给高明。肖琳热情地接待了他,并答应"我一定转交给经理。"

午饭后,天气骤然大变,乌云密布,好像是要下暴雨了。

下午2点15分,电话铃响了,肖琳拿起话筒:"您好,天骏秘书咨询服务公司,请问您找谁?"

"您好!我是市政府办公室秘书小明,有一个紧急通知。"听到这里,肖琳赶紧拿出笔和纸做记录。原来,根据气象台消息,由于台风的影响,今天晚上将有大到暴雨,降水量可能达到30年之最,市政府要求各部门积极做好抗灾工作,确保人民群众和国家财产不受损失。放下电话后,肖琳思索了几分钟,又拿起了话筒……

任务分析

一般的企事业单位都实行8小时工作制,白天工作,夜间休息,周末双休。但业务联系、信息传递、突发事件都不可能限制在工作时日之内,这就要求秘书值班或安排其他人员值班。

值班工作是组成一个单位工作网络的重要细胞，是一个单位的枢纽工作，起着沟通上下、联系内外、协调左右的作用，能及时传达本单位发生的重大紧急事件；能及时反映、及时处理突发事件，保证工作顺利进行。在非工作时间和节假日，值班工作的这种作用表现得尤为明显。

相关知识

一、值班工作的内涵

值班是指一个单位由相关的专门人员（值班员）或由有关人员轮流交替坚守岗位，负责处理单位一些临时性的综合事务或专项性的特定事务（如安全值班）。

值班工作就是单位指定专职值班人员或兼职人员24小时，或在一定时间内（如中午、夜间和法定的节假日），负责值班，处理公务，以保证整个组织运转连续性的一项工作。

值班制的采用，可以使一个单位不管在什么时候都能保证不会中断与外界的沟通渠道，急事、要事能得到及时处理。只是在实际的工作过程中，各单位会根据自身工作性质的不同而采用不同的值班形式，如常设性值班（有专职值班员，全天候都有人值班，一些重要的党政机关或较大的非涉外组织及涉外组织都有常设性的值班室），间歇性（轮流）值班（仅在下班时间或节假日期间安排有关人员轮流值班），临时性值班（在遇到或为了防范一些突发性事件时才临时设立的，如防汛防台值班）。

尽管不同单位的值班机制有所不同，但总体来看，值班和值班工作一般都归属于秘书部门或置于秘书部门之下。这就是说，大多数单位的值班工作和值班安排，是在办公室主任或秘书负责人（如秘书长）的领导下，由秘书负责或由秘书具体安排。因此，秘书值班工作，既指秘书在本人轮值期间要按值班要求做好具体的值班工作，也包括做好或协助上司做好值班管理工作，如安排值班人员、制作值班表，并事先通知有关部门及人员，让其做好有关的准备。

二、值班工作的主要任务

值班工作是一项综合性很强的复杂工作，主要任务有以下几项。

1．制作值班资料

常设性的值班室有专门的值班人员值班，但间歇性和临时性值班则要安排有关的人员轮流进行，以保证值班工作的连续性。因此，秘书应将确定下来的值班人员和值班日期等制作成表格印发给各有关部门和人员，并放置在值班室内醒目处。值班表的制作一般应包括值班时间（包括期限和具体时间）、地点、值班人、值班任务、注意事项等。如果是多人值班，应明确负责人。

如果值班室已张贴了"值班注意事项"和"值班任务"，值班表中便可相应地将之取消。

除值班表外，秘书还要制作供值班工作使用的值班日志表，以便能及时、准确、清楚、简明地将值班情况记录下来。

2. 及时传递信息

对于一个单位来说，上级随时都可能下达指示、紧急通知等；下级及职工随时都可能会有新情况、新问题出现；单位与单位之间随时都有可能要及时沟通。而值班制的设立，可以使得单位贯通上下、联系左右的渠道随时都保持在畅通状态。因此，值班工作的主要任务之一，就是不管是来文、来函还是来电，都要求值班人员在其职责范围内，只要能直接处理的，就要及时予以妥善的处理。但要注意，对于没有把握的疑难问题，不要随便许诺；重要或紧急的函、电文要立即报告有关的领导或转告有关部门。有时，接收和分发各类书报杂志及公私邮件，也是值班人员的任务。

3. 做好接待工作

非正式上班期间，来访者一般先由值班人员负责接待。值班人员应根据来访者的目的和意图，做出合理的安排和答复。凡符合规定手续的，要热情接待，并尽量提供方便；对来反映情况、提出要求的来访者，能直接给予解决的，要按政策有关规定给予解决或解释；不能解决的，应及时转交有关部门处理；对于直接找上司解决问题的来访者，应视情况加以甄别和过滤，或安排约见，或耐心解释，婉言谢绝，而不能来者不拒，有求必应。

在进行接待记录时，对外来人员的姓名、身份证件、联系事宜、接待单位等情况要一一登记清楚，以备日后考察。登记表的样式如表2.16所示。

表2.16 来访登记表

编号： 年 月 日

来访人姓名	性别	单位	证件号码	电话	来访时间	来访事由	处理办法	接待人

4. 承办临时事项

值班人员除要处理好日常的值班事务，完成值班任务外，有时还要负责承办上司交代和其他部门委托的临时事务，如购买物品、迎送客人、传话找人等，这些工作有着很强的随机性和繁杂性。但无论如何，值班人员都要认真对待，及时处理。

5. 处理突发事件

值班有时会遇到一些突发性的紧急情况，如生产事故、交通事故、失火、偷盗、自然灾害等，值班人员要临危不乱，处变不惊，沉着、冷静地加以处理，如及时向上司汇报请示，或就近组织人力、物力抢险救灾，或依靠邻近的组织单位、部队，或保护好事故现场等，为保障人民群众生命财产的安全，尽量减少损失，有时值班人员在未得到上司指示前，可在可能的范围内适当采取临时应急措施。

6. 确保单位的安全

安全保卫工作也是值班任务的一个范畴。尤其对那些无警卫、无岗哨的单位，更要注意安全保卫工作。值班人员对外来人员要严加审核,履行有关手续。如有异常情况发生,要及时报告有关部门及人员,协助有关部门开展工作,以保证单位的安全。

7. 编写值班材料

对于一个单位来说,值班室是一个相对开放的机构,信息量很大,所以值班人员要有较强的信息观念,善于捕捉各类信息,及时加以汇总、处理和储存,为领导阶层的决策提供参考;同时还要做好值班工作记录,填好值班日志,以保证整个值班工作的连续性。

三、值班工作制度

值班工作应当制度化、规范化,这是保证值班工作顺利进行的重要措施,也是值班人员应当遵守的行为准则。值班工作的制度主要有以下几种。

1. 岗位责任制度

岗位责任制度是指明确规定值班工作的职责范围和值班纪律。对值班人员的上班、交接班、请假等事项,岗位责任制度都应有明确的规定。值班人员应予以严格遵守,坚守岗位,尽职尽责,这是值班工作最基本的制度。

案例 2.9

一天夜里,教育部某司打来长途电话,传达领导要到小杜单位视察的信息,并告知到达的日期、航班、来电人员电话号码和姓名。时值隆冬,值班人员小杜懒得起床填写电话记录,随手拿了一张纸记下,心想等天亮了再誊写、落实。恰巧,下半夜又有北京长途电话,小杜照例躺在床上,在那张纸上涂了几笔。第二天,当他誊写记录时,已搞不清各自的航班和抵达时间了。为了完成接待任务,小杜只好花了半天时间打电话询问。想不到对方竟说查无此人。后来仔细一查,才发现把对方的电话号码与接电话人搞错了。经过这一次忙碌,小杜虽搞清楚了航班,但已耽误了好多工作。

分析: 值班室绝非睡懒觉的场所。值班秘书应有高度的责任感,并应按值班注意事项办理各项事务。每件小事稍有疏忽,如记录欠详、落实不及时、记录纸丢失等,都会给工作带来损失。值班秘书应该从小杜身上吸取教训。

2. 领导干部值班制度

这是一些重要的机关单位实行的一种制度。这一制度要求每天或每周除一般的值班人员外,还应有一名中层级别以上干部负责值班工作,以便及时处理、解决重大问题,防止急事、大事无人处理。

3. 请示报告制度

这一制度要求值班人员在值班期间对所遇到的重要问题或无把握处理的问题,不可擅作主张,应先请示,后办理;对重要的、紧急的情况和重要信息,要及时报告,不得拖延或知而不报;对于一些特殊的、重要的突发紧急事件,也可边处理边报告,但不可不办而不报。

4. 交接班制度

这一制度要求上一班的值班人员要把值班情况，特别是待办事项和重要情况，向下一班的值班人员逐一交代清楚并按照规定的时间、程序做好交接工作，以保证值班工作的连续性。

5. 保密制度

值班人员要有保密意识，自觉遵守有关的保密法规，接到需要保密的来文、来电、来函，要严格按规定办理，不得疏忽，绝对保证国家和本单位机密的安全。

6. 安全防范制度

值班时要特别注意防火、防盗、防诈骗等，对有关的要害部位，要定时进行巡视检查，对于陌生的来访者，既要热情接待，又要提高警惕，防止上当受骗。

随堂检测

案例分析

值班秘书小吴突然接到装配车间电路短路起火的报告。由于小吴不熟悉电路防火规程，一时不知所措，后来感到水火无情，就代表领导命令全厂拉闸断电。

问题：分析小吴的做法有无失误。如果你正在值班室值班，接到下属部门报告，有一处仓库起火，此时已是深夜，领导不在场，该如何处理？

子项目五　常用办公设备及办公用品管理

项目任务

肖琳要打印并排版一份文件，同时需要帮其他同事传真文件。

事件回放

肖琳身着职业装，坐在计算机前编辑文件。桌面零乱，传真机上压着一大摞文件。

公共关系部的徐宁走进来，手里拿着一个文件夹，他从中拿出两份文件。

徐宁："肖琳，帮忙给奥立公司发一份传真。我们打了两份，你看哪份发过去效果会更好些？"肖琳："我看看。"肖琳接过原稿，将深色的文件还给徐宁，扬着手中的文件说："就发这份吧！你在沙发上等会儿。"徐宁在沙发上坐下。

肖琳将传真机上的文件放到桌子上。然后插上传真机的电源，传来报警声，红色报警灯闪烁，肖琳看了一眼液晶显示屏，自语道："可能没纸了。"

肖琳打开传真机，从中取出纸卷轴。转身从储藏柜中拿出一卷新的传真纸，拆开包装，顺便用手指甲在纸的一面划了一下，出现黑色的划痕。肖琳将传真纸装好，盖上面板。

肖琳取下原稿上的回形针，磕齐后正面朝下放入传真机中，然后拿起话筒，拨号码。肖琳:"你好！我是天骏秘书咨询服务公司的肖琳，要给你们经理发一份传真，请给我一个信号。""好的。"听筒中传来信号音。肖琳按下"开始"按钮，然后放下听筒，传真机开始发送传真。

　　传真发送完毕，肖琳再次拨通对方电话:"你好！我是天骏秘书咨询服务公司的肖琳。请问传真收到了吗？字迹清楚吗？"对方:"收到了，很清楚，谢谢！"肖琳:"不客气。再见！"对方:"再见！"

任务分析

　　熟练使用现代办公设备是现代秘书的一项重要技能。随着科学技术的提高，现代办公设备的种类和技术也在与时俱进，因此对秘书的要求也越来越高。

相关知识

　　市场经济与开放型的社会，给我们带来了众多信息，秘书必须及时、迅速地提取有价值的信息供领导人参考。因此掌握现代化办公设备并能熟练使用，成为秘书人员不可缺少的技能。

一、常用办公设备的管理

　　秘书日常工作中常用的办公设备主要有计算机、复印机、打印机、传真机、投影仪和数码相机等。熟练操作这些设备并懂得其日常维护，能有效地提高秘书的工作效率。因此，秘书必须掌握这些设备的基本操作和维护保养方法。

1. 静电复印机的使用和维护

　　静电复印机是现代办公自动化设备中最为常见的信息复制设备，属于精密设备，其品种和型号很多，结构性能也各有差异。在使用时，操作者应根据所用复印机的具体情况，严格遵守操作规范，以确保复印机的正常运行。

　　（1）静电复印机的操作步骤。静电复印机的操作主要有以下几个步骤：预热、检查原稿、放置原稿、选择复印纸尺寸、选择复印倍率、调节复印浓度、设定复印份数、开始复印。

　　（2）静电复印机的维护。

　　① 静电复印机需定期保养。静电复印机在经过一段时间的使用后，其显影部件产生的粉尘、机件的污染和磨损以及橡胶和塑料的老化等都会影响复印机的稳定运转，使复印品的质量下降，严重时甚至会造成机器停机。因此，必须对复印机进行定期保养维护，即定期对复印机的感光鼓、电晕器、显影装置、光学系统、供输纸机构等进行检查、清洁、润滑、调整或更换，排除故障隐患，确保复印机运转的可靠性。

　　② 静电复印机的清洁。清洁复印机时应关上机器主电源开关，拔下电源插头，避免金属头接触，使机器短路。清洁时要严格按要求操作，不能用溶剂清洁不耐腐蚀的零部件。清洁结束时，一定要等部件表面完全干燥后再装到机器上试机，否则会使其短路甚至击穿。使用润滑剂时，要按说明要求进行。一般塑料、橡胶零件不得加油，否则将会加速其老化。

　　清洁的部位和方法如表 2.17 所示。

表 2.17 静电复印机的清洁部位和方法

部位	方法
原稿台玻璃板、原稿盖、送稿机皮带	用柔软的湿布擦拭机器,然后再用干布蘸水擦干
反光镜和镜头	用镜头纸从一端到另一端朝一个方向擦拭
复印机内部	先拔掉电源,再打开机器前门,轻转拉出充电电极、转印电极和消电电极,取出显影器、定影器、纸盒等,最后把感光鼓轻轻取出;清洁机器内部,擦干后再装机
感光鼓	将感光鼓从机器上取下来,首先取下周围部件,再拿着感光鼓两端取下,不要用手直接接触其表面;用柔软的湿布朝一个方向擦掉表面上的墨粉,可以用酒精或专用剂擦拭,晾干后再使用
充电、消电和转印电极	用脱脂棉擦拭电极金属屏蔽及电极丝;等完全干燥后,再将电极插入机器内,注意不要歪斜划伤感光鼓的表面
清洁器和定影器	从机内取出后才能清洁,将清洁器上回收的墨粉倒入显影墨粉盒内,用刷子清洁

(3)复印过程中的常见故障及处理方法,如表 2.18 所示。

表 2.18 复印过程中的常见故障及处理方法

常见故障	处理方法
卡纸	• 打开机门或左右侧板,取出卡住的纸张 • 检查纸张是否完整,不完整时找到夹在机器内的碎纸 • 分页器内卡纸时,将分页器移离主机,压下分页器进纸口,取出卡纸
纸张用完	将纸盒取出装入复印纸
墨粉不足	信号灯闪烁,表明机内墨粉已快用完,需及时补充
废粉过多	面板显示信号,需及时倒掉废粉

2.打印机的种类和维护

打印机是计算机重要的外围设备,主要有三种类型:针头式打印机、喷墨打印机和激光打印机。

(1)打印机的种类及优缺点,如表 2.19 所示。

表 2.19 打印机的种类及优缺点

种类	优点	缺点	适用范围
针头式打印机	耐用,耗材便宜,可以打印多种类型的纸张	打印速度慢,精度不高且噪声大	报表、程序清单
喷墨打印机	价格低,打印效果优于针式打印机,噪声小;可以打印彩色图像;打印出来的文件比较适合存档	打印速度较慢,耗材较贵	广告、美术设计
激光打印机	噪声低,分辨率高,打印速度快,打印效果最好	价格高	办公系统、桌上印刷系统

(2)打印机的维护。为了使打印机保持良好的工作状态,定期检查和清洁打印机是很重要的。虽然打印机不需要进行周期性维护,但为了延长打印机的使用寿命,使其保持在

最佳工作状态，有以下几点需要注意。

① 打印机要合适安放，保证周围空间充足。打印机要远离灰尘多、有液体的地方，因为灰尘和液体会影响打印机的寿命。另外，打印机放置地应避免阳光直射，避免放置在有磁铁或能产生磁场的装置附近。

② 经常保持打印机的清洁和周围环境的清洁，不要在打印机上堆放重物，如放一摞书，这样会妨碍热量的散发，也可能对打印的机械部分造成压力。

③ 较长时间不使用打印机时，应把电源线拔掉。

④ 使用针头式打印机时，为了防止对打印头的损害，没有纸或色带时，不要打开打印机；不要重复地使用同一根针打印；正在打印时，不要用手触摸打印头。

⑤ 激光打印机的感光鼓在整个激光打印过程中起着重要作用，价钱也较高，因此要注意保养。感光鼓中的墨粉即将用完时必须马上加粉或更换感光鼓，否则打印出来的文件会不清晰。

3．传真机的使用和维护

（1）传真机的操作步骤

① 发送传真的准备工作。

- 调整传真机的工作状态；
- 装入记录纸；
- 检查原稿；
- 放置文件。

② 试运复印。

- 接通电源开关；
- 将欲复印的原稿字面朝下放在原稿台导板上；
- 选择扫描线密度的档次；
- 调整原稿灰度；
- 按"复印"（COPY）键。

③ 发送传真。

- 检查机器是否处于"准备好"（READY）状态；
- 放置好发送原稿；
- 摘取话机手柄，拨通对方电话号码，并等待对方回答；
- 双方进行通话；
- 通话结束后，由收方先按"启动"键；
- 当听到收方的应答信号时，发方按"启动"键，文稿会自动进入传真机，开始发送文件；
- 挂上话机，等待发送结束。

相关链接

发送传真的注意事项

1．按下"停止"（STOP）键时，发送马上停止，这时卡在传真机中的原稿，不能用手强行抽出，只能掀开盖板取出。

2. 在发送传真期间，不允许强抽原稿，否则会损坏机器和原稿。

3. 当出现原稿阻塞时，要先按"停止"（STOP）键，然后掀开盖板，小心取出原稿。若原稿出现破损，一定要将残片取出，否则将影响机器的正常运转。

4. 若听到对方的回铃音，但没听到机器的应答信号，不要按"启动"键，应打电话问明情况后再作处理。

④ 接收传真。传真机的接收方式有两种：一种是自动接收；另一种是手动接收，这两种方式及其接收步骤如表 2.20 所示。

表 2.20　接收传真的方式及步骤

方式	步骤
自动接收	（1）电话振铃若干声后，机器自动启动并转入接收状态，液晶显示"RECEIVE"接收状态或接收； （2）指示灯亮，表示接收开始； （3）接收结束时，机器自动输出传真副本，液晶显示"RECEIVE"消失或接收指示灯熄灭； （4）机器自动回到"准备好"（READY）状态
手动接收	（1）使机器处于"准备好"（READY）状态； （2）当电话振铃后，拿起话机手柄回答呼叫； （3）按照发方要求，按"启动"键（START），开始接收； （4）挂上话机

（2）传真机的维护。

① 选择合适的安装场所。选择传真机的安装场所应注意以下问题。

- 一定要用匹配的、标准化的交流电源插头和插座，插头在插座中不能松动，勿与产生噪声的电器（如空调机、电传打字机等）共用电源，而且接地一定要好，否则会造成误码率高、传真质量差等不良现象；如果漏电或烧坏芯片将会危害人身安全；
- 避免阳光的直射和灰尘的侵害，远离火炉等热源，以保证机器良好的散热功能和热敏纸不会变质；
- 放置于水平、平稳的工作台上，避免倾斜而影响正常工作。

② 使用传真机的注意事项。

- 除待传送的文稿之外，不要在传真机上放置任何其他东西；
- 传真机在发送、接收或复印时，绝不可打开传真机的机盖；
- 在打开机盖取出机内的任何东西之前，一定要拔掉交流电源的插头。

③ 传真机的操作和清洁，要注意以下几点。

- 清洁传真机的表面只能使用干布或特殊清洁剂，在清洁透镜时最好使用专门的镜头纸（可用照相机用镜头纸）擦拭；
- 扫描的视窗玻璃由于连续不断地使用，可能会造成灰尘的积聚，因此要经常清洁扫描的视窗玻璃；
- 透镜与 CCD 的相对位置通常用专门仪器调试以后点漆固定，维护人员千万不要擅自移动；
- 使用 CCD 作为图像传感器的传真机，具有复杂的光路系统，无论工作环境如何完善，长期使用后，在光路系统的透镜上总会堆积许多灰尘，其后果是使传真的图像不清晰，这时，就需请专门的技术人员将传真机拆开，对系统加以清洁。

④ 传真纸的保管和使用。传真机使用的记录纸有普通纸和热敏纸两种，对热敏纸的保管和使用要注意以下事项。

- 热敏纸的一面涂有化学物质，当受热时（温度在60 ℃以上）则显现出颜色，而且当其与酒精、稀料、汽油、氨接触或长期暴露在紫外线下时，颜色也会发生变化，所以不要将热敏纸与这些物质混存；
- 未开封的热敏纸在温度为24℃、湿度为65%的状态下，寿命不低于5年；
- 热敏纸打印的稿件及已开封的纸应保存在40℃以下的阴暗干燥的地方；
- 不宜将两张复印件的画面相接触重叠存放，因为这样会使图像模糊或倒印在另一个图像上；
- 热敏纸打印的稿件不能久存（一般一个月后就开始褪色），所以不能作为档案资料。

（3）传真机常见故障及处理办法，如表2.21所示。

表2.21 传真机常见故障及处理办法

常见故障	原因	处理方法
卡纸	(1) 纸张厚薄不均，尺寸不一，有缺损； (2) 纸的边缘有毛茬； (3) 纸毛太多	(1) 定期保养； (2) 定期进行全面的清洁维护； (3) 选好纸张
复印或接收文件中有一条或数条竖白线	热敏头断丝或沾有污物	(1) 更换相同型号的热敏头； (2) 用棉球清除污物
不能自动进稿	(1) 进稿器部分有异物阻塞，原稿位置扫描传感器失效，进纸滚轴间隙过大； (2) 电路的问题	检查发送电机是否转动
记录纸输送走斜	(1) 托纸盘转动失灵； (2) 搓纸辊的位置不正确； (3) 搓纸电机故障； (4) 搓纸位置感光鼓损坏	(1) 检查托纸盘是否转动灵活； (2) 检查搓纸辊两端是否均匀地与记录纸导轨接触； (3) 检查感热头与记录纸接触是否良好
传真机接通电源后，报警声响个不停	出现报警声通常是主电路板检测到整机有异常情况	(1) 检查纸仓里是否有记录纸，记录纸是否放置到位； (2) 纸仓盖、前盖等是否打开或合上时是否到位； (3) 各个传感器是否完好； (4) 主控板是否有短路等异常情况
开机后液晶显示器无任何显示，电源指示灯也不亮	(1) 电源故障； (2) 保险丝烧毁； (3) 显示器损坏； (4) 主板故障	(1) 首先应检查电源保险丝是否烧毁； (2) 电源主板的连接线是否插好； (3) 如各组电压正常，线路也连接完好，则有可能是液晶显示器本身损坏； (4) 主板有故障
复印、发送文件中有一条或几条竖黑线	如果是CCD传真机，可能是反射镜头脏了，如果是CIS传真机，可能是透光玻璃脏了	用棉球或软布蘸酒精清洁

4．投影机的使用和维护

投影机是办公室常用的一种视频显示设备，它将计算机、摄像机、录像机、数码相机等设备的全彩色图像投影到大屏幕上，每幅图像的音频信号，可以通过机内扬声器或外接扬声器同步播送。

（1）投影机的操作步骤，如下所述。

① 打开电源开关、计算机主机开关和视频显示台后的电源开关。

② 按住摄像臂左边（显示台左上角）的主锁定按钮不放，向上拉起摄像臂，将摄像头对准显示台。

③ 将遥控器对准摄影仪，按遥控器上的"on/stand by"键，等待片刻，大屏幕上将显示计算机屏幕上的内容。

④ 若要显示视频显示台上的内容，则按遥控器上的"input"键，大屏幕上的显示内容将切换为视频显示台所显示的内容。

⑤ 如用实物投影，按下"灯选择"按钮，打开摄像臂上的灯。再按"灯选择"按钮，则显示台下的底光灯亮起，此时可使用胶片。

⑥ 如需调整字体大小，则按下视频显示台上的"放大""缩小"键，并按自动聚焦键。

⑦ 使用完毕后，先关显示台电源，关闭计算机，关闭投影仪（按"on/stand by"键，根据屏幕提示，再按一次即可），最后关闭讲台下的电源开关。

（2）投影机的维护，如表2.22所示。

表2.22 投影机的维护

部件	维护
镜头	用镜头纸擦拭
机器	在关机时必须散热，用完后不可直接把总电源关掉；正常开关机
滤网	定时清洗滤网；半年清洗一次
遥控器	使用完后，把电池取出

（3）投影机常见故障及处理方法，如表2.23所示。

表2.23 投影机常见故障及处理方法

故障	处理方法
投影机有动作但画面没有投射出来	将灯泡取出看是否有损坏；联系厂商的维修部门
主电源没电	检查电源的保险有无问题；联系厂商的维修部门
投射图像偏色	检查VGA电缆，检查是否插好或接头的针是否坏掉；联系厂商的维修部门
有画面没有信号	检查连接线，再检查投影仪信号选择是否与信号源一致，若还是没画面，再检查计算机是否正常传递信号

5．数码相机的使用和维护

数码相机，也称"数字式相机"，是数字技术与照相机原理相结合的产物。数码相机集成了影像信息的转换、存储、传输等功能，采用数字化存取模式，可在计算机上直接处理。

数码相机的最大优点是不会造成浪费，而且可以随时观看刚刚拍摄的照片效果。如果拍摄效果好，可以很方便地向计算机传输所拍摄的照片图像；如果拍摄效果不好，可以随时删除。

（1）数码相机的操作步骤。

① 给数码相机充电或装入适合型号的电池；

② 打开数码相机开关；

③ 设定自动或手动模式；

④ 设定分辨率或文件格式；

⑤ 亮度不足时，可设定使用闪光灯，或使用机器自动调节功能；

⑥ 取景构图，调整焦距；

⑦ 按动快门拍摄，此时可以听到相机"沙沙"声，大约两秒之后图像可以自动储备完毕；

⑧ 观察拍摄效果，将拍摄的图像存储到计算机或删除。

（2）数码相机的维护。

① 第一次使用数码相机时，锂电池没有完全充电，在使用前必须充足电；

② 如果长时间不用电池，每年至少充电一次，然后平放保存；

③ 电池不用时应从相机或充电器中取出；

④ 不要将电池放在高温或寒冷的地方，应该保存在 5～25℃干燥的地方；

⑤ 存储卡插入相机时，要注意方向和正反面，用力要均匀，不可过猛；

⑥ 避免存储卡受静电的损害，保存或移动时应放在特制的防静电盒袋中；

⑦ 不要在高温或潮湿的地方使用或保存存储卡。

二、秘书常用办公软件的使用

运用计算机进行文字处理是秘书的经常性工作，这要求秘书能够熟练掌握文字录入的方法，至少能熟练掌握两种以上文字处理软件的操作，能运用软件进行录入和排版工作。

作为秘书人员，要具有一定水平的汉字文件排版能力，至少要满足制作标准文件与单位宣传材料的需要。根据办公实际情况，办公室的工作者应当做到以下几点。

（1）熟悉编辑软件的快捷键。很多人满足于使用鼠标来完成软件的操作，但是，对于秘书工作，应掌握编辑软件的常用快捷键，以满足提高工作效率的需要。所以使用快捷键可有效地省去部分时间，提高工作效率。

（2）编辑文件要先定义页面设置。根据国家质量技术监督局有关文件规定，标准公文用纸为 A4 型。因此，打印文件时，必须在计算机中将页面设置为 A4 型，将左右页边距设为 28mm，天头和地脚均为 37mm，版心下边缘至页码距离规定为 7mm。

（3）恰当选用字号和字形。根据国家质量技术监督局有关文件规定，标准公文一律每行 28 个字，每页 22 行。可在 Word 文档的页面设置中，先定义页面边距，然后在"文档网格"中定义页面每行的字数和每页的行数。公文的正文一律用 3 号仿宋体字。文头即发文机关标识，可选用 1 号小标宋体字，并定义为红色，其上边缘位于版心上边缘，为 25mm。文件其他各要素标识一般为 3 号黑体字。发文字号的括号一定要按照规定使用六角括号，即"〔〕"。

（4）文件中的插图最好使用 JPG 格式文件。文件中若有插图，最好使用 JPG 格式文件，尽量少使用占字节多的 BMP 格式文件。如果图片需要调整大小，最好是先行在图片处理软件中缩小或放大后再进行插入，这样可避免降低图片的清晰度。

（5）掌握电子文档的编辑技术。所谓文档，是指系列文件的组卷。将一组或数组案卷录入编辑为 HTML 网页文件，在网页首页编排目录进行链接，就可以形成完整的电子文档。电子文档便于保存、检索和查询。一般电子文档的制作过程如下所述。

① 将单位文件转换为 HTML 网页文件或 JPG 格式文件。一般用 Word 软件编辑的 DOC 格式文件可直接用另存的方式转换为 HTML 网页文件。转换完毕的文件要存在指定的文件夹内，以备使用。若待编辑的文件是纸质文件，可用扫描仪扫描，或转换为文本文件，或存为 JPG 格式文件。存为 JPG 格式文件比较省事，不需要校对，且保证与原文件一样。

② 设计电子文档网页及其文件夹层次。一般网页设计要考虑使用"框架"。所谓"框架"是指在同一网页中显示不同区域内容的结构分割性的插件。将其插入网页，可合理分割网页显示区域。同一网页至少需要有三个显示区域，即一个区域显示文档标志，包括单位和部门名称、案卷名称、保存年限、立卷人姓名等；一个区域显示案卷目录，并起到链接具体文件的作用；一个区域显示文件内容。因此，电子文档需要先根据此设计建立文档文件夹，然后建立子文件夹。

③ 运用链接手段，将文档组成整体。进入"我的电脑"，打开"Index"子文件夹，双击起始页面文件，这个文件也应当由 Word 软件初步生成，然后转为 HTML 网页文件，这样，网页浏览器将自动显示该文件。此时在上拉条中单击"Frontpage"按钮编辑该文件。根据上拉条的提示，对其他子文件夹中的文件进行链接。对文件进行链接时，需要注意选定显示文件的框架。

④ 运用刻录机将全部文件刻入光盘。

三、办公用品的管理

办公用品是在办公室的工作中，需使用、消耗的物品，这些物品是为完成办公室工作而服务的。因此，做好办公用品的管理工作，对提高办公室的办公效率，保证工作的完成起着很大的作用。

秘书必须了解、熟悉办公用品的种类、接收及库存管理等知识。

1．常用办公用品的种类（见表 2.24）

表 2.24　常用办公用品的种类

种类	内容
文具	笔、墨、尺、订书机、油彩、粉笔、胶水（带）、信封、邮票
小工具	清洁工具、修理工具、制图工具、宣传工具、各种刀具（裁纸刀、切纸刀）
纸张	信纸、复印纸、打印纸、复写纸、蜡纸、各种规格的白纸、包装纸
常用耗材	计算机的磁盘、打印机的色带、墨盒、油墨、复印机的墨粉、录音带、录像带、胶卷、电池
小型电器设备	投影机、幻灯机、录音笔、录像机、照相机、计算器、计时器
其他用品	装饰用品、挂图、旗帜、标志、标语

2. 办公用品管理的原则

（1）合理计划。要根据整个机关的工作性质、特点及以往的规律，估计所需办公用品的种类、数量、质量，并根据开支规定、现有库存、轻重缓急等因素，逐项做出计划。计划要具有预见性、可行性和合理性，并注意在实际工作中不断调整，以满足办公的需要。

（2）保证重点。对工作性质比较重要的部门要实行倾斜政策。在条件允许的情况下，优先改善这些部门的工作环境和工作条件，做好后勤保障工作，让这些部门把精力集中在完成工作任务上。另外，对客观上决定了办公用品消耗大的部门也要给予支持，防止因办公用品短缺而影响其工作的完成。

（3）厉行节约。在满足工作完成的前提下，要对机关工作人员进行厉行节约的教育，杜绝办公用品浪费的现象，要严格管理和发放办公用品，防止办公用品流失或用于非办公项目。

（4）加强保管。对购进和库存的办公用品，应分门别类地进行登记，并妥善存放，平时加强清点和检查，切实做好防火、防潮、防蛀、防霉、防盗等工作。对办公用品的保管要固定专人负责，建立发放登记制度，在领导批准后，对领用物品的数量、种类、领用时间进行登记，领用人要签字，以便核查全年单位办公用品的使用情况。

（5）逐步改善。随着科学技术日新月异的发展，办公的程序也越来越现代化，这将有利于提高办公效率。因此，提高办公的现代化水平势在必行，但由于现代办公设备和用品都比较昂贵，因此，要有计划、有步骤地逐步发展、逐步改善。

3. 办公用品和设备的接收程序

① 先用订货单和通知单核对对方交付货物时出具的订货单及货物，发现数目不对的，立即通知采购部门联系供应商。

② 接收数量的出入也应通知采购部门，以按真实的数量支付款项。

③ 接收每一类货物的详情应登记到库存卡的接收项中。

④ 接收后要及时更新库存余量。

⑤ 将接收的货物按照办公用品存储规定存放好。

⑥ 订立物品发放制度，确定发放人。

4. 办公用品的库存保管

（1）库存保管的措施。

① 储存间或物品柜要上锁。

② 各类物品要贴上标签，标明类别和存放地。

③ 新物品放置在旧物品下面或后面。

④ 体积大、分量重的物品要放置在最下面。

⑤ 小的、常用的物品应放在较大的物品前面。

⑥ 储存间要有良好的通风条件。

⑦ 储存间要有良好的照明条件。

（2）库存记录。企业在运营中，所需要的办公用品、消耗品、小型办公设备等应当给予满足，但又不能积压大量的存货占用大面积的库房，因此需要建立库存记录。一般库存记录可以用手工记录或电子记录两种方式。无论采用哪种方式，都应该记录同样的信息。

库存控制卡的主要内容包括以下几项。

① 项目：包括大小、颜色和数量。

② 单位：货物定购、存储和发放的单位。

③ 最大库存量：一项物品应该存储的最大数量，需考虑费用、存储空间和保存期限。

④ 再订货量：当库存余量达到一定水平，需订购新的物品来使余额达到最大库存量。

⑤ 最小库存量：当库存余量达到一定水平时，就必须检查是否已经订货，并与供货商联系，确定可以接收的交货日期。

⑥ 日期：所有与库存管理相关的日期。

库存控制卡具体内容如表 2.25 所示。

表 2.25　库存控制卡

代码：25　　　　　　　　　　　　　　项目：A4 白文件纸								
存放位置：B4　　　　　　　　　　　最大库存量：100 令								
单位数量：令　　　　　　　　　　　最小库存量：15 令								
（1 令=500 页）　　　　　　　　　　再订货量：25 令								
日期	接收			发放				
	数量	发票号	供应商	数量	申请号	个人部门	余量	

秘书须在每次发放或接收物品时将内容填写在库存控制卡上，并记录该项库存的余量。

（3）库存管理注意事项。

① 秘书在收到货物后，应立即办理办公设备和耗材的进货登记，保证办公设备和耗材准确无误地入库、登记、检验和核对。

② 办公设备和耗材出货时，秘书应实时办好出货手续，对发放什么物品、发放对象及物品的库存等做好记录。

③ 办公设备和耗材的库存管理要求保持进货卡、出货卡和库存卡三卡一致，确保对办公设备和耗材库存的有效管理。

> **随堂检测**
>
> 案例分析
>
> 小李是刚到公司的文员，公司办公室内有各种文件柜、储物架和书报架，办公室主任给她配置了带锁的办公桌、计算机、电话机，还给了她新的文件架、文具用品盒、各种笔、胶水、剪刀、参考书、需要翻译的资料、公司印章、印盒、墨水、复印纸、小刀等，并要求小李整理好办公桌，把东西分门别类地放置在适当的位置。
>
> 问题：小李应该怎么做？

知 识 小 结

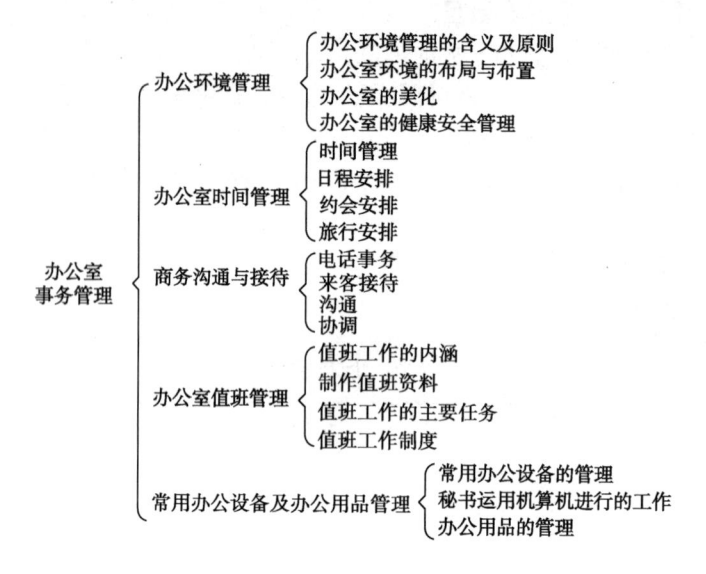

办公室事务管理
- 办公环境管理
  - 办公环境管理的含义及原则
  - 办公室环境的布局与布置
  - 办公室的美化
  - 办公室的健康安全管理
- 办公室时间管理
  - 时间管理
  - 日程安排
  - 约会安排
  - 旅行安排
- 商务沟通与接待
  - 电话事务
  - 来客接待
  - 沟通
  - 协调
- 办公室值班管理
  - 值班工作的内涵
  - 制作值班资料
  - 值班工作的主要任务
  - 值班工作制度
- 常用办公设备及办公用品管理
  - 常用办公设备的管理
  - 秘书运用机算机进行的工作
  - 办公用品的管理

课后练习题

一、单选题

1. 办公环境主要包括硬环境和软环境两部分,下列环境要素中属于软环境的是（   ）。
   A. 空气、光线 B. 颜色、声音 C. 办公设备 D. 工作气氛

2. 关于办公室的布局原则,下列表述不正确的是（   ）。
   A. 相关部门应置于相邻的地点
   B. 访客多的部门应置于入口处
   C. 主管座位应置于部属座位前面
   D. 应预留充分的空间,以备增加工作负荷的需要

3. 办公室空调的温度保持在（   ）的恒温状态比较适宜。
   A. 22~26℃ B. 18~22℃
   C. 24~28℃ D. 20~22℃

4. 在布置办公室时应使自然光（   ）。
   A. 来自桌子的左上方或斜前上方 B. 来自桌子的右上方或斜后上方
   C. 来自桌子的左上方或斜后上方 D. 来自桌子的右上方或斜前上方

5. 秘书不宜为上司安排约见的时间是（   ）。
   A. 上司出差前一天 B. 上司出差返回单位的第一天
   C. 上午早些时候 D. 下午晚些时候

6. 工作日志中的项目时间在进行调整、变更时,应该遵循（   ）的原则。
   A. 先重急后轻缓 B. 先局部
   C. 后轻缓 D. 后全面

7. 按照礼节要求，接听电话时铃响（　　）拿起话筒。
   A. 一声　　　　B. 两声　　　　C. 三声　　　　D. 四声
8. 正在通话时，如电话突然中断（　　）。
   A. 接听一方应打给对方
   B. 打入一方应再次打入
   C. 打入一方应等对方打进
   D. 接听一方和打入一方均可重新拨打电话
9. 握手时的正确做法是（　　）。
   A. 多人握手时，可交叉　　　　　　　　B. 握手时眼睛看着第三者
   C. 男士要等女士先伸出手时再去握　　　D. 握手时间要尽量短
10. 引导客人途中，秘书（　　）。
    A. 应走在距离客人左侧约1米处　　　　B. 遇到熟人，可停留下来聊天
    C. 到达上司的会客室后，可直接推门进去　D. 不必与客人交谈
11. （　　）属于横向沟通方式。
    A. 召开会议　　　　　　　　　　B. 文件传达
    C. 座谈会　　　　　　　　　　　D. 同事之间任意交谈
12. 下面（　　）是秘书处理领导者之间矛盾的方法。
    A. 借故躲避　　B. 佯装不知　　C. 偏向一方　　D. 保持中立
13. 秘书所涉及的沟通工作绝大多数（　　）。
    A. 是与上司的沟通
    B. 是与营销部门的沟通
    C. 是与客户的沟通
    D. 是人与人之间以及组织之间的沟通
14. 复印机需要预热，打开复印机电源开关后，预热大约需要（　　）。
    A. 30分钟　　　B. 3分钟　　　C. 30秒钟　　　D. 3秒钟
15. 办公设备和耗材的库存管理，必须填写的是（　　）。
    A. 库存控制卡　B. 出货卡　　　C. 供应卡　　　D. 进货卡

二、多项选择题

1. 开放式办公室的优点有（　　）。
   A. 易于交流　　　　　　　　　　B. 企业秘密易于保障
   C. 办公面积易于减少　　　　　　D. 员工行为易于监督
2. 企业可能采用开放式办公室布局的部门通常有（　　）。
   A. 财务部　　　B. 公关部　　　C. 经理室　　　D. 销售部
3. 库存卡片上记录有（　　）等内容。
   A. 最大库存量　　　　　　　　　B. 最小库存量
   C. 再订购量　　　　　　　　　　D. 中等库存量
4. 完善的值班管理制度通常包括（　　）。
   A. 交接班制度　　　　　　　　　B. 保密制度
   C. 岗位责任制度　　　　　　　　D. 信息处理制度

5. 工作日志中的项目时间在进行调整、变更时，应该遵循（　　）的原则。
   A. 先重急　　　　　　　　　　　　B. 先局部
   C. 后轻缓　　　　　　　　　　　　D. 后全面

6. 办公用品入库后，应将新物品置于旧物品的（　　），以防止浪费现象。
   A. 下面　　　　B. 上面　　　　C. 前面　　　　D. 后面

7. 办公设备和耗材的库存管理，要求"三卡一致"，这"三卡"指的是（　　）。
   A. 库存卡　　　B. 出货卡　　　C. 供应卡　　　D. 进货卡

三、情景题

1. 现有一间 100m² （10m×10m）开放式的办公空间，有一位经理、一位秘书及 10 名其他工作人员。请给该办公室进行合理布局。

2. 假如你是新开泰物业有限公司的秘书，一周前公司来了实习的电话员兼接待员小丽。今天早上你发现桌子上有一封她留给你的短信，内容如下。

你好！我因接待来访者和通过电话与外界联系时不得体曾受到领导多次责备。我的确很想得到这份工作，希望你给我一些建议和指导，告诉我该如何做好来访者的接待和电话接待工作。有时碰到来访者是不速之客，而上司又不想见他们，他们只好悻悻而去。而且更为糟糕的是，上司不想见，可是客人一定要见，以致上司不高兴，客人也不满意。又如接电话，由于听不清对方的声音，对方很生气。我怎样做才能应付这些困难的场面？若你能给我一些指导或建议，我将会思考并从中学着去做，那么我就会有被留下的希望和可能。

要求：请对小丽提出的问题列出一个提纲，如何应付困难尴尬的场面。主要针对下面两个方面进行准备。

（1）如何接待未预约的来访者。

（2）如何接听电话。

3. 某县工商局办公室徐秘书星期天值班，下午 5 点，他接到一个紧急电话。电话的内容是，局里的一辆面包车与外单位的一辆大卡车相撞，面包车的司机及车内 3 人受重伤，车损严重，不能开动，特请求局里急速处理。徐秘书做好了电话记录后，想出了 4 种处理方法：一是等到第二天上班时，向领导汇报后，再按照领导指示去办；二是立即向主管领导汇报，请领导亲自到现场处理；三是自己立即到现场去做紧急处理；四是先用电话方式联系有关部门，然后再向领导汇报。请问徐秘书的哪种做法妥当？具体应当怎样做？

四、工作实务

1. 背景说明：你是宏远公司行政秘书钟苗，下面是行政经理苏明需要你完成的任务。

便　　条

钟苗：

　　公司新成立的产品推广部的人员及办公用房都已确定下来，你需要尽快布置他们的办公室。请你向我说明如何完成这项工作。

行政经理　苏明
20××年××月××日

---

2. 杭州某公司领导因公务需要，要携王秘书到西安出差，主要是洽谈项目合作前期有关事宜。请拟订一份旅行方案。

3. 假如你是公司的一名秘书，老总此时在外地谈判，需要你立即传真一份资料，请写出利用传真机发送材料的正确步骤。

4. 请你用 Office 软件编制一份你所在单位的宣传文件和一份宣传演示文稿（要求有声音、音乐和动画）。

项目三 企业文书综合处理

学习目标

项目分解
- 企业发文管理
- 企业收文管理
- 企业文档管理

能力目标
- 熟知发文工作程序，能够妥善发文
- 具备收文处理技巧，会写拟办意见
- 具备办文技巧，能够及时处理文件，及时催办、查办
- 了解文件保密方法与技巧
- 会处理电子文档
- 能够进行商务档案的初步分类，认识档案装具，按程序整理档案

知识目标
- 了解并掌握文书工作原则
- 认识商务文书的种类
- 了解商务文书运转程序
- 明确掌握文件保密原则和方法
- 了解并掌握文件归档知识

子项目一 企业发文管理

项目任务

编制办公室发文工作流程，并能够口头讲解。

事件回放

天骏公司接受海鸥卫浴有限公司的委托，为该公司提供文书处理工作及咨询服务。一天，天骏公司项目负责人梅雪接到海鸥卫浴有限公司行政部秘书小吴的一个电话。

小吴："梅姐，昨天我们主管叫我为老总起草一个关于增设加班工资的通知，说按照老总的意思，加班费如何计算，让我们先拿出初步意见来，经他同意后下发通知，叫我先起草一下这个通知，要注意按国家相关法律法规来写。今天主管向我要，昨天下午我就写好了，放在了老总办公桌上，我告诉主管，他好像不高兴了，要我向你们请教一下文件的发文工作程序。梅姐，我做错了什么吗？"

梅雪听后，决定要为小吴他们制定一个发文管理流程，并进行一次发文管理培训。

任务分析

发文工作有极强的程序性，必须进行规范化、科学化管理，否则将会导致公司文件管理混乱，直接影响到公司管理工作的运行。根据相关理论知识，你能为小吴分析一下她的做法有何错误吗？

相关知识

一、文书处理概述

文秘工作，主要是指秘书工作中围绕着文书、文件等文字材料开展的工作。这些工作又可以概括为三项工作内容：一是文稿撰制，也叫发文工作，主要是指文书、文件、信函和新闻稿件的撰写工作；二是文书办理，也叫收文办理，主要是指文书、文件办理工作；三是文书的整理与归档工作，主要是指归档文书，按照档案法和有关规定定期转为档案后的妥善保管及为查找利用提供服务的工作。

自秘书工作产生开始，办文就成为秘书人员为领导和管理工作服务的重要手段，成为其辅政的主要方式。文书的收发、传递、处理工作是秘书部门的重要任务之一，为了使单位各部门能够协调运转，秘书要一丝不苟地做好文书管理工作，实现优质服务，以保证各项工作的顺利进行。

1.《党政机关公文处理工作条例》中规定的文书处理

文书处理又称文件处理、文书工作、公文处理、文件管理。它是国家机关和企事业单位、社会组织等制作、传递、使用、保存或销毁文件等行为的总称，是行政管理的重要组成部分。《党政机关公文处理工作条例》第一章第四条规定："公文处理工作是指公文拟制、办理、管理等一系列相互关联、衔接有序的工作。"

文书处理的质量与效率对国家机关或其他组织的工作成效有直接影响。文书处理的基本原则和要求是：实事求是、准确规范、精简高效、安全保密。文书处理程序由收文和发文的各工作环节构成。各工作环节相对独立存在，各具特定的内容和功能，相互衔接并排列有序，均须遵循一定的工作制度，不得随意处理，具有规范性。

2. 企事业单位的文书处理工作

企事业单位文书处理工作参照《党政机关公文处理工作条例》进行，由于单位性质不同，各单位往来文件及文书管理工作各有特点。

企业文书工作是企业办公室工作的重要组成部分，是一项政治性、服务性、技术性很强的工作。文书工作对及时传达、贯彻企业的各项政策、互通情况、处理问题、交流经验、传递信息、提高工作效率等都具有十分重要的意义。它对企业实施科学决策、强化各项管理、搞活生产经营、疏通业务关系、增强企业生机和活力等具有重要的地位和作用。

（1）文书工作在企业中的重要地位和作用。

① 文书工作是企业实施有效管理的重要手段之一。企业为了履行自己的职责，除对自己职责范围内的工作进行决策之外，更重要的是实施有效管理。企业无论是了解情况还是履行职责，都要借助于文书工作这一手段。

② 文书工作是联结和协调企业内外、上下左右关系的桥梁和纽带。企业是社会的细胞，企业的一切活动都不是孤立进行的，而是在上下左右的相互联系、相互作用下展开的。这种相互间的联结、协调主要靠的就是文书工作。

③ 文书工作直接影响到企业档案管理的质量。企业文书档案主要来源于文书。企业档案是企业生产经营、管理政务和各种活动的真实记录，是企业持续发展必不可少的信息财富。文书是档案的基础，是关系档案管理质量的重要环节。企业档案的齐全完整，不仅体现了文书工作的质量，同时，也为企业管理提供了方便条件。

（2）企业文书工作的特点。

① 及时性。运用文书往来的形式，可以使信息及时进行上传下达。

② 指导性。文书是贯彻管理层管理理念的主要形式，是员工必须依据、遵循的，而文件则是文书工作的效果和成绩的载体。

③ 广泛性。作为信息的传递工具，文书具有特定的作用。通过文书往来，可以宣传管理层的方针、政策及企业的大政方案，向下属职工部署工作，提出要求等。

④ 连续性。企业管理是在不断地总结经验教训的过程中逐步得以强化的。有些经验教训在当时不一定被人们所认识，而是被后来的实践检验，在历史和现实的对照中不断被认识的。文书是记载这些活动的主要工具，是企业回顾历史、总结经验教训、不断充实和完善管理的重要手段。可见，文书工作是企业实施管理的重要手段之一。

3. 企业文书工作人员应具备的素质

在现代企业管理中，加强企业文书工作有着十分重要的现实意义。作为文书工作人员，应具备以下素质。

① 要具备较高的政治素质和道德修养。文书工作反映一个企业员工的基本素质，是一项政治性、思想性、业务性很强的工作，必须要坚定正确的政治方向。要自觉养成全心全意为人民服务的思想作风和工作作风；要热爱本职工作，忠于职守，为领导服务，当好领导的参谋和助手，努力提高工作效率，严谨精细，高质量地提供服务；要遵守纪律，严守秘密；要廉洁自律，无私奉献。

② 要具备较高的文化素质。文书人员经常和文字、文章打交道，所涉及的内容包罗万象，所涉及的领域十分繁杂，如各式各样的合同、协议、法律、法规等。这就要求文书人员必须有较高的文化素质。作为一名文书人员，不仅要有一定的文字功底，还要具备其他方面的知识，诸如历史、地理、政治、经济、法律、企业管理等各方面的知识，这样才能在工作中充分发挥自身的作用。

③ 要具备较高的业务素质。在具有较高的政治思想和职业道德素质的同时，还要具备较高的业务素质，才能成为称职的文书工作人员。在不同部门、不同岗位上工作的文书人员，对其业务素质的要求有所不同，但总的来说，都应具备一定的专业知识和熟练的业务技能。

总而言之，文书工作人员要掌握的技能是多方面的。尽管单就某一位文书工作人员来说，不可能熟练掌握各种技能，但应当根据本职工作的需要重点掌握一些，以便更好地做好本职工作。

二、发文办理

发文办理是指向外发出本机关制发的各类公务文书所进行的一系列工作，主要指公文的拟制与发送，包括公文的起草、审核、签发、复核、登记、印制、核发、立卷、归档和销毁10个环节。其中，立卷、归档、销毁等环节也可归为档案管理部分。

1. 起草

起草也称拟稿，是秘书收到领导的发文意图之后，严格按照领导意图草拟公文的过程；是指撰文秘书接受任务后，搜集有关信息资料、了解情况、酝酿构思、拟制起草提纲及撰拟文稿的工作。

拟稿的一般原则为：业务性文稿一般由相关业务处室撰拟，或由业务主管部门代拟；综合性文稿一般由综合处室、秘书处室撰拟或综合经济部门代拟；重要文稿或特殊文稿，也可由领导指定专人撰拟。

（1）起草的范围。文稿起草，就是秘书按照领导的交拟事项，动手起草书面材料的智能活动过程。它是秘书文字工作的主要内容，也是秘书能力结构中的重要构成要素。

秘书文稿草拟的任务相当繁重，范围十分广泛。概括起来，大致有四个方面，如表3.1所示。

表3.1　秘书文稿草拟的范围

文件分类	文种	草拟要求
公文	《党政机关公文处理工作条例》规定的15种公文，包括决议、决定、命令（令）、公报、公告、通告、意见、通知、通报、报告、请示、批复、议案、函、纪要	法定公文是由党和国家明令规定的，其文种的名称和使用范围、公文的语体和格式，以及行文规则和处理程序等，都有统一的标准；撰拟各种法定公文时，首先要熟悉现行公文法规的具体规定，并严格按照规定行文，不得自行其是，更不得违规行文
常用文书	各类简报；规章制度；计划和总结；经济报告；各种行业文书	常用文书的文种和使用范围、文书的语体和格式，以及文书的行文要求和处理程序，大都约定俗成，已成规矩；秘书草拟常用文书，必须遵循其写作规则及行文程序；同时，还必须注意区分各种文书的写作特点，把握每种文书的写作要领

续表

文件分类	文种	草拟要求
领导讲话稿	开幕词、闭幕词、祝酒词、会议发言稿、讲演稿和工作报告	撰拟讲话稿时，除要注意应用文体写作的一般要求外，也要注意体现领导者所处的地位、个人风格，以及会议的主题和与会者的特定身份等；同时还要注意讲话稿的口语化、通俗化和形象化等语言特点
公关文书	用于组织与公众之间相互往来和联络的书面文字材料。例如，书信类的祝贺信（电）、慰问信（电）、致敬信（电）和感谢信（电）等；致辞类的贺词、欢迎词、欢送词、答谢词和祝酒词等；宣传类的说明书、解说词和广告词等	公关文书用于企业和公众建立相互了解、相互适应的良好关系，树立企业的良好形象，加强与社会的沟通，营造和谐的外部环境；因此，该类文书要求注重格式、公关用语和礼仪用词，讲求相互尊重的态度及温文的语气

（2）草拟公文的要求。

① 符合国家法律法规和党的路线方针政策，完整准确地体现发文机关的意图，并同现行有关公文相衔接。

② 内容简洁，主题突出，观点鲜明，结构严谨，表述准确，文字精练。

③ 人名、地名、数字、引文准确。引用公文应当先引标题，后引发文字号；引用外文应当注明中文含义；日期应当写明具体的年、月、日。

④ 结构层次序数，第一层为"一"，第二层为"（一）"，第三层为"1"，第四层为"（1）"。

⑤ 应当使用国家法定计量单位。

⑥ 文内使用简称的，应当先用全称，并注明简称。

⑦ 公文中的数字，除部分结构层次序数和在词、词组、惯用语、缩略语、具有修辞色彩语句中作为词素的数字必须使用汉字外，应当使用阿拉伯数字。

（3）草拟的步骤。

① 交拟——准备阶段。文稿撰拟的准备，是指起草文稿前的具体准备工作，包括：授受意图（领导者向拟稿人交代行文的主旨、内容和要求）和拟稿人对领导者授意的倾听、判断和领会。授受意图是一个双方沟通的过程。只有做到领导者授意明确，拟稿人融会贯通，才能确保文稿草拟的质量和效率。

② 议拟——酝酿阶段。搜集材料，即在授受意图的基础上，拟稿人根据文稿主题和内容的需要，去查找、阅读和筛选与之有关的信息资料，为起草文稿提供依据。拟订提纲，即拟稿人对文稿的框架及其布局进行构思，并用简要的文字加以记录，从而形成写作提纲。

③ 撰拟——草拟阶段。拟稿人依据确定的提纲，把系统构思的结果用语言文字加以表述，这就是文稿的草拟阶段。在这一阶段，拟稿人要注意以下两点：一是讲究语法，一篇质量上乘的文章，无论是分析情况、论述问题，还是列举事实、阐明道理，都必须做到概念明晰，判断准确，推理合理，不出现逻辑错误；二是讲究格式，文书的格式，有的是明文规定的，有的是约定俗成的，不论是哪种情况，拟稿人都必须讲究格式，如稿纸的规格、书写的式样，以及字形、字号的选用和组合等。

2. 审核

审核也称核稿，是指机关秘书部门或负责拟稿的业务部门的人对所拟文稿的内容、体例等进行全面检查审定的过程。这是关系到文件质量的关键环节。核稿也是秘书发文的关键环节之一，一般由秘书部门指定有经验的、思想业务水平和文字水平都比较高的秘书负责，所以也叫"把关"。

审核的目的是保证文书的质量，节省领导或上级的时间和精力。所以，核稿必须认真负责、全面精致。审核的重点内容：一看有无发文的必要；二看用什么名义和格式行文，是否符合规范要求；三看文件内容是否符合党的方针、政策和国家的法律、法规规定，是否符合"一文一事"的规定；四看提出的要求、措施是否明确具体、切实可行；五看涉及有关部门或单位的问题是否协商一致；六看文字是否通顺、准确、简明。

经审核后，修改较多的文稿应交拟稿人誊清后再送领导签发。

随着目前经济活动的扩大，在各企业、公司中，已不可能有一套秘书班子来专门撰文，也不再有专门"把关"的负责人。秘书撰写文书，往往是自己把关，自己核查。这就要求秘书有较高的文字水平和较强的文书处理能力，力争使送上的文书不必改动或稍加修改就可以进入下一个环节。

3．签发

签发是文书经有权签发的领导上司核准签字，准予发出。签发使公文草稿转变成定稿，标志其已批准成为代表发文机关的文书。

签发也是文书形成的一个重要环节，只是签发人不是秘书，而是有权签发的领导。签发人对要签发的文书全面负责，所以在签发之前必须认真审核文书。

4．复核

复核是指公文在正式印刷前，秘书部门对其进行复查审核，主要审核签发手续是否完备，附件材料是否齐全，格式是否统一、规范等。这实际上是秘书部门对文书再一次把关的机会，也增加了秘书部门对所发文书的责任。复核的重点在于文书的形式和程序。

5．登记

登记是指对文件主要内容进行登记检查的环节。其主要作用是便于对发文的管理、统计和核查。登记项目一般应包括：发文日期、发文字号、文件标题、主送机关、密级、附件、份数、归档情况等，如果是回复对方的文书，还需注明收文编号。对发文进行认真登记，是文书管理、查考的重要基础。发文登记簿的样式如表 3.2 所示。

表 3.2 发文登记簿

序号	发文日期	发文字号	文件标题	主送机关	密级	附件	份数	归档情况	备注

6．印制

公文印制也是发文处理过程中一个必需的环节。公文印制要做到准确、清晰、整洁、规格统一，印刷及时。秘书要对原稿负责，如发现疑误，应与核稿人员共同研究，不得擅自改动。每份公文从文号、标题、主送机关、抄送机关、成文日期到文件印刷份数、页码、正文、标点，都要认真细致地进行校对，以保证文件制作的质量。

印制完毕的公文还需用印。用印是指在有必要加盖印章的文书正本上加盖机关或领导人印章的过程。在文书上盖章是证实公文效用的一种标志。

国家行政机关的公文，在制发中一般都要经过盖章这一环节。盖章是正本生效的标志。用印的文件，要以原稿上领导人签发为准，无签发不得用印。领导签发的定稿不是正式发出的正本。也有极少的、针对性很强的文书，如办理某件具体事项的回函、批复，以领导签发的定稿为正本，盖章后复制留存副本，正本发出。

7．核发

公文印制完毕，应当对公文的文字、格式和印刷质量进行检查后分发。

分发是指对印制完毕、需要发出的文件按发放范围进行分装和发送的环节。分发的程序如下。

（1）写好文件、文书封套或函件信封。
（2）填好并检查所有封套标记。
（3）检查发文登记。和收文登记一样，发文也有详细的登记表格。
（4）核对封套与封内文书一致并加封后，按相应的方式发出。

综上所述，发文的整个流程如图 3.1 所示。

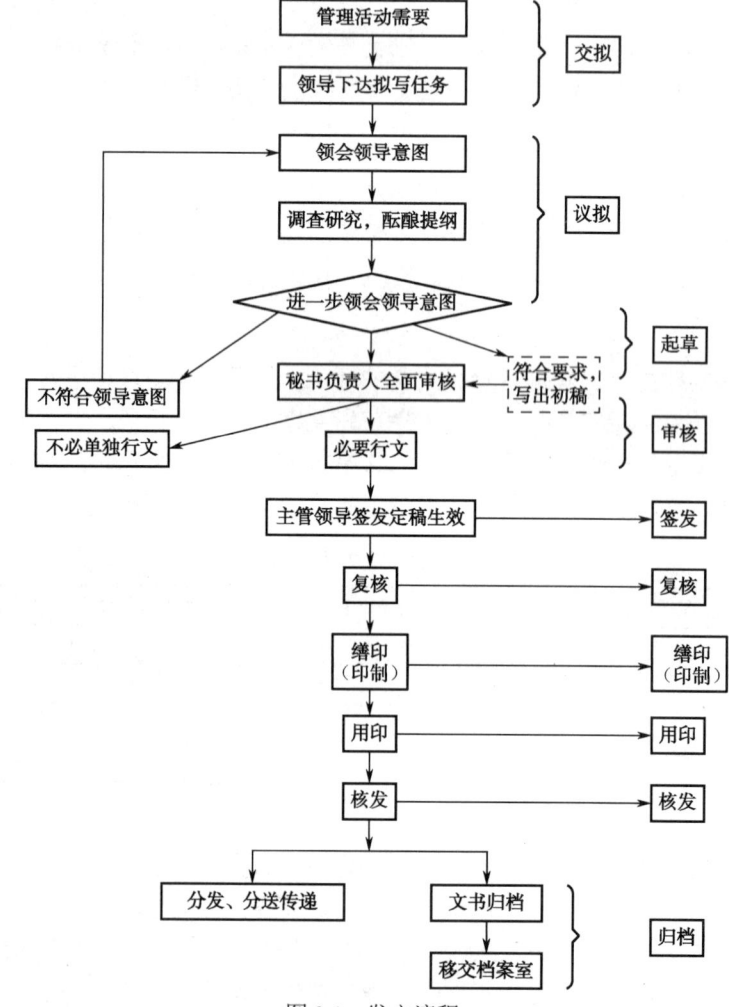

图 3.1　发文流程

> **随堂检测**
>
> 1. 名词解释
>
> 公文　交拟　审核　签发
>
> 2. 某单位领导，事必躬亲，因此不让副职签发文件，不让职能部门签发文件。该事例中领导的做法是否正确？说明理由。
>
> 3. 案例分析
>
> 某日下午，××大型中外合资制药厂针剂制品的进口生产线突发重大故障，刘总经理责成王秘书立即撰文与国外厂商联系抢修事宜。因刘总经理即将赴外地履行签约手续，王秘书急忙将草拟的文稿送刘总经理签发。刘总经理匆匆阅毕，随即用铅笔在文稿结尾处批注："阅。刘，9.28"。
>
> 问题：请你指出上述发文处理程序中的错漏之处，并提出改进意见。

子项目二　企业收文管理

项目任务

演示公司秘书收到文件后的处理过程。

事件回放

某日，天骏公司行政部秘书孙芳去收发室签收了当天的文件。当天的文件比较多，孙芳抱着文件回到办公室，她把文件放在桌上认真分发，把李总的私人信件、客户来信、上级来文等逐一分类，然后对外来文件进行拆封、登记。其中，孙芳收到省秘书学会的一份通知，得知省秘书学会将要召开今年的工作年会，并邀请天骏公司相关负责人参加。孙芳想，这种会议，老总应该不会参加，于是，她把文件直接送给市场部，通知他们派人报名参加会议……

任务分析

孙芳的收文处理程序正确吗？根据《党政机关公文处理工作条例》第六章"收文办理"的规定，孙芳在收到重要通知时做的处理存在明显失误：她未写拟办意见，不经过老总同意，直接作出了决定。

相关知识

一、收文的处理

凡是由外机关或外部门送给本机关的文件，统称为收文。中共中央办公厅、国务院办公厅 2012 年 4 月发布的《党政机关公文处理工作条例》规定:"收文办理主要程序是:签收、登记、初审、承办、传阅、催办、答复。"

二、收文处理工作程序

1. 签收

签收就是签字表示收到来文,它是收文处理工作的开端。小型单位只设一个综合收发室或专(兼)职收发员,负责文件的签收、拆封、登记和送阅。大、中型单位多设内、外两种收发部门。先由外收发部门代收,而后转交秘书人员(文书)。公司、企业的文书信函常由写字楼的前台或办公楼的总收发代收,秘书从专门的信箱或前台收取。所以本部分的签收一般指的是内收发工作。

(1)签收工作要求。

① 要逐件清点,看数量是否相符,是否发给本机关、单位。如发现误投,应及时退回。

② 检查信件有无破损、散包、被拆现象。如有,应查明原委,适当处置。

③ 经清点检查无误,方可签收。急件应注明签收的具体时间。

签收后就要拆封,也称启封,是指有权拆封的秘书对来文拆剪封套、检查封套内来文的程序。对拆封工作应认真对待,除指定专人(内收发人员)或主管文件工作的机要秘书拆封外,其他人员不得拆封。拆封范围是,封面上标明送本单位、单位办公室(秘书部门)及单位负责人收的所有信件。封面标有具体领导同志名字的,或标有"亲启""亲收"字样的,一般不得拆封(领导已授权或专门交代的除外)。

(2)拆封时注意事项。

① 注意保存原封套的完好,不要损坏封内文件、信件,必要时还应把原封套别在文件或信件后面一并处理。

② 文件的秘密等级一般是标明在封套上的,但如果封套上未标明秘密等级,拆封后发现是保密文件,除按规定可以阅读的或领导指定的人阅读外,不再转让他人阅读,拆封人员要负责保管。

③ 对请示类文件,如无发文机关领导签发或印章,或其他手续不全时,应拒收退回;对不合行文关系的文件,除急件外,一般也应予退回;在处理急件时,应回函告知其行文错误之处。

2. 登记

登记是指秘书部门对收受的文件,按照一定的形式进行逐项登记的环节。登记制度便于对文书的管理和保护;便于对目标文书的查找和利用;便于统计和催办;便于文书工作中的核对和交接。

在实际工作中,来文登记的用具主要有两种。一种是收文登记簿、登记册,是来文登记一览表,即将所有来文按照一定的分类标准登记在一起。这种登记形式主要起到从总体掌握来文及办理情况的作用。另一种是收文登记卡、登记单,即联单式登记、卡片式登记。这种登记形式要为每份来文做一份登记表,起到显示该份来文办理情况的作用。有的单位对这两种形式的登记都做,有的只做第一种。无论何种形式,其大体内容都是有关公文的来源、内容以及办理情况。

表 3.3 为收文登记簿。收文登记簿一般重在登记前 9 列内容；收文登记单一般重在登记后 5 列内容。需要说明的是，"收文登记单"通常是预先设计印制好的，其内容也是根据具体的办文程序设计的。

在中等规模的党政机关，所用的"收文登记簿"，对三级件（党中央国务院文件、省委省政府文件、市委市政府文件）都按发文机关名称分册登记。规模较小的单位或机关收文不多，一般设立综合性的"收文登记簿"，在簿内相隔适当册页，将眉端错落，标明各类文件名称，以便登记和查找。

表3.3 收文登记簿

序号	收文日期	来文单位	文件标题	附件	密级	份数	签收人	归档日期	备注

3．初审

初审是指收到下级机关上报的需要办理的公文后，秘书部门应当进行审核。

公文审核的重点包括：是否应由本机关办理；是否符合行文规则；内容是否符合国家法律、法规及其他规定；涉及部门或地区职权的事项是否已协商、会签；文种使用、公文格式是否规范。审核环节的增加，既赋予了秘书处理来文的权利和责任，也避免了不该办、不必办的公文流入办文环节。

4．承办

承办就是"承接办理"，是指秘书按照领导的指示，承接办理某份来文内容中要求办理的事项。承办是文书处理工作的关键环节，是具体处理文书所涉及的事务的过程。对于一份收文来说，承办环节也是最重要的，是文中的要求、希望或委托的事务落实的过程，因此秘书要重视承办工作，认真负责地承担办理。

承办环节根据来文区别办理。阅知性公文应当根据公文内容、要求和工作需要确定范围后分送。批办性公文应当提出拟办意见报本机关负责人批示或者转有关部门办理；需要两个以上部门办理的，应当明确主办部门。紧急公文应当明确办理时限。承办部门对交办的公文应当及时办理，有明确办理时限要求的应当在规定时限内办理完毕。

其中，拟办是指秘书部门对文件的办理提出初步意见，以供领导批阅时参考。拟办是秘书部门在办文中的参谋性工作，是秘书为领导批办文件所做的准备工作，包括：在文件处理单上书写对收文办理的方案和建议，并签署拟办人姓名和日期；查询并附录文件中涉及的有关指示或规定；查询以前处理同类事情的有关文件，使批办前后衔接具有连续性；对收文中有关数据和重要情节进行初步鉴别，为领导批办提供依据和参考。

拟办的意义在于充分发挥秘书的积极主动性，提高其处理问题的能力，同时节省领导的时间，也是辅助管理在办文中的体现。因此，秘书对于"拟办"应极其慎重。

批办是指单位领导或秘书部门负责人针对一份来文应当如何处理而做出的指示性意见，也可以是对拟办情况的肯定或否定。文件的批办工作一般由单位的负责人、秘书长或办公室主任承担。秘书的工作是辅助领导搞好批办环节。

领导对收进的文书并不需要一一批办，主要批办秘书呈送的收文。这就要求秘书要准确地把握报送批办公文的尺度。秘书能办理的，不需要送批，以免浪费领导时间；秘书不能做主的，一定要送批，以免越权或耽误工作。这个尺度一般是秘书在长期辅助领导做文书拟办的过程中，在领导对自己的办文办事能力有了充分的了解之后，与领导之间建立起的对送批文书范围的共识。这种情况在企业中更加明显。同时，准确把握批办文书的尺度，也是秘书能力和水平的体现。

5. 传阅

根据领导批示和工作需要将公文及时送交传阅对象阅知或者批示。办理公文传阅应当随时掌握公文去向，不得漏传、误传、延误。

6. 催办

催办是对文件承办工作的检查和督促的过程，其目的是防止文件处理的漏办和延误。一旦催办有了结果，秘书要针对该份文件注明办理结果，并向交办的领导或有关部门回复办理情况，即"办复"。无论是向领导或交办人口头汇报，还是文字"办复"，办理结果一般要说明在何时由何人主办该事项、办理结果及是否有遗留问题、有无结论等。

催办工作很重要，但往往被秘书部门忽视，以致有些公文转出后没有回音。秘书部门应当避免这种现象的发生，要健全催办制度和岗位责任制。应当看到，催办这个环节的产生在某种意义上反映了某些单位和部门办事不力、推诿扯皮，甚至出现不办的恶劣作风。从原则上讲，该哪个部门承办的事情，该部门就应当责无旁贷，迅速处理，如果拖着不办，就是渎职。因此，为了有效避免交办的工作未办，秘书应采取如下三项措施。

（1）明确办毕时限，加强办事时效性。无论是办文还是办事，都应向承办人确认交办事项的完成时间和办理过程中重要环节的阶段性完成时间。

（2）建立回告制度。承办人要按办毕时限要求主动回告交办人。

（3）催办环节伴以处罚。凡未按时回告、应当办毕时未能按时完成的，在催办的同时加以处罚。当然，秘书要落实这样的检查督促环节，一要在方式、方法上委婉一些，讲究工作艺术和技巧；二要领导支持，让办事练达成为单位工作人员的优秀作风；三要秘书自己先做好榜样，以自己高效的办事工作风格影响、感染和激励其他部门和人员。

7. 答复

公文的办理结果应当及时答复来文单位，并根据需要告知相关单位。

> **随堂检测**
>
> 1. 名词解释
>
> 签收　拟办　承办　催办
>
> 2. 案例分析
>
> 小杨是天骏公司的秘书，某日经清点、对号、查看封口，发现无问题后，小杨签收了一批外来公文。但是在启封、登记过程中，她发现有一份属于某单位的机密文件，混装在普件中。工作多年第一次遇到这种情况，她不知道如何处理。退回去又怕节外生枝，惹出麻烦来，不退也不妥。
>
> 问题：（1）请结合收发文工作的程序，指出发文单位和小杨在收发工作中各存在什么问题。
>
> （2）小杨接下来该怎么做？

子项目三　企业文档管理

项目任务

组织参观学院档案室，参观后为本系制作一份平时归卷工作计划。

事件回放

天骏公司受海鸥卫浴有限公司（简称海鸥公司）的委托，为该公司整理去年的档案。当整理到一份给上级的请示时，未发现上级的批复。而根据海鸥公司文档工作人员的回忆，当初是有这份批复的，但文件移交时未见"批复"件。公司总经理指示行政部主任查一下去年的"批复"件去了哪里。行政部主任吩咐文档室查找，结果管文档室的工作人员追查了去年的所有文件也未找到。后经工作人员回忆，当时移交文书时，就曾提出过未见"批复"件，但时间一长，也就不了了之了。因该文件最后一直未能被查到，有关人员，包括办公室主任都受到了一定的处分。

任务分析

上述文件失踪的问题出在哪一环节？如果平时不做好归卷工作，必定会造成文件管理混乱。做好平时的文件管理工作，有助于提高工作效率，为档案管理打下良好的基础。

相关知识

一、档案文件的平时归卷

文件立卷可分为平时归卷和年终立卷两种。平时归卷是一项化整为零、化难为易的有效方法，能加强文件的日常管理，有利于文件材料的齐全完整，防止文件散失或积压，方便平时查找利用，为立卷归档奠定基础。

1. 平时归卷概述

平时归卷是指文书工作人员在立卷计划的指导下，将处理完毕的文件随时或定期收集、集中，初步分类，放入相关卷夹进行妥善保管的活动。

平时归卷的特点在于把文件的立卷工作分解到平时做，使单位各部门及其人员能在日常工作中依照文件立卷计划的指导有目的地收集、积累文件，分门别类地管理文件，这样既便于机关日常工作对现行文件的查找利用，同时也为年终调整定卷工作奠定良好的基础。

2. 平时归卷与年终立卷的区别

立卷是文书处理工作的最后一个环节，平时归卷和年终立卷二者是密不可分的，既有区别又有联系，其区别主要体现在以下几个方面。

（1）任务不同。平时归卷是按立卷类目的要求将已经办理完毕的具有保存价值的文件材料及时归入指定的类目中，为年终立卷奠定基础。年终立卷是在已经过平时归卷的文件材料的基础上，再次进行系统整理、组合、编目、装订等系列工作，将文件组成案卷的最后一道程序，为文件材料的归档移交做好准备。

（2）目的不同。平时归卷的主要目的是便于文件材料的日常管理和随时查考利用，充分发挥文件的现行效用，并为年终立卷奠定基础。年终立卷是将有价值的文件材料，按其自然形成的规律和有机联系组合成不同的案卷，方便日后查找利用，发挥文件材料的历史作用。

（3）时间不同。平时归卷是在平时工作中随时将文件材料归入指定的类目，主要在平时完成，年终立卷在年末或第二年年初集中进行。

（4）内容不同。平时归卷主要是针对某一会议或某一事件所形成的文件，在该会议或事件办理完毕后，能够组成一卷或数卷的文件材料，及时归入指定的类目，待年终立卷时再进行处理。年终立卷则是对所有文件集中进行整理。

由此可见，平时归卷和年终立卷是有着明显区别的，二者不能混为一谈。但是，平时归卷与年终立卷又有着密不可分的联系，二者是相辅相成的。平时归卷和年终立卷的目的是切实加强文件材料的安全科学管理，以利于文件材料价值的发挥，使其更好地为现实和历史服务。文件材料的平时归卷工作为年终立卷打下了基础，年终立卷是平时归卷的延续和发扬，同时年终立卷又可以检验平时的归卷工作，以便根据工作的变化及时调整类目，为在新的一年编制立卷类目提供根据。没有科学的平时归卷打基础，就不能做好年终立卷。所以，平时归卷与年终立卷既是互相区别的，又是互相联系、互相促进的。

3. 平时归卷的重要性

文书立卷是一项工作量大、复杂细致的工作。平时归卷是健全和巩固文书处理部门立卷制度的关键措施。

（1）做好平时归卷工作，能保证归档文件的完整与安全。平时归卷就是文书人员在日常工作中，注意随时收集、积累办理完毕的归档文件，并及时将这些文件按立卷类目归入相应的卷夹，使文件得到妥善保管，有效地避免文件不及时归卷和零散文件材料长时间堆积而造成的丢失、散乱、破损现象，也可防止文件失密、泄密问题的发生。

（2）平时归卷便于单位平时对文件的查找和利用。将文件及时归卷，并进行有条理的存档和管理，能使立卷文件的查找有一个明确方向。同时还能加强承办人员的归档意识，有利于文书部门立卷工作的开展。

（3）平时归卷还可以改变年终突击立卷的不足，避免清理积存文件的局面，有利于发挥文书处理部门立卷的优越性，提高立卷效率和质量。

4．平时归卷工作程序

文件平时归卷的一般程序：做好归卷的准备工作→收集文件→归入卷夹。

（1）平时归卷准备工作。

① 要建立健全平时立卷制度。《机关文件材料立卷归档制度》是机关档案工作的基本制度之一。建立健全平时立卷制度就是要在《机关文件材料立卷归档制度》中明确机关文件材料平时归卷的内容，并采取措施保证平时归卷工作的实行。在文件材料的归档范围、归档时间和归档要求中都要有平时归卷的规定，使机关有关人员都能严格遵守。

② 要编制归卷类目。归卷类目就是根据机关活动和文件的形成规律进行预测，对新年度可能形成的文件材料按照立卷的要求和方法，预先制定出的新年度的归档文件类目表。它是较为详细、具体的立卷方案，是平时文件立卷的指南，是年终立卷归档的参考依据。切实可行的归卷类目是做好平时归卷工作的前提条件。

③ 要有平时立卷的物质条件。准备好平时归卷必需的装具，用以分类保存文件材料。文书工作人员应根据归卷类目的内容，预先准备好卷夹或卷封，并将类号、顺序号、类目名称和案卷标题等预先在卷夹的背脊或卷封的封面上标明；然后将卷夹按顺序排列，放置于文件柜内。这样，平时就随时可以将办理完毕的文件"对号入座"。常用的平时归卷装具如图 3.2～图 3.5 所示。

图 3.2　文件盒

图 3.3　档案盒

图 3.4　四层档案柜

图 3.5　四门文件柜

（2）平时归卷文件的收集。做好文件材料的收集工作，是做好平时归卷的关键。为了保证归档材料的齐全、完整，文书工作人员必须根据归档范围，主动、细致地做好平时的文件收集工作。切忌到年底才突击收集，否则平时归卷就流于形式。在日常工作中，应关注文件运转的各个渠道，切实把好发文、收文、内部文件、会议文件、公开发表等几个重要关口。

要加强对平时归卷文件的清查和归卷。文件处理人员在平时应不定期地对文件进行清点和核查，发现问题应及时解决。文书工作人员对已归卷的材料要清点核查是否齐全完整，如发现不齐或不完整，应及时补充；清点核查有无归类或归类错误，如发现无归类或归类错误的应及时调整或纠正；清点核查被借阅文件是否按时归还，如发现未归还的，应及时催还。

（3）归入卷夹。对于平时积累起来的文件，若立卷条件已成熟，则可平时立卷，不必将全部案卷都等到年底才立卷。例如，某次专题会议的文件，在所有文件办理完毕并收集齐全到位，不再有新的文件产生的情况下，即可随时立卷。

实践证明，做好平时立卷工作是大有益处的，它不仅能提高工作效率，而且能保证案卷质量，为年终立卷打下良好的基础，最大限度地使文件材料发挥其应有的现实作用和历史作用。

二、现代企业的电子文书管理

1. 现代企业中的电子文书

电子文书也称新型载体文书，是对采用非纸质材料制成的文书的统称。它们有的是记录在新型载体上的文书信息，有的是运用现代技术手段进行传输的文书信息。这些非纸质文书在管理上与传统的纸质文书有一定的区别。常见电子文书的种类有以下几种。

（1）音像文书。音像文书是指运用摄影、录音、摄像等技术手段在记录某一公务活动中形成的，或为完成某项特定公务而制作的音像制品及其所附的文字材料。其作用是为各级、各类社会组织工作的活动提供必要的依据和丰富的经验，还可作为宣传教育的生动材料。

音像文书脱离了传统的纸质载体和文字记录形式，拓宽了原纸质文书静止无声的文字、图像和符号的记录对象范围，以生动形象的图像记录和音像效果存储信息，接收者可以借助必要的设备，通过视觉和听觉感受，直接获得所记录的信息，产生书面文书难以达到的效果。

（2）光盘文书。光盘是一种在综合利用材料科学、工程光学、激光技术、计算机技术、自动控制技术及信息科学等多种科学技术的基础上发展起来的新型记录材料。光盘文书是指利用激光扫描将文件原件上的信息以数字的形式存储在光盘上的一种文件材料。光盘采用了光存储技术，通过电信号控制激光发生器发出的高能量激光束，使光存储介质中的局部被照射点的光学参数发生物理、化学变化，从而完成信息的读写处理。

光盘文书的出现为当时信息社会提供了理想的存储和管理信息的手段，使传统的信息存储、传输、管理和使用方式发生了根本性的变化。

（3）电信文书。电信文书是指通过电信方式传输的文件。所谓电信方式，即利用电信信号发出和接收信息的通信方式，分为有线和无线两大类。公务文书是一种信息，因此用来传输信息的技术手段也常常被用来传输公务文书。电信文书通常是指电话、电报、电传传输的文件和传真文件、电子邮件等。

（4）电子文件。电子文件是指借助电子计算机生成、传输和处理的文件。随着计算机技术、现代通信技术、网络技术等高新技术的迅猛发展，电子文件在现代办公环境中异军突起，其高效、快捷等诸多优势日益显现出来，成为"文件家族"中生机勃勃的新成员。

电子文件生成于计算机环境中，与传统的纸介质文书相比，它既具有文件的特点，又具有其自身的技术特性，这种特性主要反映在电子文书特殊的信息编码形式和载体上。现代电子政务、电子商务、网上办公和SOHO一族都以电子文件为基础并依赖于电子文件。

2. 电子文书的管理

（1）电子文书的收集。电子文书来源广泛，其形成者不仅有信息管理与计算机技术人员、业务管理部门的承办人员，还有数据录入员等。目前多数单位的电子文书形成后大多分散在承办人员的计算机中，缺乏统一管理。同时，电子文书的信息形态及其组成一般要比纸质文书复杂，文字、图形、声音、图像等多媒体信息均可以单独或相互搭配构成电子文书的内容，形成电子文书的多媒体集成性。因此，档案工作者必须从电子文书形成的源头进行有效的控制，对电子文书及时进行收集、积累并脱机保存。应该抓住电子文书形成之初这个关键环节，及时对其加以收集，进行逻辑归档，才能保证电子文书的完整性和真实性。

（2）电子文书的鉴定。对电子文书的鉴定工作是需要我们加以着重考虑的问题。由于电子文书的保存价值取决于其自身价值和可读性，其鉴定的方法、内容、标准均在不断发生变化，原有的档案价值理论分析范围也将扩大，有时还要分析电子文书的读取软件甚至操作系统。因此，档案工作人员在将电子文书归档前，一是要进行认真鉴定，区分文书价值，只有对本单位工作具有查考利用价值的，才有必要进行归档；二是由于部分电子文书保存期限较长，其读取软件的操作系统可能随着时间的推移不再具有兼容性，因此，同时要定期将有关电子文书的读取软件和操作系统同步归档。

电子文书的真伪鉴别一直是文书管理和档案技术的难点。档案部门所保管的电子档案，应该是文书的原件或真实的电子文书，否则，电子档案就失去了凭证价值。文书制发单位必须将电子文书的原件归档，以保证电子文书的原始性，维护电子文书的凭证性和依据性。档案部门应将电子文书的隐形条码与该文书一同归档，以维护电子文书的权威性，并作为电子文书原始性、凭证性和依据性的基础。归档的电子文书复制件应注明原制发单位和复制人，使之与原件相区别。此外，还应对电子文书的完整性进行鉴定，主要包括电子文书内容的完整性、文书制发法律手续和法律依据的完整性、文书办理过程的完整性等。

当电子文书进入网络运行后，其复制是极为便利的，因此不能排除个别别有用心者对文书或档案进行篡改。所以，必须重视电子文书的真伪识别问题。例如，电子文书制发单位可在机内输入隐形条码，使之与伪造件或复制件相区别。当网上用户使用文书时，只能知道该文书的内容，而无法知道该文书的条码。同样，只有具备隐形条码的电子文书才是原件，才能作为凭证或者依据使用。

（3）电子文书的归档。鉴定后的电子文书应及时归档。2003年，国家档案局颁布了《电子公文归档管理暂行办法》，对省直属单位的电子公文归档的管理职责、归档范围、归档要求等，都做了详细的规定，明确了档案部门的管理职责，并对电子公文进行了分类管理。档案工作人员应参照《电子公文归档管理暂行办法》，由电子文书的使用和产生部门、档案部门、计算机与信息管理部门共同制定本单位的电子文书管理标准，明确电子文书的归档内容。

① 确定电子文书的归档范围。其范围包括文字材料、图像文书、图形文书、影像文书、声音文书、多媒体文书、数据文书等。

② 明确归档时间。电子文书可视具体情况进行年度归档或者阶段归档。因涉及电子文书的技术环境条件、存储介质的质量和寿命等问题，归档时间一般以不超过2～3个月为宜。

③ 归档份数。电子文书一般复制两套，保存一套，供借阅一套。即使在网上进行归档，也要保存一套，必要时应保存两套，其中一套异地保存，以提高电子文书的安全性和可靠性。

④ 归档要求。要遵从归档各阶段的规定，准确说明配套的软、硬件环境。

⑤ 归档方法。将最终版本的电子文书存入磁、光介质上；也可压缩归档，采用数据压缩工具对电子文书进行压缩，然后刻入磁、光介质上。

⑥ 对于有连续运行要求的局域网或其他特殊网络，为防止文书丢失，可采用短期归档方式，即备份系统归档，将要归档的电子文书在网上进行备份或临时存入系统服务器中，到年终或系统停用时再进行复制，单独归档。归档的电子文书格式尽可能使用通用标准，归档后还应进行一致性的测试。鉴于目前电子文书的法律效力尚不明确，电子文书本身也存在一定的技术缺陷，电子文书应与纸质文书同步归档，实行"双套制"。一方面着手建立和运用计算机网络环境下的具有许多特征的电子文书；另一方面还要继续保管实体档案，同时逐步建立数据副本，实现档案信息资源在现代社会信息平台上的运转。这样既可解决归档文书的凭证依据问题，又可解决归档文书的提供利用和资源共享问题，以达到互补的目的。

（4）电子文书的保管。电子文书的特性决定其在保存和维护方面比纸质档案复杂。以磁盘、光盘为载体的电子档案容易受保存环境、设备、技术等因素的影响，对温度、湿度的要求较为严格，温度过高或者湿度过大，会直接影响电子文书的寿命。另外，防止强磁场和有害气体的侵害也很重要，最好使用专门的防磁柜存放。要确保电子文书质量，还需要对电子文书进行有效的检测与维护。另外，电子档案是以数码形式通过一定的技术和专用设备存储的，利用时不可直接阅读，要在计算机上采用这种记录档案信息内容的技术和设备，进行还原、输出逆处理，才能识别信息内容。但是，由于计算机软件、硬件更新速度较快，容易造成阅读困难，因此归档时要连同相关支持软件和应用系统一并归档。同时应定期对电子档案进行检查，遇到问题，要及时采取补救措施，以防止信息流失。

相关链接

电子公文归档管理暂行办法（国家档案局第 6 号令）（摘录）

第三条　电子公文形成单位应指定有关部门或专人负责本单位的电子公文归档工作，将电子公文的收集、整理、归档、保管、利用纳入机关文书处理程序和相关人员的岗位责任。

机关档案部门应参与和指导电子公文的形成、办理、收集和归档等各工作环节。

第十一条　电子公文形成单位应在运行电子公文处理系统的硬件环境中设置足够容量、安全的暂存存储器，存放处理完毕应归档保存的电子公文，以保证归档电子公文的完整、安全。

第十五条　通过存储载体进行交接的归档电子公文，移交与接收部门均应对其载体和技术环境进行检验，确保载体清洁、无划痕、无病毒等。

第十六条　归档电子公文应存储到符合保管要求的脱机载体上。归档保存的电子公文一般加密，必须加密归档的电子公文应与其解密软件和说明文书一同归档。

第十七条　归档的电子公文，应按本单位档案分类方案进行分类、整理，并复制至耐久性好的载体上，一式三套，一套封存保管，一套异地保管，一套提供利用。

第十九条　超过保管期限的归档电子公文的鉴定和销毁，按照归档纸质文书的有关规定执行。对确认销毁的电子公文可以进行逻辑或物理删除，并应由档案部门列出销毁文书目录存档备查。

随堂检测

1. 名词解释

　　平时归卷　　归卷类目　　电子文书

2. 案例分析

秘书小李刚刚大学毕业，在一家刚成立的公司工作。他是中文系毕业，没有经过专业的秘书培训。当初老板招他进公司，主要是看重了他的笔头功夫。小李平时工作勤奋认真，开始的时候很受老板的赏识。但是慢慢地，老板发现他虽然会写文书，却不会管理文书。他把所有的文件都塞在同一个文件柜里，不到三个月，柜子就满了。一次老板跟他要一份合同，他找了一个小时竟然都没找到，急得满头大汗，还挨了一顿训。

在老板的责令下，小李想出了一个改进的方法。他把所有的文件分成两类，一类是"收到的文件"，另一类是"发出的文件"。按照这两个类别，他对文件进行了初步的整理。结果发现，这两个类别每类的文件都非常多，而且内容也很不一样。这样分类看来还是不行。

问题：秘书小李该怎么办呢？请你给他出出主意。

三、文书归档的相关概念

1. 文书立卷

文书立卷是指将办理完毕、具有查考和保存价值的文件按其在形成过程中的有机联系组成案卷，以便于保管、检索和利用。

2. 归档

归档即将办理完毕的公文整理立卷，移交给档案部门保存的过程。

3. 文件清退

文件清退指根据有关规定和要求，将部分办毕文件进行清理，定期或不定期地退还原发文机关或由其指定的专门部门的活动。需要清退的文件包括以下几种：

- 上级组织下发的绝密文件；
- 在文件草拟、审批过程中形成的，仅供在一定时间、一定范围、一定级别的单位内使用并要求予以退还的未定稿、讨论稿、送审稿或征求意见稿；
- 未经本人审阅的领导人的内部讲话稿；
- 有重大错误的文件；
- 上级组织或本单位制发的供内部传阅并要求退还的文件资料，如重要情况通报、有关统计资料、重要简报和信息等；
- 规定回收的会议文件；
- 其他由发文机关明文规定限期清退的公文。

另外，领导干部、工作人员在离退休、调动工作、机构撤销、合并等情况下，应主动清理手中文件。秘书人员应提醒、督促和协助清理，按有关规定，该清退的清退，该移交的移交，该销毁的销毁，使文件清退工作认真细致，有条不紊。

4. 文件销毁

文件销毁是指按照有关规定，对失去留存价值或留存条件的公文做销毁处理的活动。

文件销毁范围：所有办理完毕、已经清理鉴定、确认不具备留存条件的文件材料。

文件销毁须严格履行审批登记手续，由机要部门两人以上的人员到保密管理部门指定的单位监督销毁，确保文件不丢失、不漏销。

四、文书归档的理解

（1）文件办理完毕后，应当根据《中华人民共和国档案法》和其他有关规定，及时整理（立卷）、归档。个人不得保存应当归档的文件。

（2）归档范围内的文件，应当根据其相互联系、特征和保存价值等进行整理（立卷），要保证归档文件的齐全、完整，能正确反映本机关的主要工作情况，便于保管和利用。

（3）归档的文件必须是办理完毕的。所谓"办理完毕"，并不是指文件内容所涉及的事情已经全部办理完毕，而是指文件处理程序已经办理完毕。

（4）归档的文件必须具有一定的查考价值。文书整理不能"有文必档"，没有查考利用价值的文书材料可以不整理归档。

（5）归档文书的分类整理。归档文书必须按照它们在形成过程中的自然联系进行分类整理，也就是说，应把有密切联系的文件材料以件为单位进行分类整理，以便于查找和利用。

以件为单位的文件是指内容大致相同的一份文件或一组文件。"件"的鉴定有四种情况：一是以"自然件"为一件，即一般的每份文件为一件；二是文件正本与定稿、正文与附件、原件与复印件、转发文与被转发文为一件；三是报表、名册、图册（本）等为一件；四是来文与复文为一件。"自然件"是基本件，而后三种情况实质上是"自然件"在外延上的适度延伸，有自然、内在、有机联系的"组件"。"件"是文书制发、传递处理的基本单位，同时也是文书归档的基本单位。

（6）归档文件的保管。文件归档之后，应进行装盒（档案盒），以便保管和利用，同时将归档装盒的文书向档案部门进行移交，即归档。

五、文书归档的要求和步骤

1. 文书归档的基本原则

文书整理归档的基本原则：遵循文件形成的客观规律，保护文件之间的有机联系，区分文书的不同价值，便于保管和查找利用。

（1）遵循文件形成的客观规律。文件是单位工作活动的客观、自然反映。单位工作活动的规律直接决定了文件的形成规律。因此，整理文件时，应当按照文件的形成规律进行，以反映出单位工作活动的真实历史面貌，反映出各项方针政策的贯彻执行和各项工作的发展情况，使整理后的档案成为系统的历史记录。

（2）保持文件之间的有机联系。每个单位都有自己的工作职能，在整个国家机构的组织体系中处于一定的地位。每个单位都不是孤立地进行活动的，它同自己的领导单位、下属单位和许多有关单位，有着上下左右、四面八方的联系。这种活动和工作过程中的联系，决定了文件之间自然的、历史的联系，这种联系就是文书的有机联系，它反过来又反映了单位活动和工作的联系。只要我们能把文书收集齐全，再按照其自然形成的规律，保持它们之间的有机联系，正确地进行分类整理，就能反映出单位工作活动的真实面貌和单位的主要业务工作情况。

（3）区分文件的不同价值。单位活动中形成的文件很多，它们虽然都是历史的记录，但各自的记录价值不同。有些是需要永久保管的，这最能反映单位的基本职能活动；有的则是在较长一段时间内有查考利用价值的；有的则是在较短时间内有查考利用价值的。这就需要区分各种文件的不同价值，分开进行整理，以便以后文件到一定历史阶段，失去查考利用价值，进行销毁。

（4）便于保管和查找利用。文书整理的根本目的是便于文件的保管和查找利用。失去这个目的，文书归档工作就失去了意义。所以，在文件整理归档时，除要保证文件的完整、系统外，还要考虑保管和利用的方便性。

2. 文书归档的质量要求

（1）整理归档的文件应齐全完整。文件的齐全完整一方面是指所收集的文件材料应齐全、完整，没有缺漏，特别是有关重要文件材料应尽力收集齐全，否则就会造成损失；另一方面是指收集到的文件材料没有漏页和破损等情况，漏页的应找齐，破损的应予以修整，字迹模糊或易退变的文件应予以复制。

（2）整理归档的文件要符合档案保护的要求。这主要是指整理归档的文件材料所使用的书写材料、纸张、装订材料等要符合经久耐用等要求，以便能够妥善地保管。

（3）整理归档的文件材料的保管期限应界定准确。根据文件档案保管期限的规定，文件的保管期限分为永久、长期（30年）和短期（10年）三种。界定划分保管期限的原则如下。

凡是记载和反映本单位的主要职能活动和基本历史面貌的，在国家的经济建设、文化建设、政治斗争和科学研究工作中有长远查考利用价值的文件，应当列为永久保管。

凡是在相当长的时期内，本单位进行工作、总结经验需要查考的文件，应列为长期保管（保存30年）。

其他一些只在比较短的时期内，本单位需要查考的文件，应列为短期保管（保存10年）。

在文件的整理工作中，要根据《文书保管期限表》的规定，正确判定保管期限，将不同保管期限的文件分别整理。

3. 文书归档的步骤

文书归档的步骤由编制立卷类目、初步整理、系统整理和归档四个步骤组成。具体操作程序可归纳为：收集整理分类→录入机读目录→将文书档案整理完毕→整理装订文书档案→制作检索工具→档案入库→分类上架。

（1）编制立卷类目。编制立卷类目是指在单位内实际文件尚未形成之前，根据以往单位活动和文件形成的一般规律，对一年内可能产生的文件，按照立卷的原则和方法，拟制比较详细的立卷方案或计划，以指导文书立卷工作。

立卷类目的编制主要有以下三种类别。

① 按保管期限分类。按保管期限的长短一般分为永久、长期和短期三种类别。短期保管期限为10年，长期保管期限为30年，永久保管即需永久保存。在每个期限内根据预测形成文件的数量，准备一定数量的档案盒。归档文件一般先按保管期限分开整理，然后再考虑其他分类。

② 按组织机构分类。按组织机构分类，即按单位部门名称划分，可直接采用各个组织机构的名称作为文件类名，如某一机关分为党委办公室、组织处、宣传处、计划处、科研处、技术处和供应站等。每类可以编制一定的条目，每类形成的文件如果不多，也可不编条目。

③ 按问题分类。按问题分类，即按工作性质及有关事项的不同对文件进行划分，如综合类、组织类、宣传类、政法类、技术类等。按问题分类不受单位的限制，但要注意各类之间应划分清楚，不能互相包含，类名应该清晰明确。类与类之间可按重要程度和系统性进行排列。采用按问题分类的，如果单位的职能和任务没有明显的变化，该类别可以长期使用；如果某年增加某项临时工作任务，可以另外增加有关类别。每类同样可以编制一些具体事项条目，如果每类形成的文件不多，也可不分条目。

文件整理分类方案一般应与本单位档案室的分类相适应，否则不便于归档后档案室对档案的编制整理。目前，文书部门与档案部门实行共同整理归档或者由档案部门指导整理归档，使档案部门与文书部门密切联系，这种做法使文件档案的整理归档工作得到统一，值得提倡。

（2）初步整理。初步整理就是平时归卷，详细内容如前所述。

（3）系统整理。当一年的工作终了，为了便于移交及日后对档案文件的管理和利用，还必须在平时归整的基础上，进一步进行系统整理并编制目录。通常系统整理档案的时间为第二年的上半年，具体包括以下工作。

① 确定案盒内文件。确定案盒内文件是指在平时归整的基础上，详细检查每个案盒内积累的文件，按照文件整理归档的原则和要求进行调整，并对案盒内文件进行排列、编号，最后确定案盒内的归档文书。

- 检查调整。确定案盒内归档文件前要做好检查调整工作，包括：检查归类的文件是否齐全，剔除重复的、不需要归档的和没有保存价值的文件；检查该案盒内的文件是否符合保管期限；检查归类是否合理，是否将相同事由的文件集中排列；检查是否以件为单位；检查盒内文书数量是否适宜，等等。
- 案盒内文件的排列。应在分类方案的最低一级类目即条款和条目内以件为单位对文书进行排列，具体排列有四种方式：按事由结合时间排列；按事由结合重要程度排列；成套性文件可集中排列；短期保管的文件可按办理完毕后归档的先后顺序排列。
- 案盒内文件的编号。案盒内的文件经过系统排列后，应以分类方案和排列顺序逐件编号，以固定位置，统计数量，并便于保护文书和方便查找利用。文书编号以归档章的形式在每件文书首页上端注明。归档章的位置不限于首页右上角，在首页上端空白处都可以，但在整个案盒文书中，其位置应一致。

归档章设置的必备项目有：全宗号、年度、保管期限、室编件号和馆编件号。必备项目编号必须填写，设置的选择项目根据情况填写。选择项目有：机构（问题）。只采用"年度—保管期限"两级分类的单位，可以不填写机构或问题名称。

② 填写案盒事项。在盒内文件排列完毕后，需要另行制作盒内文件目录，用于介绍盒内文件的成分和内容。其中，内容一般包括：件号、责任者、文号、文书题名、文书日期、页数和备注七项。

- 件号。每件编一个号，一般由填写室来编件号；来文与复文作为一件，只对复文进行编号。
- 责任者。填写文书的署名者或发文机关，责任者名称过长，可写通用的简称。
- 文号。填写制发机关的发文字号，一般由机关代字、年度（用六角括号"〔 〕"括入）和顺序号三部分组成。
- 文书题名。填写文件标题，对于原无标题的文书应根据内容补拟后填写，自拟标题外加方括号（［ ］），以示同其他文书标题相区别。
- 文书日期即文书制发日期。日期用8位阿拉伯数字来标注年、月、日，如20200909，此号的含义即为2020年9月9日。
- 页数。填写每份文件的总页数，文件中有图文的为一页，空白页不计数。
- 备注。填写文件的变化和要说明的情况及问题。

（4）归档。

随堂检测

1. 名词解释

立卷　归档　文件的齐全完整

2. 案例分析

小杨是某公司经理的秘书，平时也负责该公司的档案管理工作。在一次档案鉴定过程中，她发现了一份关于一位已辞职的员工的奖励文件，小杨当时想，反正那个人已经不在本公司干了，这份文件自然也就没用了，于是，她把那份文件用碎纸机处理掉了。过了三个月，那位辞职的员工来索要这份文件，小杨却没办法拿出来了。

问题：请问小杨的做法存在什么错误，请给予改正。

知识小结

企业文书综合处理
- 企业发文管理
  - 文书处理概述
  - 发文办理
- 企业收文管理
  - 收文的处理
  - 收文处理工作程序
- 企业文档管理
  - 档案文件的平时归卷
  - 现代企业的电子文书管理
  - 文书归档的相关概念
  - 文书归档的理解
  - 文书归档的要求和步骤

课后练习题

一、单选题

1. 公文形成的准备阶段是（　　）。
   A. 交拟　　　B. 议拟　　　C. 撰拟　　　D. 审核
2. 交拟的重点在交代（　　）上。
   A. 写作意图　B. 时限要求　C. 写作提纲　D. 政策界限
3. 公文审核的重点是（　　）。
   A. 公文内容　B. 公文体式　C. 文字表达　D. 是否需要行文
4. 查文书种类的使用是否得当，是审核六查中的（　　）。
   A. 查有无矛盾抵触　　　　　B. 查政策界限
   C. 查措施落实　　　　　　　D. 查文件体式
5. 经修改后的文稿，各有关方面签上同意印发的意见，这就是（　　）。
   A. 签发　　　B. 注发　　　C. 会稿　　　D. 会签
6. 审核是属于（　　）的一个环节。
   A. 办文阶段　B. 发文阶段　C. 收文阶段　D. 公文形成
7. 来文单位公文印制模糊、错页破损等，属于办理环节上的（　　）。
   A. 拟办质量不高　　　　　　B. 来文质量不高
   C. 催办不严格　　　　　　　D. 办文分工不科学
8. 把文档分为电子文档和纸质文档的分类标准是（　　）。
   A. 按文档的载体分类　　　　B. 按文档所对应的工作性质分类
   C. 按事件的发展过程分类　　D. 按文档的功能分类

9. 电子文档的保存方法主要包括（　　）。
   A. 磁盘备份　　　　　　　　B. 光盘刻录
   C. 备份存入服务器　　　　　D. ABC 均是
10. 下列信息严禁在计算机网络上发布、公开和发送的是（　　）。
    A. 绝密文件　　　　　　　　B. 机密文件
    C. 内部文件　　　　　　　　D. AB 均属

二、多选题

1. 议拟阶段的步骤有（　　）。
   A. 认真领会领导意图　　　　B. 搜集材料
   C. 拟写提纲　　　　　　　　D. 撰拟初稿
2. 签发包括（　　）。
   A. 会签　　B. 签发　　C. 收集　　D. 注发
3. 印制公文包括的内容有（　　）。
   A. 审核　　B. 印制　　C. 核对　　D. 用印
4. 公文办理构成阶段有（　　）。
   A. 收文阶段　B. 办文阶段　C. 发文阶段　D. 保管阶段
5. 拟办应遵循的原则有（　　）。
   A. 同性原则　　　　　　　　B. 完整性原则
   C. 规范性原则　　　　　　　D. 相关性原则
6. 收文承办可分为（　　）。
   A. 办文　　B. 办复　　C. 注发　　D. 注办
7. 公文处理效率低下的原因属于办理环节上的有（　　）。
   A. 来文质量不高　　　　　　B. 拟办质量不高
   C. 催办不严格　　　　　　　D. 办文分工不科学
8. 提高公文处理效率要讲究时效，包括（　　）。
   A. 强化责任观念　　　　　　B. 强化时间观念
   C. 缩短运转周期　　　　　　D. 简化办文程序

三、工作实务

1. 下列事例是否符合文书处理规则或程序？为什么？
（1）单位对外拟发的公文、文稿由办公室主任或有经验的老秘书认真审核把关后，就可以付梓印刷了。
（2）某单位秘书为保证工作不出错，将所有来文一律以三天为单位，分送一次。
（3）某单位秘书每次都将来文按单位领导顺序填好名字，请他们自行传阅。
2. 根据以下材料完成相关工作任务。

天骏公司总经理办公室：

李总：小王，现在公司事务较多，你的工作挺忙的，为了让办公室工作更有条理，公司打算再招聘一位秘书，主要让她做一些基本的办公事务，比如文书处理等，你准备一下，这个周末与人事部赵总去人才市场招聘一位，具体要求到时赵总给你讲，你负责业务面试就行了。

要求：请设计一套文书处理工作面试题。

可以分组进行，暂时没有任务的学生可在旁边观察评价。

3. 顶岗训练，可以分组进行，暂时没有任务的学生可在旁边观察评价。

（1）熟悉收文程序。

① 分组在系办公室或模拟公司顶岗。

② 道具：文件一份（由省秘书学会发来的《关于××××的通知》）、收文登记表。

③ 说明：由收发文件开始进行；按照收文程序进行。

（2）熟悉发文程序。

① 分组在系办公室或模拟公司顶岗。

② 说明：在真实岗位进行发文程序训练；按照发文程序进行实践。

项目四
会议与商务活动管理

学习目标

项目分解
- 会前策划与筹备
- 会中服务与管理
- 会后工作
- 常见会议与商务活动

能力目标
- 掌握策划方案的编写工作
- 掌握会场选择与布置的方法及技巧
- 掌握会中与会后工作的技巧
- 掌握常见会议和活动的服务与管理技巧

知识目标
- 掌握会议策划的内容
- 掌握会前准备工作的内容
- 掌握会中服务的工作内容
- 掌握会后工作的程序
- 掌握常见会议与活动的程序

子项目一 会前策划与筹备

项目任务

编制会议策划方案。

事件回放

天骏公司总经理办公室，李总："高明，公司打算召开一次营销推广会议，对象主要是公司的一些老客户和新增的优质客户。这是公司一次重要的决策和公关投入。经过董事会讨论，准备拿出 15 万元左右的经费来开这个会。时间 3 天左右。地点不要太远，要环境清雅，知名度高，最好找一个旅游景点。你具体策划这件事，先拟一个会议方案给我看看。"

高明："好的。我先写一个较详细的会议方案给您，等修改定下来，后面会务上的事情就好办了。"

任务分析

这是一次重要的会议，直接关系到公司的发展前景，一定要保证会议取得成功，让客户满意，所以千万马虎不得。会议策划方案的制订工作包括信息收集、议题分析、行动策划、细节安排等众多环节，千头万绪。以本项目的专业知识作为背景，同时通过图书馆、互联网等途径收集信息，找到能够较好地完成任务的知识与方法，完成任务。

各部门可以提出与本部门工作相关的方案，如办公室提出会议接待方案等。

（1）以五六个人为一个作业小组，以小组为单位进行会议策划。

（2）每个人必须有明确的分工，责任到人。

（3）小组每个人代表一个相应部门，做出本部门的配套方案。

分组完成工作任务，每组做出两个以上的策划方案。

相关知识

一、会议策划的含义

会议策划是指为了使会议达到预期的目标，进行构思、设计，拟订出合理可行的方案的过程。

会议策划的内容包括：主题择定、模式定位、议程安排、组织协调、经费使用等。

1. 主题择定

确定会议主题，使之有号召力、有时代感、引人注目，这是会议策划的一项重要任务。例如，2008年北京奥运会主题是"绿色奥运、科技奥运、人文奥运"，这就突出体现了中国人民建设和谐社会、实现和谐发展的梦想和追求。"天人合一""和为贵"是中国人民自古以来对人与自然、人与人和谐关系的理想与追求。我们相信，和平进步、和谐发展、和睦相处、合作共赢、和美生活是全世界的共同理想。

确定主题的方法技巧如下所述。

（1）围绕会议目标确定会议主题，能够引起与会者的注意和共鸣。

（2）切合公关，提炼主题。如某公司的商业推广会，经过集体讨论，确定该次会议的性质为综合性，集年终答谢和促销推广于一体，以避免单一性质的商业推广会所带来的不利因素。在会议主题上，根据会议性质确立"浓情×× 冬日送暖"的会议主题。

（3）根据会议类型明确会议名称。会议名称要拟得妥当，名实相副。会议名称一般由"单位+内容+会议种类"构成，如"中国共产党第十九次全国代表大会"，其中"中国共产党"即组织名称，也可称单位；"第十九次全国"即会议内容；"代表大会"是会议种类。

有的会议名称由"单位+年度+内容"构成，如"××省人民政府办公厅××××年总结表彰大会"。有的会议名称由"时间+会议内容+会议类型"构成，如"××××年浙江省公路春运票价听证会"。会议名称要用确切、规范的文字表达。

有些会议的名称是固定的，如董事会等；有些会议名称是不固定的，应根据会议的议题或主题来确定，会议主题可确定为主题加副题的方式，如："探讨新时期文学的发展——中国现代文学研究会第二次学术讨论会纪要"。

2. 模式定位

会议模式有多种类型，一般分为传统会议模式与现代新型会议模式两大类，再具体有不同的类型细分。不同类型的会议模式其本身无所谓好与不好，关键在于选择是否恰当。

传统的会议模式通常会出现"材料一发、领导一念、全体听命"的方式，这种高消耗、低效益、死板被动的会议模式造成了会议的人、财、物极大的浪费。想要精心策划会议，提高会议效率，会议模式的策划必不可少。

（1）传统会议模式。

① 报告式。这是较为传统的一人讲、大家听的模式。适用于严肃会议，如中华人民共和国全国人民代表大会等。

② 研讨式。研讨会具有较强的科研性质。与会者通常都已经或正在研究一个项目、实验一个产品或制造某件东西，大家就共同的专业兴趣进行交流探讨。适用于专业性较强的会议人群。

③ 座谈式。座谈会是每位发言人轮流就中心议题发表自己的见解，发言者之间可以交流，发言人与听众之间也可以交流，是一种较为灵活、便于互动的会议。适用于上下级或部门间的沟通交流。

④ 现场式。现场办公，现场处理。适用于高层领导下基层或突发事件的处理。

⑤ 联谊式。联谊式特点为互动互补，多部门、多人群联合召开，形式活泼。一般机关、企事业合作单位常用。召开联谊会的单位或人群通常有互补性，如城乡联谊、军民联谊等。

⑥ 庆典式。庆祝性或商务性活动会。适用于特殊时间（节日等）或具有商务、公关目的的会议。

⑦ 远程式。顾名思义，远程会议是与会者相隔一定距离，不在一起的会议。早期远程会议只能听声音，不能见人，即电话会议，随着科技日益进步，远程会议的模式有所改变，由普通电话会议进步为卫星电话，而后又有视频会议，再到通过手机移动客户端开展的方便快捷的线上会议，各类新型会议方式正在逐步兴起。

⑧ 讲座式。常由一位或几位专家进行个别讲演，讲座的规模可大可小。观众在讲座后可以提问，有时主办方也可以不安排观众提问。

⑨ 论坛式。分为正式性和非正式性。正式性论坛往往由一个主题引起，有组织者、参加人员，在发言方式、内容和时间上都有控制。而非正式性的论坛也可以称为沙龙，通常由有共同兴趣爱好的人聚集在一起进行，模式较为灵活。也可以有许多的听众参与，并可由专门小组成员与听众就问题的各方面发表意见和看法。听众和发言人之间、发言人与发言人之间都可以自由交流。主持人主持讨论会并总结双方观点，允许听众提问。

（2）现代新型会议模式。

① 头脑风暴（Brain Storming）。头脑风暴是由美国创造学家 A.F.奥斯本于 1939 年首次

提出的,于1953年正式发表的一种激发性思维的方法。

案例 4.1 让核桃自动裂开——头脑风暴的应用案例

某蛋糕厂为了提高核桃裂开的完整率,对"如何使核桃裂开而不破碎"进行了一次小型的头脑风暴会议,会上大家提出了近100个奇思妙想,但似乎都没有实用价值。其中有一个人提出:"培育一个新品种,这种新品种在成熟时会自动裂开"。当时认为这是天方夜谭,但有人顺着这个设想的思路继续思考,想出了一个核桃被完好无损取出且简单有效的好方法:在外壳上钻一个小孔,灌入压缩空气,靠核桃内部压力使核桃裂开。

分析:头脑风暴是一种极为有效的开启创新思维的方法。头脑风暴通过集思广益、发挥集体智慧,在延迟评判的自由讨论环境下不断产生新观点,迅速地获得大量的新设想与创意,对于创造性活动具有非常大的实用意义。现在很多机关事业单位的"务虚会"采用头脑风暴的方式来开展,已成为创新思路、研究问题、提出工作思路的措施的一种流行方式。

② 玻璃鱼缸式会议。玻璃鱼缸式会议是一种非常独特的讨论会议类型。通常由6~8名与会者在台上或房间中心围成一圈,圈子中间留有一个空座。其他与会者只能作为观众坐在周围旁听,不能发言,只有那些坐在圈子里的人才可以发言。如果有观众想发言,他必须走到圈子里,坐在中间的那个座位上,发言完毕再回到原座位。玻璃鱼缸式会议通常有主持人参加,他可以参加"玻璃鱼缸"的讨论,也可以只负责维持会议按正常程序进行。由于在会议进行中大部分观众只是在外围观看那些位于圈子中的与会者演讲或讨论,就像在观看鱼缸或鱼箱里的鱼活动一样,所以人们给其取名为"玻璃鱼缸"式会议。

③ 休闲式会议。会议通常令人疲倦,为使现代人从忙碌紧张的工作中释放更多热情,现在流行一种边休闲边开会的模式。这种会议模式允许与会者不看文件,不听令人昏昏欲睡的报告,不必应酬饭局酒宴,而是亲近自然,放松情绪,然后在轻松自然的情形下商议工作。

④ 网络会议。随着现代科技的发展和广泛运用,网络会议逐渐成为一种新的会议形式。网络会议就是预先用录像带把某个事件或活动现场录制下来,然后转换成数字化的视频信号通过计算机接收后送入网络服务器。进入服务器后,人们就可以直接观看或下载下来供以后观看。由于是通过网络传递,所以不存在什么时间上的障碍。或采用在线网络直播的形式通过不同会场间的网络视频连线,会议同步实时进行。网络会议对公司召开培训会议非常有利,它不必再让有关人员乘坐飞机去往目的地,可以节省飞行、住宿、伙食、地面交通等许多费用。

3. 议程安排

(1)保证会议目的的达成。围绕会议目的安排议程,确保议程符合会议中心议题。

(2)重点优先。保证关键人物的时间,保证重要人物能够出席会议。如遇几个议题,应按其重要程度排序,最重要的排在最前面。

(3)时间把控。原则上每个单元时间的会议都要有议程,每个议题时间不宜过长,应控制在一个半小时左右,避免会议给人们带来疲劳感。

(4)科学合理,上午8:00—11:30,下午15:00—17:30是人们精力最旺盛、思维能力及记忆力最佳的时机。所以,安排会议议程和日程要注意将全体会议安排在上午,以保证最佳开会时间。分组讨论可安排在下午,晚上则安排一些文娱活动。

4．组织协调

对会议策划来说，组织协调是必需的，而且是能否顺利开展工作的前提条件。只有具备了较强的组织协调能力，才能有效地安排各项工作，使每个岗位都有人承担相应的工作。会议策划的组织协调，主要包括以下方面。

（1）充分运用各种资源，使之合理搭配，达到最佳效果。例如，资金的使用，人员的统筹安排，场地的选择等。

（2）区别轻重缓急，保证会议工作有序进行。

（3）激励下属。优秀的领导及管理者都善于将团体目标和个人目标统一起来，将团体目标的实现与满足员工的需要统一起来，提高下属对团体目标的感受性，让下属充分体验到团体目标中包含着个人利益。只有将这两者有机地统一起来，下属才能产生积极性，各项工作才能落实到位。

（4）处理冲突。会议策划及实施过程中，各种冲突必然出现，如果没有策划好解决冲突的办法，就必定会影响会议的进行。

二、会议策划的工作流程

按会议策划的工作流程来分，会议策划工作可分为四个阶段：即确定目标，进行调研；分析材料，设计方案；比较论证，选择方案；实施反馈。

1．确定目标，进行调研

（1）明确会议目标。会议目标是会议所要完成的具体任务。人们是为了达成目标或完成工作任务才举行会议的。准确的会议目标至少应该具备以下几个条件。

① 目标内容明确不含糊。可以解决实际工作中的问题，不能图形式，走过场。

② 确定实现目标的责任者。任何会议要想达成目标，都必须落实到确定的个人或组织，并且该个人或组织必须具备相应的能力和条件。

③ 有达成目标所需的条件，不好高骛远。

（2）调查研究，收集信息。

① 收集与会议有关的政策、法规、规章制度，使会议符合法律要求。

② 收集单位内外相关信息资料，使会议策划尽量利用资源，达到最大效益。

③ 收集单位内外相关方面的参谋、建议，集思广益，使策划民主、科学。

2．分析材料，设计方案

（1）分析材料。利用各种可靠渠道收集会议策划所需要的材料和信息，并根据主观和客观的实际情况整理和分析所收集到的信息，具体步骤如下。

① 分析可利用的资源、有利的条件，找出优势。

② 分析欠缺的条件，看清劣势，算出风险系数。

③ 预测可能出现的情况。

（2）设计方案。策划方案至少要有两种以上，以便进行综合比较，择优选用。一份合格的策划方案至少应该包括以下几项内容。

① 制订方案的依据。

② 要达到的目标。
③ 现有的主观和客观条件。
④ 实现目标的途径、方法。
⑤ 可能出现的问题及解决方法。

3. 比较论证，选择方案

运用合理的标准和科学的方法选择方案。

（1）合理标准三原则。

① 全局性。这是选择方案的根本原则，也是首要标准。

② 可行性。运用这项原则进行方案选优，可以处理好整体与部分的关系，既不能不切实际的幻想，又要能突破创新。

③ 效益性。离开了效益，策划就毫无价值，所以这一点也是不可忽视的重要标准。

（2）科学的方法。在策划方案的优化选择过程中，比较法和推演法是较为科学的方法。

4. 实施反馈

（1）根据策划方案编制具体的实施计划。

（2）追踪反馈，根据反馈情况，对策划方案进行追踪决策，提出修正方案或进行局部调整。

三、会议策划方案的内容

会议策划方案的内容包括以下几项。

（1）确定会议的主题和议题。
（2）确定会议的名称。
（3）确定会议的时间、会期。
（4）确定会议所需的设备和工具。
（5）确定会议所需的文件范围，并安排印制工作。
（6）确定与会代表的组成。
（7）确定宣传机构和模式。
（8）确定会议经费预算。
（9）确定会议餐饮安排。
（10）确定筹备机构与人员分工（针对大型会议）。

相关链接

撰写会议方案的十种方法

① 主题要以传递"为什么"为基础。

② 设计一个令人耳目一新的宣传册，包括新颖的封面和封底（收件人往往先看邮件的标签）。

③ 标题和副标题要与参会者的利益密切相关，而且还要有创造性。

④ 写一个简要版本，以备必要时使用。记住：少就是多。
⑤ 方案的设计要充满张力，引导读者把它读完。
⑥ 有效地使用颜色。强烈的三原色会给人留下深刻的印象，但颜色的数量要少。
⑦ 使用一些能够让潜在参会者有所联想的图片，并增加它们的可信性和视觉冲击力。
⑧ 使你的方案设计在外形上看起来与众不同，或者尺寸很特别。
⑨ 要有呼之欲出的行动内容，要创造紧迫感，要有激励措施字样（例如，省钱！免费！获胜！）。
⑩ 整个推广活动要有连贯性，并通过连贯性让人们了解并获得认可。

（资料来源：http://www.meetingschina.com.）

相关链接

××企业团队训练活动方案

一、方案总览

医药行业因受行业环境与国际经济环境的影响，拥有较大的优势机遇，同时也面临更多的挑战与冲击。该行业从业人员必须依赖密切的团队合作和个人发挥，以创造更多的核心价值。

××企业团队训练将采用员工培训和自助旅游相结合的企业集体活动形式，整合企业内部人力资源、协调团队成员关系、培养良好的企业文化、开发员工工作潜能及提高成员综合素质等。通过团队训练，让团队成员验证人与人之间的互动行为对团队效率所造成的冲击，掌握建立高效团队的技能，提升团队的创造力，增强团队凝聚力，培养团队协作能力，使团队成员形成共同的目标，将个人目标与组织目标相结合。

本活动计划为贵公司提供此项方案，以达到上述目的。

二、训练基地选择

张家界桑植县贺龙故乡具有悠久的革命历史和良好的地理人文景观。

历史特征：民国时期，湖南形成了一块特殊的红色革命行政区域——湘鄂川黔革命根据地。始于1933年冬，讫于1936年春，革命活动区域多达31个县市。根据地军民在省委、省革命委员会和省军区领导下，开展了轰轰烈烈的革命斗争，给国民党反动派和地方封建势力以沉重打击，为中华民族的解放事业做出了杰出贡献。因此本基地具有良好的历史意义。

地理特征：来张家界旅游观光的人，无不对武陵源奇特的砂岩峰林地貌和九天洞、黄龙洞神奇的地下喀斯特景观感到惊奇，并为它们惊人的魅力所倾倒。惊叹之余，不少人会研究它们，更深入地去认识它们，追根溯源，探索奇特的自然景观所形成的奥秘机理，给人们增添无穷的游兴。

设施情况：度假村（包含多种休闲设施项目）、漂流、登山、野营营地。

三、训练行程安排

第一天：

早上8:00由专业自助导游及企业团队活动负责教官共同组织集合并做行前说明。乘坐标准旅游车沿途参观桑植、洪家关、贺龙故居、九天洞。休息，统一午餐后分组进行茅岩河平湖游，至下午6:00。下午6:00以后休息，自助晚餐，团队培训，建野营设施，晚间休息。

第二天：

早上 6:30 统一早餐，7:00 集合，进入国家级自然生态保护区的原始森林，组织攀爬比赛，4 个小时后结束活动，休息，自助午餐，集合后于下午 2:00 返回基地，自由活动，可选择基地其他活动项目，或者进行企业团队培训。晚上 6:00 统一晚餐，7:00 集合，标准旅游车送回张家界原出发地。

全程由专业自助导游陪同。如有需要，可请专业管理培训师随行。

四、可行性分析

1. 选址可行：针对企业团队培训选址，目标基地具有重大的历史意义与现实意义，并具有良好的生态环境。

2. 行程可行：耐力训练与氛围培训交叉进行，包价服务与自助活动结合。第一天下午气温较高适宜平湖游；第二天上午气温由低至高，适于登山。

3. 价值可行：健康的休闲方式，前卫的训练机会，确定的活动价值。全市唯本公司一家提供专业自助导游和商务培训咨询师。

4. 经济可行：平均每人 415 元，两天活动安排，全程专业导游陪同服务。

五、详细的预算

标准旅游车：80 元/人

九天洞门票：62 元/人

漂流设施：98 元/人

露营设施：80 元/人

统一餐饮：45 元/人

综合服务费：50 元/（人·天）

合计：415 元/人

（资料来源：http://www.33519.com/gb/meeting/list.html.）

四、商定会议时间、地点

1. 商定会议时间需注意事项

会议召开时间的选择，需要考虑以下几个方面。

（1）是否适合会议组织人员完成全部准备工作。会议的组织者是整个会议的关键人物，确定会议时间时，必须保证会议的组织者有充足的时间做好开会前的各项准备工作。

（2）是否方便与会人员（尤其是会议的核心人物）参加出席。每个会议的召开都有其要求必须到会的核心人物，他们能否到会，对会议成功与否起着举足轻重的决定作用；而其他与会者的积极参加则是会议目标能够最终得以顺利实现的必要条件。一个会议，如果该出席的领导不能前来，该参与的会员又因种种事由导致缺席率很高，这样的会议恐怕只能改期再开。否则人数不足，开了也只能达成一些无效的共识和决议。因此，会议的召开时间应尽量和与会人员进行协调，以确保更多的人能前来参加。

（3）会议召开期间的自然因素。例如，召开一些在公共场所举办的露天活动和集会，就要充分考虑到当地季节气候的变化和当天具体的天气变化等因素，组织者应尽量避免在气候多变的季节和地区集会，这不仅会增加组织会议的难度，同时也会影响与会者的出席和参加会议的情绪。

（4）确定会期的长短。在确定会期的长短时，需要考虑以下要素。

① 议题的多少。议题较多时，会期安排长些；议题较少时，会期安排短些。特殊会议除外。

② 议程的繁简。不同性质的会议有不同的会议程序，议程的繁简也会影响会期的长短，必须纳入考虑范围。

③ 松紧要适度。会议议程和日程不宜安排得过密过紧，但也不要拖沓散漫，必须灵活安排；同时还要注意预留一点时间，以应对临时状况或特殊情况。

准确预计出整个会议的时间后，应在会议通知中写明，便于与会人员有计划地安排好会议期间的工作。

2. 考察、选定会议地点

考察会场时，应具体考察的项目主要包括以下几项。

（1）考察会场大小是否适中。会场大小的选择由会议规模及会议类型等因素决定。

① 会场容纳的人数。这是首要考虑的因素。我们首先需大致确定与会者的数量，然后才能确定会场大小。切忌选择的会场不能容纳所有的与会人员，造成拥挤、混乱的场面；也要避免会议室过大，出现参会人员稀疏落座的场面。

② 会议室的间数。这是为了方便一些既需要集中大会又需要分开（讨论）小会的情况。会期长的会议往往都是大会、小会交错着开，只有一间会议室则无法满足实际需要。

（2）考察会场规格是否合适。选择会场主要由会议的规格、会议的规模以及会议经费开支这些主要因素来决定。一般来说，接待规格高的、影响重大的会议都十分注重考察会场本身的规格。例如，全国人民代表大会，其会场一定会选在首都北京的人民大会堂，这是由会议的规格与会场的规格相匹配决定的；反之，如果某大型连锁企业召开各地区职工代表大会，那就不必要也不适宜选在人民大会堂召开。超规格使用会场只能造成浪费和误会，而低规格使用会场则容易影响会议的效果，引起与会者的不满。

考察会场规格主要看会场的装潢设计水平、设施设备档次及提供的服务等方面。

① 考察装潢设计水平。装潢设计包括主席台、天花板、大厅、偏厅、休息室、卫生间、门窗等具体考察要素。这方方面面综合在一起就决定了整个会场的格调，体现出会场规格的高低。

② 考察设施设备档次。设施设备包括会场内部的和会场外部的。场外基本设施设备如停车场、电梯、房间、餐厅等，这些场外配套设施如果较多，无疑对会务组提供其他会务服务有很大帮助；场内设施设备如电力设备、照明设备、音响设备、通信设备、放映设备、计算机、打印设备、空调设备、桌椅设备、卫生设施及安全设施等，这些设备的品牌和质量很重要。

③ 考察会场服务水平。这主要看会务人员及会场其他服务人员的服务态度和服务水平，如会场安全保卫、入场票证检查、会场导引等工作人员的服务态度是否热情主动，是否明确其责，能否各就各位、各司其职。这些是决定会议能否顺利进行的重要条件之一。

（3）考察会场环境。环境能影响人的情绪，所以，我们要根据会议（活动）的不同需要去选择合适的会场。一般而言，会场内光线是否充足，空气是否流通，室内温度是否令人舒适，是否会使人分心等，这些都会直接影响与会人员的情绪。

会务组织人员要营造好会场环境可以从以下方面着手。

① 保持温度适宜。会务人员可通过空调设备掌控室内温度，并且尽量照顾特殊人群的需求，如年老体弱或身体欠佳者，这些人对低温较敏感，会务人员应把温度适当地调高。

② 保持空气洁净。会场内应有足够的通风排气装置，打开这些设备使室内空气流通，保持清新舒适的感觉。

③ 保持干净和安静。尽量避免把会议地点安排在闹市中。虽然闹市交通便利，但其嘈杂的环境无法保证会场周围的安静氛围，空气也较为浑浊，这些将对会议造成很大的干扰。

（4）考察会场交通条件。选择会址时，应考虑会议主办方和各与会者到会的交通是否便利，尽量避免选择偏僻山区、高寒地区和酷热地区，这会增加与会者到会的难度。应考虑那些使与会人员能在较快、较短的时间内到达的会场。当然，确保交通安全是重要前提。

如果选用一些专业的会场，将会省去许多麻烦。但要注意的是，在交付会场订金前一定要明确落实会议的场数，确定租用时间的长短，以确保该会场可供整个会期使用，保证整个会议的顺利完成。当然，也不要故意拖延会期，因为专业会场租金昂贵，以避免不必要的浪费。

相关链接

会场考察情况记录表

会场名称：　　　　　　　　　会场地址：

联系人及联系电话：

序号	考察项目	情况记录			其他情况说明
1	会场大小	较大□	适中□	偏小□	
2	会场设备	齐全□	不足□	无□	
3	会场环境	好□	中□	差□	
4	会场交通	便利□	一般□	不便□	
5	会场租金	昂贵□	适中□	便宜□	
6	会场服务	提供□	不提供□		
7	会场服务水平	好□	中□	差□	
8	会场残疾人通道、残疾人视听等设备	有□	无□		
考察人：		考察时间：			

注：此表格可供会务组进行会场考察记录考察情况时使用。尤其当进行多个会场的考察和比较时，此表格能将各会场的基本情况一目了然地呈现在决策者面前，使用起来很方便。

五、制订会议计划

1. 会议计划的作用

预先制订会议计划，可以保障整个会议有章可循，目的明确，并一步一步地进行，有利于一个一个地解决问题。

2. 会议计划的内容

会议计划主要包括会议名称、会议议题、会议议程、会议日程和会议程序。

（1）会议名称。会议名称一般由以下几个部分构成：会议主办机构的名称；会议的主题（或内容）；会议的类型；会议的时间或范围。

例如，"××电子有限公司20××年新春产品发布会"，其中，"××电子有限公司"是会议的主办机构，"新产品"是会议的内容，"20××年新春"表明会议主题的时间和范围，"发布会"则表明会议的性质或类型。

又如，"××职业技术学院20××年全院学生代表大会"，其中"××职业技术学院"是会议的主办机构，"20××年"是会议内容针对的时间，"全院学生代表"是参加会议的人员范围，"代表大会"则表明会议的类型。

（2）会议议题。会议议题是指会议集中要讨论的问题。通常，会议议题必须体现出会议目的和会议主题。一次会议的议题应当安排适宜，确保与会人员能够充分讨论和发表意见，确保能够高效地利用时间。会务人员安排会议议题时有以下技巧可供参考。

① 一个主要议题和两个小议题搭配安排。

② 将同类性质的议题同时提交一次会议讨论。

③ 适当准备一些后备议题，以便在会议进展顺利、时间充裕的情况下供与会人员进一步讨论。

（3）会议议程。会议议程是指根据会议议题对会议内容所做出的具体安排。会议议程一般由主办单位的领导机构来确定。其主要内容及拟写要求如下。

① 标题。会议议程的标题为在会议名称后加上"议程"二字。

② 题注。在标题下方注明会议的起止时间或会议议程的通过时间等，其内容应用圆括号括住。

③ 正文。应用序号数简明扼要地分行列出每项议题（或活动）的先后顺序。

（4）会议日程。会议日程是指以天为单位，对会议议程的各项内容做出具体的时间安排。会议日程一般采用表格形式，故常称为"会议日程表"。

会议日程表的基本内容必须包括会议（或活动）的具体时间、具体内容和会议地点，以及当次会议（活动）的主持人（或负责人），具体写作格式如表4.1所示。

表4.1 ××公司关于提高企业核心竞争力的研讨会日程表

日　期		时　间	内容安排	地　点	参加人	负责人	备　注
6月18日	上午	8:30	报到	会议大厅	全体	黄秘书	
		9:30—10:00	总经理讲话	小会议厅	全体	刘秘书	由副经理主持
		10:20—11:50	公司顾问讲座	小会议厅	全体	刘秘书	使用投影仪
		12:00	午餐	宾馆餐厅	全体	钟秘书	
	下午	1:30—4:00	李副总经理专题报告	小会议厅	全体	黄秘书	由副经理主持
		4:20—5:30	人力总监发言	小会议厅	全体	黄秘书	由副经理主持
	晚上	6:00	晚餐	宾馆餐厅	全体	钟秘书	
		7:30	联欢	娱乐中心	全体	钟秘书	

续表

日期	时间		内容安排	地点	参加人	负责人	备注
6月19日		7:30	早餐	宾馆餐厅	全体	钟秘书	
	上午	9:00—10:30	分组讨论	小会议厅	全体	组长	
		10:40—11:40	分组讨论	小会议厅	全体	组长	
		12:00	午餐	宾馆餐厅	全体	钟秘书	
	下午	1:30—3:00	分组讨论	小会议厅	全体	组长	
		3:20—5:00	各组代表发言	小会议厅	全体	组长	
		5:20—7:20	聚餐	宾馆餐厅	全体	钟秘书	
		8:00	离会			黄秘书	

（5）会议程序。会议程序是指根据会议（或活动）内容按照先后顺序进行的安排。一般情况下，会议的主持人应持有一份程序表，以便据此来主持控制整个会议（或活动）的进程。例如：

××公司20××年度工作总结大会

会议程序
1. 主持人宣布××公司年度总结大会正式开始。
2. 公司总经理彭程先生做20××年度公司工作总结报告。
3. 会议分组讨论总结报告。
4. 各小组代表大会发言。
5. 公司副总经理刘青女士做大会总结发言。
6. 宣布散会，会议结束。

六、准备会议资料

1. 会议资料的发放

通常，会议资料可以提前准备好，然后在会前摆放在每位与会者的座位上，与会者依次就座后即可读取材料；也可以包装成袋，在会场入口处由工作人员统一逐个发放到每位与会者手中。这些做法都可以避免资料漏领或重复领取的现象发生，有利于节约会议经费支出，也便于会议管理。

2. 会议资料的内容

（1）开幕词和闭幕词。开幕词是指会议开幕时，上级领导或单位主管领导就会议议程、会议意义、会议宗旨等所做的致辞发言；闭幕词则是在会议结束时，相关领导或会议主持人就会议所做的总结性讲话。这类材料较多用于大型的、对外部公众的会议或活动。

（2）讲话稿。讲话稿包括主持人讲话稿和领导讲话稿，这些都需要会务组的专门人员与相关的发言人做好沟通和落实，以免出错，造成不良影响，破坏公司或个人形象。这类材料可用于公司内部或外部会议。

（3）工作报告。这类材料往往更多地用于公司内部大会，其内容包括例行工作、成绩经验、问题教训、今后打算等。

（4）议程表、日程表和程序表。这三个表，是每次会议的基本文件资料，可以使每位与会者清楚地了解会议的内容和进程等。

（5）与会人员名单。准备与会人员名单是为了便于落实各项会务工作和后勤服务工作。

七、拟写和发送会议通知

1. 会议通知的拟写

会议通知，其主要目的是让与会人员清楚会议内容及安排，能在到会前做好充分准备（包括公、私两方面的准备）。因此，会议通知的拟写，既要求内容清楚完备，又要求文字简明扼要。

（1）会议通知的基本内容。会议通知的基本内容应包括：被通知者、会议名称、会议日期和时间、会议地点、出席对象或议事日程、通知者或授权者、注意事项、企业名称、通知日期。

（2）会议通知的形式，主要有以下几种。

① 文件式会议通知。此类会议通知常被作为召集大型、重要会议或活动的通知使用。这种通知的内容详尽、项目清楚、格式规范，有利于与会者做好相关的会前准备工作。

② 备忘录式会议通知。此类会议通知常被单位或部门作为召开事务性会议、例行性会议的通知来使用。例如：

会 议 通 知

×××：

　　兹定于××月××日上午 8:30—9:00 在公司三楼会议室召开各部门经理每周工作例会，请准时出席。

　　　　　　　　　　　　　　　　　　　　　　　×××公司办公室
　　　　　　　　　　　　　　　　　　　　　　　××××年××月××日

---

③ 请柬式会议通知。此类会议通知常被企业或部门用于通知举行诸如开幕典礼、新产品发布会、签字仪式等仪式类的活动。其发送对象一般为上级领导、兄弟单位、社会名流等。请柬可选购市面上出售的各种正式请柬，也可以自行设计、打印，但无论采用何种形式，填写请柬内容时都要注意措辞儒雅，语气谦恭，格式规范。

④ 海报式会议通知，即采用公开张贴、广而告之的通知方式。此类会议通知常被一些学会、团体和组织使用，作为自由参加的会议或活动的通知。例如：

第八届校园文化艺术节文学鉴赏座谈会
海　报

在学院第八届校园文化艺术节来临之际，文学社特邀嘉宾×××大学的×××教授和×××大学的××教授前来我校，与我校的文学爱好者进行座谈交流。

本次座谈会主题：××××××××
座谈时间：××××年××月××日
座谈地点：××××××××

| 座谈会主办：××学院文学社
| 欢迎本社成员及校内广大的文学爱好者踊跃参加座谈交流！

⑤ 公告式会议通知。此类会议通知常在一些股份制公司召开股东大会时使用，通知往往会刊登在相关报刊或网站上。

2．会议通知的发送

会议通知一般采用书面形式，以邮寄方式送达，临时的或紧急的会议则多采用电话通知。随着现代社会办公自动化的普及，越来越多的单位和部门逐渐采用电子邮件、传真等形式发送会议通知。

正式会议的通知，应在会前一周至两周时间内发出为宜，以便于参会人员有充足的时间安排好手头工作并做好参会的各项准备。有时，一些小型的或临时性的会议无法提前发送通知，则往往采用专人口头通知或专门电话通知的形式，参会者基本要随叫随到。

通知附上回执，其好处是便于确认具体到会的人数，便于安排落实诸如接站、食宿、交通工具等方面的会务接待工作。

八、预算和申请会议经费

编制会议经费预算，是对会议收入和会议支出进行的理性预测，估算会议未来的收入额，并将这些收入合理分配到各项会议活动的开支中。

会议经费预算包括会议支出预算和会议收入预算两大部分，预算方案须经领导机构审核，报请财务主管部门批准后方可算通过。

1．会议支出预算

（1）会议费：包括场地租金、设备租金、茶水饮料费等。

（2）资料费：包括购买会议文具和印制资料等费用。

（3）食宿费：包括会议期间与会人员的餐饮费用和住宿费用（此项费用一般为与会者自费，但需会务组统筹组织）。

（4）交通运输费：包括会议期间接送与会代表所使用的租车费、油费、停车费、过路费、司机劳务费等多项费用。

（5）宣传联络费：包括用于会议宣传、新闻发布、联络通信等方面的费用。

（6）其他杂费：包括安排会议合照，会间活动，雇用会场翻译、会场保安、礼仪人员，购买会议礼品等所需的费用。

2．会议收入预算

（1）会议主办单位或主管领导部门拨发的会议专款。惯例的做法是会议专款专批、专款专用。

（2）与会者提交的会务费。会议的组织者可按相关规定和比例收取与会人员的会务费，所收费用应在发送的会议通知里明确说明。同时，当与会者提交会务费后，要及时开出发票凭证，便于与会者会后报销之用。

（3）商业赞助或捐赠。商业赞助的内容很广，金额也不限，如直接提供大会赞助费，或者提供免费（或打折）使用的会议场所，提供免费（或打折）的食宿，提供会议所需的器材和设备，提供会议赠品、奖品等。商家的热情参与，能使会议组织者节约不少会议开支，因此，这是一个不容忽视的会议经费来源。

除了以上几个常见的会议收入来源，还有另外一些会议收入来源，如联合主办单位的交费、会议陪同人员的交费、会议活动的收费、某些有偿服务的收费等。各项会议经费，不论金额多少，都必须如实列报，现金收支也必须严格执行现金管理制度和会计出纳制度，这有利于加强对会议经费使用的监控，减少会议浪费和会议贪污现象的发生。

相关链接

会议预算表格式

会议预算总表

收入项目	金额/元	支出项目		金额/元
与会者交费		承办方的报酬及开销		
联合主办者交费		会务组办公开销		
公司分配专款		购置设备费：	设备1名称	
			设备2名称	
外单位赞助		租用设备租金		
广告交费		租用设备押金		
其他		租用会场费		
		餐饮费		
		住宿费		
		交通运输成本		
		嘉宾（发言人）报酬	领酬人1	
			领酬人2	
		会议资料印刷费		
		会议用品（卡片等）制作费		
		会间娱乐活动费		
		其他费用项目		
收入合计		支出合计		

注：此表适合会务组筹备会议预算之用，既简明又直观，清楚地反映会议收支情况，让人一目了然。

（资料来源：张丽琍. 商务会议组织与管理[M]. 北京：中国人民大学出版社，2005.）

九、会场布置

1. 会场布置的作用

会场布置是一项有明确意图的会务工作，其根本目的在于创设与会议主题、性质相适应的会场氛围，从而有利于会议目标的实现。会场布置的重要作用可以概括为以下四点。

（1）充分利用场地，在会场面积有限的情况下合理安排座位格局，最大限度地利用会场。

（2）提供完备的会议设施，确保实现会议的各项需要。

（3）安排好座位、座次，做好导引、保卫工作等，充分体现出会议的严肃性和有序性。

（4）可以运用座位格局和会场装饰的特殊效果，营造适当的会议气氛，帮助实现会议效果。

因此，应根据会议的性质与主题、规模与规格、会期与要求、会议类型和会场条件等综合考虑会场布置事宜。

2．会场设计的不同原则及形式

不同性质的会议，要求有不同的会场设计形式，在设计会场时应该注意：会场色调要协调，与会议的类型和主题相适应；会场的座位排列要合理，与参加人员的基本情况相适应。通用的原则概括如下。

（1）党的代表会议要求朴素大方。

（2）人民代表大会要求庄严隆重。

（3）庆祝大会、表彰大会要求喜庆热烈。

（4）追悼会要求庄重肃穆。

（5）座谈会要求和谐融洽。

（6）纪念性会议要求隆重典雅。

（7）日常工作会议要求简单实用。

3．会场布置的方式

会场布置的主要方式有以下几种。

（1）相对式：弦月式、礼堂式。

（2）全围式：圆桌式、椭圆式、方形中空式、多边形式等。

（3）半围式：马蹄形、T字形、桥形。

（4）分散式：将会场分成若干个中心，每个中心设一个圆桌。

4．营造会场气氛的技巧

（1）悬挂会标。会标即会议标语，体现会议的主要信息。会标应悬挂于主席台前幕的上端或天幕上，色调要与主题一致，并且要有视觉冲击力。

（2）悬挂会徽。会徽是体现和象征会议精神的图案性标志，应悬挂于主席台的天幕中央。

（3）安插旗帜。旗帜可选择能体现会议主题的旗帜，也可以根据需要插彩旗等。

（4）张贴标语。标语包括宣传、烘托会议主题的主体性标语，以及以表达欢迎和热烈祝贺之意的礼仪性标语。

（5）摆放花卉。会场摆放花卉能烘托会议主题并营造出会议气氛，同时还能减轻与会者长时间开会的疲劳。

（6）调设灯光。灯光的明亮度要适应会议的需要，应该根据会议不同的阶段有所变化。例如，与会人员做笔记时应将灯光调亮，否则难以书写；而当与会者观看屏幕时，则应将灯光调暗，否则屏幕显示会模糊。

（7）调节音响。组织者可选取一些常用于会议的会前进行曲、会中休息曲、会后结束曲等来调节会场的气氛。音响应该保证在会场上的每个角落都能听清。

应注意的是，一般常规会议的会场布置，以简洁大方为主，以避免铺张浪费。

5．主席台的布置

会议主席台是领导人就座之处，也是与会者瞩目的焦点，一定要根据会议的主题精心布置。大型会议的会场大多设主席台，和与会人员成面对面的形式，主席台一般设在舞台上；中型会议的主席台，设在舞台上下均可，如果设在舞台下，要离与会者近一点，并且稍微垫高一点；小型会议一般不设主席台。可在主席台前幕上方悬挂会标；主席台后幕可悬挂会徽；主席台中央设座位并排座次；主席台下或周围可适当摆放绿色植物或鲜花做装饰。主席台的布置应注意以下几个方面。

（1）主席台上与会者的座位、座次的安排。为保证会议和活动能够有条不紊地进行，主席台上排列座次是必不可少的。大型会议尤其强调依靠排列座次来保证开会的秩序。主席台座次的安排，实际上是按照参加会议的领导人的职务大小来安排落实的，这既是一项技术性工作，也是一个严肃的政治问题，秘书人员必须极其认真地对待。要做好这项工作，会务组织人员首先要确定主席台就座领导的名单，然后严格按照名单人员的职务，安排各人的座位和座次。

国内会议主席台座次安排的通常做法是，身份最高的领导人（有时是最有声望的来宾）就座前排正中央位置，其他领导人则按先左后右（以主席台的朝向为基准）、一左一右的顺序逐一安排座位，即名单上第二位领导人坐在第一位领导人（居中）的左侧，第三位领导人则坐在右侧，依此类推。具体安排如图 4.1 所示

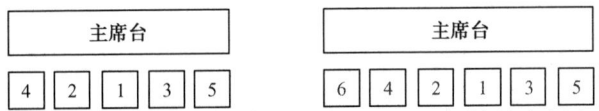

主席台	主席台
4 2 1 3 5	6 4 2 1 3 5

（左图：主席台领导人数为单数，序列号表示领导人身份的高低）

（右图：主席台领导人数为双数，序列号表示领导人身份的高低）

图 4.1　主席台座次安排

主席台与观众席的对应位置如图 4.2 所示。

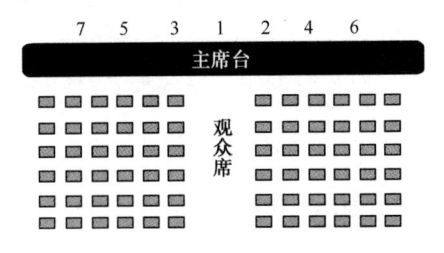

图 4.2　主席台与观众席的对应位置

（2）代表席的安排方法。代表席的座位（相对于主席台来说），有前、后和左、中、右之分，要合理安排。可将与会的代表名单按姓氏笔画排列后再排座，也可按不同领域的代表团名称来安排大块座位区域，还可以按与会代表所属的地区来安排就座，或者直接按人

名摆放座签，落实各人座位。总之，代表席的座位安排方法灵活多样，组织者应根据会议的实际情况来正确选择安排座位，使每位与会者都能较快地找到自己的座位，把会开好。

需要注意的是，凡是已固定的座位和座次，应在出席证和签到证上注明座号，并在会议桌上摆置座签，同时还应印制"座次表"发给与会人员。当与会人员入场时，会议工作人员应做适当的引导。当然，并非所有的会议都要安排座位及座次，多数会议可以自由入座。

十、与会人员的名单及分组

1. 确定与会人员名单

确定与会人员名单时应注意以下几个问题。

（1）参会对象的范围。要明确必须参加会议的单位，可参加可不参加会议的单位不应列入参加的范围。

（2）参会对象的职务或级别。要明确参加会议人员的职务和级别。有些会议要求必须是正职干部才能出席，而有些会议只需分管的业务人员参加即可，这就需要秘书人员在确定参会人员时要加以区别对待。

（3）参会对象的身份。要明确每位参会对象参加会议的身份，参会身份有正式成员、列席成员、旁听成员、特邀成员四种。

（4）参会对象的代表性。这是会议能否真正发扬民主、集思广益的关键因素。

（5）参会总人数。这直接关系到会议的规模，并影响会议的成本，所以参加会议的人数应当从会议的切实需要来加以落实和确定。

2. 与会人员的分组方法

规模较大而且需要讨论、审议有关议案的会议，需要对与会人员进行分组，分组是为了方便会议讨论、审议等活动。常用的分组方法有以下几种。

（1）按与会人员所在的单位进行分组。

（2）按与会人员所在的行业或系统进行分组。

（3）按与会人员所在的地区进行分组。

（4）按提出的不同议题进行分组。

3. 与会人员名单的编印

会务组在落实参会对象后，应及时编印与会人员名单，尽可能在开会签到时把与会人员名单一并分发到各与会者手中。

十一、会务工作机构的成立和分工

大型的重要会议应成立会务工作机构，挑选有组织经验和接待经验的成员组成，按分工成立以下几个工作小组。

（1）秘书组。秘书组负责拟定会议日程，协调人员安排调度，做好会议记录，印发会议文件、简报，管理会议文件、档案等工作。

（2）总务组。总务组负责会场布置、会议接待、食宿安排、交通工具安排、卫生保健、文娱活动等，同时还要负责设备保障、用品发放与管理、经费预算及筹备等工作。

（3）宣传组。宣传组负责制定会议公关计划，组织落实会议宣传工作，提供会议新闻稿，承办记者招待会，录制会议音像资料等。

（4）保卫组。保卫组负责维护会场秩序，负责会议的秩序和安全保卫工作，保障与会者的人身安全和财产安全。

由于秘书参与的会务工作较多，需要掌握的会务工作技巧也就较多，以下提供了一些颇为实用的工具和工作经验，如表4.2所示，以供参考。

表4.2 秘书的会议准备工作核对清单

序号	会议准备工作条目	核对标记 是	核对标记 否
1	已决定要开会		
2	已明确并了解会议目的		
3	已确定会议形式		
4	已安排会议议程		
5	已决定会议时间		
6	已决定会议地点		
7	已确定会议主持人		
8	已落实会场布置方案并布置会场		
9	已确定出席会议人数		
10	已安排出席人的座位及座次		
11	已准备会议标语、桌签、座签等		
12	已安排落实交通工具		
13	已安排与会者食宿		
14	已发出会议通知		
15	已准备好会议视听材料		
16	已准备好会议辅助设备		
17	已绘制好会场周边位置图		
18	已告知与会者参会要求（提交会议资料、会务费等）		
19	已落实会间、会后娱乐项目并发出通知		
核对人签名			
核对时间			

随堂检测

1. 名词解释

会议策划　会场布置　会议经费预算

2. 案例分析

天宏公司召开中层干部扩大会议，参加人员为总经理、副总经理、各职能部门的正副经理、办公室正副主任和职工代表等46人，会议文秘人员和其他服务人员4人，会议时间为5小时。参加会议人员月平均工资为2 400元，其他收入每月800元。假设一个月工作26天，一天工作8小时。会议后勤费用开支包括文件材料费200元，饮料费100元，因会议时间紧张，安排午餐，餐费每人30元。办公室罗主任要求秘书小赖计算会议的成本。

下面是小赖计算的结果：

餐饮费：30×50+100=1 600元

时间费用：（2 400+800）÷（26×8）=15.38元/小时

5小时人员的费用：15.38×50×5=3 845元

共计费用：3 845+1 600+200=5 645元

秘书小李看见了，认为小赖算错了，于是她也算了一遍，结果如下：

餐饮：30×50+200+100=1 800元

会议成本：2×[（2 400+800）÷（26×8）]×3×50×5=23 077元

共计：1 800+23 077=24 877元

问题：他俩谁算对了，为什么？

提示：主要考察会议成本计算方法是否熟悉。

子项目二　会中服务与管理

项目任务

会中服务与管理。

事件回放

今天天骏公司将要举行"HF新产品新闻发布会"，公司的总经理秘书莫莉穿着得体的职业套装正站在会议大厅的门口，微笑地迎接各处的来宾。

在大厅一侧设有一张签到桌，上面摆着签到表和笔。发布会虽然时间未到，但已陆续有不少来宾到会，负责签到工作并发放纪念品的秘书有点应接不暇。看到此情景，莫秘书皱皱眉头，正要打电话去调度一个人来签到处帮忙，手机铃响了。

来电的是今天大会特邀的重要嘉宾、主管本市经济工作的副市长的秘书小王。小王告诉莫秘书，副市长和他已在来的路上，可是市长的专车在半路突然出了故障，司机现正在检修，也许会因此迟到。莫秘书看看时间，按计划半小时之后仪式就要正式开始了，莫秘书立刻决定，让公司正前往接电台记者的商务车改道前去接副市长一行，原定接电台记者的秘书则转打出租车前去电台接人。

刚刚调整好用车接人的问题，会场的工作人员又跑来反映出现了新情况，由于原来对来宾人数估算不足，会议准备的礼品和宣传品发完了，有些已到的来宾未拿到礼品和宣传资料，还有一些受邀的来宾还在来的路上，怎么办？莫秘书迅速指派其中一人到签到处落实已到会人数，并统计出尚未到会的来宾数。落实人数后，又调度后勤组派人兵分两路，一路前去订购新礼品，一路去加印宣传材料，确保来宾在离会前能拿到礼品和宣传资料。工作快速处理完毕，抬头一望，接副市长的商务车已经开到公司大门口了。莫秘书赶紧致电总经理，告知市长专车已到，请他下来迎接。同时，自己面带微笑向大门口迎去……

任务分析

这是一次大型会议的接待任务，会议接待真的不是一件轻松、风光的工作。它需要秘书具有良好的接待形象，掌握接待的礼仪，具备组织会议的专业知识与相关理论，同时还需要秘书在实际的工作中发挥统筹全局的调度能力、良好的沟通协调能力以及高度灵活的应变能力，只有这样，才能把充满变数的会间组织服务工作做好。

相关知识

一、接站技巧

接站是会议活动接待工作的第一个环节。对于奔赴异地开会的与会者而言，由于人生地不熟，要找到会议地点往往不是很容易。因此，会议工作人员应尽可能安排专人、专车接站，让与会者能轻松、顺利地到达会场参加会议，这也有利于保证会议的按时召开。

1. 接站工作要素

会议组织者可以按照以下几个要素来开展接站工作。

（1）提前掌握需接站人员的人数、身份、职务、级别、年龄、性别等情况。

（2）确定需接待人员所乘的交通工具是飞机、火车、汽车还是轮船，弄清楚航班号（车次）、抵达日期和具体时间，提早安排接待人员和车辆，以保证准确无误、安全及时地做好接站工作。另外，还要问清楚需接待人员的具体情况，也有助于做好各项相关的后勤服务准备工作，更好地迎接与会者的到来。

（3）在接站现场竖起醒目的标志，以便让与会者辨识。如果有重要的上级领导光临，则要在接站现场做适当的布置，以示隆重迎接。

（4）当与会者抵达后，接站人员要主动上前询问，握手致意，并介绍其他接站人员的姓名、身份、职位等。

（5）出站时主动帮对方提行李，并为对方引路。

（6）乘车返回时，需有主人陪车。工作人员要引导客人上车，为其打开车门，准确安排主客的座位。在我国，一般原则是，与会者坐在车的后排右侧，与司机成对角线位置，主人坐在后排左侧，陪同秘书坐在副驾驶的座位。

2. 接站工作要求及服务技巧

（1）提前到达接站点，做好迎接准备工作，这能让对方感觉到自己被重视和尊敬。

（2）对来宾礼貌热情，细致周到，凡事替对方考虑，减轻对方对陌生环境的不适感。

（3）一般采用对等接待或高规格接待，即根据对方来人的职务（级别），安排我方同等职务或级别的人员前往接站，以示尊重；如因特殊原因不得已采取了低规格接待，则应向对方解释说明情况，赢得对方的谅解，避免造成误会。

（4）用语礼貌恭敬，态度亲切自然。如果是初次见面，可使用尊称问候"您好！""您一路辛苦了"；也可以使用对方的职务称谓，如"××总经理，欢迎您！""××部长，欢迎您的到来！"等。

（5）接站现场要对双方人员进行简单的相互介绍。介绍的顺序是，先把己方人员按职务从高到低的顺序介绍给来宾。千万不要颠倒顺序，这会使领导感到尴尬，让来宾产生误会。

二、报到与签到

1. 报到

报到是指与会者在到达会议所在地时办理的登记注册手续。报到工作的内容主要包括以下六项。

（1）设置报到处和路标。在与会者报到之前，会议接待人员要设置报到处，还要设置一些会场指引路标，目的是方便与会者清楚了解会场的布局，更快地找到目的地。

（2）查验有效证件。这包括查验会议通知、单位介绍信、身份证等有效证件。查验证件是为了确认与会者的身份与开会资格，以保证会议安全和会场秩序。

（3）登记与会人员的个人信息。会议接待人员要准备好会议报到登记表，把与会者的相关资料登记在表上。需登记的信息包括与会人员的姓名、性别、年龄、单位、职务、通信方式等。

做好会议报到登记工作，不仅可使工作人员据以统计与会者人数，还便于做好各项会间服务工作，如餐饮食宿安排等，此外还可以根据登记的信息编制与会者的通讯录，以便于与会者的相互联系。报到表的样式如表4.3所示。

表4.3　××××会议报到登记表

（××××年××月××日）

序号	姓名	性别	年龄	单位及地址	职务	联系地址	电话	房间号	备注
1									
2									
3									

（4）接收和发放材料。由会议接待人员接收并审查与会人员携带的、需要在会议上分发（或传阅）的材料，经审查后再统一分发，以免出现与会者自行分发的情况，影响会场秩序；同时也有利于做好会议文件的保密工作，防止自行分发材料带来信息外泄的不良后果。对于保密文件和需要清退的文件，接待人员要做好登记工作，以便会后退回或归档保管。

（5）预收费用。有些会议需要向与会者收取一定的会务费、食宿费、材料费等，所有这些费用,应该在会议报到时就提交给会务组的专管人员,并由大会会务组统一开出发票或收据。

(6)安排住宿。会期在一天以上的会议要考虑安排与会者的住宿问题。住宿安排可根据与会人员的身份和具体住宿要求去落实,尽可能满足与会者的要求。会务服务人员应在会议登记表上标出与会者所住的房间号码,以便于落实一些临时的会间工作。

2. 签到

与会人员正式进入会场要做的第一件事就是签到,会议签到是会场工作的重要项目。按照不断完善的会议制度的要求,正式的会议要求实际到会人数达到应到会人数的三分之二才能召开,否则会议产生的一切结论和决策都无效。会场签到就是为了能及时、准确地掌握到会人数,如实反映会议实际缺席情况,以便确定会议能否按时召开。

(1)签到工作的要求。

① 认真准备。在会前要准备好相关的签到工具和设备。例如,使用簿式签到就要准备签到簿;使用卡片签到则要先印好卡片;使用电子签到要准备好机器,并预先进行测试,以免到时出现故障。

② 有序组织。会前事先设好签到处,安排会务签到人员提前等候,有条不紊地组织签到。如果签到的同时要分发文件,应提前把相关的材料装好袋,以免到时候手忙脚乱,顾此失彼。

③ 及时统计。会议签到后,要以最快的速度统计出到会人数和缺席人数,并迅速报告大会主席或会议主持人,以便组织开展相应的工作和活动。

(2)常见的签到方法。

① 簿式签到。簿式签到即与会人员在预先准备好的签到簿上按规定签上自己的姓名,以示到会。签到簿上的内容包括与会人员的姓名、职务、单位地址、联系电话等,内容与报到登记表的内容基本一致。簿式签到的优点是便于保存,利于查找;缺点是适用的范围仅局限于小型会议,大型会议由于与会者人数较多,用这种签到方法效率低,会影响会议的按时召开。

② 卡片签到。卡片签到即会议工作人员将事先印好的卡片发给每一位与会人员,卡片上一般印有会议的名称、日期、座次号等,与会人员在卡片上填好自己的姓名,每次到会时交给会议工作人员,以示到会,散会时领回,以便下次到会签到时再用。这种签到方法适用于大中型会议,优点是方便简洁,不容易造成入场的拥挤和混乱;缺点是不利于会务组保存和查找。

③ 会议工作人员代为签到。会议工作人员代为签到即会议工作人员在会前准备好参加本次会议的全体与会者名单,开会入场时,到一个就在相应的名字上做上记号,以示到会,对于缺席和请假的与会者也要做相应的记号。例如,"√"表示到会,"×"表示缺席,"○"表示请假等。这种签到方法虽然简单,但它要求会议工作人员能辨认每一位与会人员。这对于与会人员较多的情况也是难以实施的,因为会议的工作人员不可能认识每一位与会者,所以此方法同样不适用于大型会议,而只适用于一些小型会议和常规性会议。

④ 电子签到。电子签到即为每一位与会人员办好磁卡出席证并发放到各自手中,在每次进入会场时插入专用读卡机签到,读卡机将每位签到者的个人信息传送到信息中心,会议工作人员即可以据此统计出到会的人数和缺席人数。电子签到的优点是快速、准确、简

便，为广大与会者和承办方所乐用，许多大型会议都采用这种签到方法。当然，电子签到受设备的限制比其他签到形式要多，没有相应的技术和设备，就难以实施和操作，而要配置相应的设备则需要投资安装，使用成本较其他签到形式高，所以目前该签到方法还未能普及使用。

三、会场服务工作

会中服务工作中的一个重要环节是会场服务工作。会场服务质量的好坏会直接作用到每一位与会代表的身上，直接影响会议的每一个具体流程，最终影响整个会议的进程和会议的质量。因此，会务组要高度重视会场服务工作，要协同主持人、会场服务员、保安等工作人员共同做好会场服务。

会场服务具体工作内容一般包括以下几项。

1. 引导座位，维持会场秩序

一般机关或部门工作会议的与会对象、会议时间、会议场所都相对固定，与会者可按照既定的就座习惯入座；而一些大型的、重要的会议，通常都要求与会者按照安排好的区域和座位就座。

为了能让与会者尽快入场就座，保持井然有序、安静祥和的会场氛围，会场工作人员应该提供必要的引路、引座服务。这些引导服务在一定程度上给与会者营造了受尊重、被照顾的良好心理感受；也能较快地把与会者带到相应的座位上去，同时还可以协助会场签到、保安等工作人员制止无关人员进入会场，扰乱会场秩序，破坏会议的进程。

2. 保持会场内外的联络

在会议进行过程中，与会者在会场里虽与外界隔开，但却不是与外界隔绝，失去联系。会场工作人员有义务帮助他们进行一些必要的、紧急的会场内外的联系，为他们提供传递信息、交接物品、保管物品、交换文件资料等会间服务。而对那些一般性的来访、寻人等情况，会场管理人员应予挡驾，避免与会者和会场受到干扰。

3. 保持会议上下的沟通

在会议进行过程中，会务工作人员不但应及时收集、掌握会议的最新动态，随时把会议的进展情况、与会者的建议和要求向会议主持人汇报；同时还应该及时将主持人的安排意见及有关领导人的意图传达贯彻下去，保证上下沟通渠道畅通，信息传递交流及时。这也是会务工作人员应该注意做好的会间服务工作。

4. 做好会议值班、电话接听工作

在会议进行过程中，会务工作人员应妥善做好会间来电接听、记录、转达等工作。对于普通来电，可做好相关记录，待会间休息或适当的时候报告给领导或当事人。对于紧急电话，为保持会场安静不受干扰，可以写纸条或利用屏幕通知等方式迅速告知当事人，请当事人尽快离会处理问题，切不可采用广播通知或大声呼叫的方式，这会打断别人的发言和聆听，影响整个会议的进程和气氛。休会期间应安排会场值班，避免闲杂人员进入会场，

引发意外。

5. 操作与维护会议设备

会议期间的灯光照明、音响、录音、录像、通风等设备，均需安排专人负责开关、维护、保养。要确保在会议进行过程中所有设备都能正常运作，还要全力配合会议进程的需要去控制、调节、管理好各个设备，为与会代表提供一个良好的会议环境，这样才能真正把会开好。会议休息期间，注意让设备也"休息"一下，否则长时间过度使用，既容易使设备受损，同时也会造成巨大的浪费。

会议突发事件

6. 会场保卫工作

依据会议的不同密级和级别，会场相应采取不同的保卫措施。一般的工作会议，会场保卫工作主要是保障会场秩序不受干扰，保护与会代表的人身安全和财产安全；而重大、重要会议的会场保卫工作，除了要确保与会代表的人身安全、财产安全外，还要严格监控会场及周围环境，保障会议的安全进行和会议内容不被泄露。

7. 会场的清洁卫生工作

良好的会议环境能提供一个良好的会议氛围，让大家心情愉悦地把会开好，并给与会者留下美好而深刻的印象。会场的清洁工作一般由会议服务人员负责。每阶段散会后，会场服务人员应及时做好清洗消毒茶杯、整理桌面、打扫地面、通风换气等工作。

8. 会间茶水点心等的供应工作

有些会议会给与会者提供茶水、饮料、水果、点心等服务。提供这些服务的形式可以灵活多样，既可以安排会场服务人员逐一分送到与会代表房间或座位上，也可以把东西统一放置在某处，设置指示牌，以自助形式让与会者自行按需拿取。会间茶水供应的内容不必追求品种的繁多，数量也应控制好，避免造成会务浪费。通常，简单、方便、卫生的瓶装水，比较能够迎合广大与会者的需要和习惯。

四、会议记录

1. 会议记录的定义及作用

（1）会议记录的定义。会议记录是指在会议过程中，由记录人员把会议的基本情况、大会报告、代表发言、决议等内容记录下来形成的重要会议材料，是反映会议客观进程的原始而真实的信息记载。

会议记录不但能在会后更好地传达会议精神，使会议的各项决议在今后的工作中得到充分贯彻和执行，而且也能给以后检查会议决议的执行情况提供根据，因此，做好会议记录是一项非常重要和必要的会间工作。

（2）会议记录的作用。

① 会议记录是研究和总结会议的重要依据。对于会议期间形成的各项会议决议、意见等，后期都要进行会议总结，会上的"工作报告"和"讲话"等也要根据各组讨论的意见进行修改，进行这一切工作的重要依据，就是会议的原始"记录"。会议记录还可以作为日

后分析、研究、处理有关问题的参照依据。

② 会议记录经整理，可作为向下传达的文件，也可以作为向上级汇报的原始材料。

③ 会议记录可作为编写会议纪要和会议简报的基础材料和重要的参考佐证资料。

④ 会议记录是重要的档案资料，在编史修志、查证组织沿革、考核使用干部以及落实政策、核实历史事实等方面，起到无法替代的凭证作用。

⑤ 在一些法定性会议中，会议记录经发言者和会议领导人确认签字后，具有法律效力。

⑥ 图片类、音频类的会议记录，可适当用于报刊报道和影视制作。

2. 会议记录的分类

会议记录具有原始性和凭据性的特点。会议记录根据不同的标准，可分为不同的种类。

（1）按记录的手段分类，有手工记录和机器记录两种。手工记录是指会议记录人员用文字或记录符号在纸上进行记录；机器记录是指借助各种记录信息的机器设备进行记录，如速录机、录音机、录像机、计算机、摄影机、照相机等。

（2）按会议记录的载体分类，有书面记录、音频记录和视频记录三种。书面记录是将会议的信息记录在纸质材料上。音频记录即用录音笔、磁盘等记录会场内的语音信息。音频记录比书面记录更容易整理，而且它是书面会议记录的重要补充，重要的会议常常采用录音的方式来避免错记或漏记。视频记录是采用摄像机记录会场内的活动场面，以便会后直观地再现当时的情景。有时也采用照相机拍摄会议现场情况，以便对书面会议记录进行补充。

（3）按会议记录的详略分类，有详细记录和摘要记录两种。详细记录是对会议进行完整的记录，要求做到一字不漏，"有言必录"，甚至连发言者发言时的表情、会场的气氛等都要求记录在册。摘要记录是对会议议题、发言要点、会议结论、决议等重要内容的记录，要求"择要而记"，概括记录会议主要内容及精神即可。

此外，还有一些会议记录的分类是配合着会议的种类来进行的。例如，按会议性质分，有党委会议记录、群众团体会议记录、企事业行政会议记录等；按会议内容分，有工作会议记录、座谈会议记录等；按会议范围分，有大会会议记录、小组会议记录等。

3. 会议记录的要求及注意事项

（1）会议记录的要求。会议记录的要求可以概括为：项目、过程要完整；内容要真实、准确；语言表达要清楚、简洁；格式、名称要规范；记录要快速。另外，会议记录应使用统一的形式，应使用 A4 纸记录，便于日后立卷归档。一些常规的会议会用到固定的会议记录本进行记录。

（2）会议记录的注意事项。

① 记录的项目要完整。也就是说，要完整地记录会议名称、届数或次数、时间、地点、出席人、列席人、缺席人、主持人、记录人等组织情况，还有由会议议程、议题、讨论过程、发言内容、决定事项等组成的会议内容。

② 记录内容要客观、准确、真实、完整。这是指记录人员应当有高度的政治责任心，以严肃认真的态度如实地记录发言人的原意，重要的地方应记原话，不得任意取舍增删、断章取义，不得添加自己的主观判断和主张。对于记录会议决定之类的东西，要确保一字不差，不能有丝毫出入。对会议的主要情况、发言的主要内容和意见等，记录的详略要视

具体情况而定。一般情况下，决议、建议、问题和发言人的观点、论据材料等要记得具体、详细；而会场一般情况的说明，可抓住要点，略记大概意思。

③ 及时整理会议记录。首先，整理会议记录时要实事求是，忠实于讲话人、发言人的原意，尽可能采用原话；原话意思不完整的，可以做一些技术加工，但不能在内容和意思上随意地增减或删改。其次，整理会议记录还要做到层次分明，段落清楚，语句通顺，文字准确，字迹清晰易认，不能使用自造的简称或文字。再次，对开会时没有听清楚或发言者表达不清的地方，会后要及时找相关人员补充完整，并做核对。为保证会议记录的质量，可在会前安排一人主记，一人辅记，还可以根据需要安排录音、录像，以免遗漏。此外，还应注意观察并记录会场的动态信息。

④ 会议记录一般不公开发表。如需发表，必须征得上级领导同意以及发言者本人审阅、同意后方可进行。

4．会议记录的基本格式

会议记录的格式一般包括以下三个部分。

（1）第一部分：基本情况。在第一部分中应准确写明会议名称及会议组织的基本情况，可在会议召开之前写好，不可遗漏。其内容一般包括以下几项。

① 会议名称：要写全称。
② 会议性质：交代会议属于何种类型或性质的会议。
③ 会议次数：记录该次会议属于某专题下的第几次会议。
④ 开会的时间、地点：准确记录会议时间、地点。
⑤ 出席会议的人数（人名）和缺席人数（人名）：如果到会人数不多，可一一写出姓名；如果是群众性大会，只要记录参加对象和总人数以及出席会议的重要领导成员即可；如果会议出席的对象来自不同单位，应设置签名簿，请出席人员签署姓名、单位、职务等。对缺席人员，应注明缺席原因；对列席人员，可一一写出姓名。
⑥ 主持人：记录主持人姓名，写明主持人的职务等。
⑦ 记录人：记录人本人签名，必要时注明记录人真实的职务，以示对所做的记录内容负责。

（2）第二部分：会议内容和会场情况。会议内容是会议记录的核心部分，是供他人了解会议意图的主要材料，也是日后情况备查的重要依据，是会议成果的综合反映，需重点记录。这部分要求记录会议议题、与会者的讨论过程、发言内容、会议决议等。对于会议发言的内容，记录人应根据会议性质、目的、要求等综合考虑，采用恰当的记录方法，可以采用摘要记录，也可以采用详细记录。

对于会议期间会场内发生的、与会议进程有关且具有记载价值的情况，也应及时记录在册，如与会者的掌声、笑声、迟到、中途退场等情况。这些记录能更加真实、全面地反映出会议的实际情况。

（3）第三部分：结尾。会议记录的结尾没有固定格式，标注"散会""结束""完"等均可，如中途休会，则写明"休会"。最后在会议记录的右下方，由主席（或主持人）和记录人签名，以示对记录内容负责。

以下提供几种常用的会议记录的格式供参考、学习。

① 专用性会议记录，格式如表4.4所示。

表4.4 ××市人民政府第（ ）次常务会议记录

时　间	年　月　日　午　时　分至　日　午　时　分		
地　点			
主持人			
出　席			
列　席			
缺　席			共　页
（发言人姓名）	（会议进程记录）		
		记录人：	
		审核人：	
		审核日期：	

② 通用性会议记录，格式如表4.5所示。

表4.5 ××公司会议记录

会议名称				
主办部门				
时　间	年　月　日　时　分			
地　点				
主持人				
出　席				
列　席				
缺　席				
审　核		记　录		共　页
发言人	（发言内容及决议）			

续表

	发言人签署：×× ××
	×× ××
	×× ××

5. 会议记录的记录方法

（1）会议记录的常用方法。采用正确的记录方法，才能保证会议记录的质量。一般记录会议的方法有以下几种。

① 摘要记录。摘要记录只记录会议要点和中心内容，即只需记录会议的议题、议程、发言人姓名、发言要点与主要事实、决议情况等会议概况，而对会议气氛、与会者发言的态度等只做摘要记录，不必"有闻必录"。摘要记录一般在开会时认真记录就可以，过后不需再整理。一般的研讨会、汇报会、座谈会等小型会议的记录，大多采用摘要记录法。

② 详细记录。详细记录多用于讨论某些重大的、复杂的问题的重要会议，除了要记录会议概况和会议过程等内容，对每一位与会代表的发言也要求做到有言必录。详细记录不仅在开会时要认真记录，会后还要及时加以整理和补充，必要时还要由会议主持人或发言人审阅和签字。但是，详细记录也并非要一字不漏、逐字逐句地全记下来，对于那些口语、俗语、重复使用的语句，则不必记录下来。

③ 速记。速记分为手写速记和机器速记两种。手写速记是指运用各种速记符号对语言进行记录的方法，它与通用文字记录不同，是采用同音归并和近音归并的方法，对信息进行压缩，使记录的速度与讲话人的语言表达速度相同。机器速记往往采用速录机器进行多键并击，提高打字速度，实现会议实时记录，或结合录音进行速记整理。由于速记符号不同于常用文字，但又具有文字的部分功能，所以，要掌握速记需经过专门的学习和训练。一旦掌握了速记这种专业性较强的技能，其记录的效率将比一般的文字记录高四五倍。在信息技术高速发展的今天，由于人工智能的发展，语音识别技术在一些会议中也开始逐步应用。

（2）整理会议文字记录的技巧。当会后进行会议文字记录的补充、整理时，以下几种技巧会有助于提高整理的速度和整理的质量。

① 熟悉有关方针政策，提高思想理论水平，增强分析和理解能力。这是很能体现记录人水平的一个方面。

② 善于对发言人讲话中的不足之处进行补正。发言人的讲话，尤其是即兴讲话，往往带有很强的随意性，因此可能会表达散乱，或词不达意，这就需要记录人事后补正，将其发言记录变得言之有序，顺理成章。这是体现记录人的记录水平及工作能动性的另一方面。

③ 加强平时的写作训练，提高表达能力和写作水平。由于会议记录是要把别人的口头

语转换为记录人的书面语，因此有较好的表达能力和写作能力，做记录时就会更有把握。

五、会间活动的安排

一般情况下，会期短（一天以内）的会议不需要娱乐节目，若会议内容较多，会期较长，则通常需要安排一些会间文化娱乐活动，给与会者必要的会间休息和调节。

1. 会间活动的作用

（1）会间活动能调节会议的气氛，使与会者在一个轻松的环境下变得思维活跃、诚实主动、积极创新，这有助于改善会议的效果，提高会议的效率。

（2）会间活动能让与会者感受到"团队精神"，增加与会者之间不同层面的沟通和交流。

（3）会间活动可以舒缓紧张的精神压力，有助于与会者以更好的状态迎接下一阶段的会议。

2. 组织会间活动的原则

（1）健康、轻松原则。会间活动的目的只是调节与会者的状况和会场的气氛，它不同于专门的娱乐活动或体育活动，因此不宜组织体能消耗大的文体活动，否则不利于大家放松身心。

（2）安全至上原则。会务组对与会代表的人身安全负有一定的责任，因此不宜组织一些带有危险性的活动，如探险、蹦极等。

（3）组织有序原则。人数较多的会间活动，更应该集体组织安排，并且应提前落实好各项准备工作，不要即兴而为，以免因出现意外情况而影响会议的进度。

（4）自愿参与原则。会间活动不宜硬性规定与会者参加，毕竟各与会者的健康状况不同，各自习惯的休息方式也不相同，会务组对此应予以尊重。

（5）从简节约原则。由于会议时间、经费都很有限，所以会间活动不宜安排时间过长，也不宜铺张浪费。对于活动中涉及的自费活动项目，要对与会者进行必要的提醒和说明，以免引发误会和难堪。

3. 会间活动的种类和形式

（1）会间活动的种类。会间活动形式多种多样，根据会间活动的主题内容可以划分为两大类，一类是有教育性质的娱乐活动，一类是较为单纯的娱乐性活动。通常安排的会间活动以有教育性质的娱乐活动为主。例如，配合会议主题组织的参观，到相关单位或部门进行交流访问，安排观看专题节目或影片等。

（2）会间活动的形式。

① 组织观看电影、文艺表演活动。组织此类活动需要预先统计好人数，提前订场和订位。如果人数较多，还可以协商包场观看，既省费用，又能在时间上有切实的保障。

② 组织单位参观活动。在参观活动计划确定之后，要及时与接待单位取得联系，协商、落实好计划，让对方有准备的时间，以便做好接待、讲解、介绍等工作。如果参加活动的人数较多，则应事先编组并选定组长，也可以为每个小组配备一名会务工作人员，负责具体的事务和安全工作。此外，如果外出参观的时间较长，还应该落实好外出期间的食宿安

排，千万不可抱有"走到哪儿，吃到哪儿；在哪儿累了，在哪儿歇下"的随意想法，毕竟这是集体组织的活动而不是私人旅游。

③ 组织外出考察。这是指外出时间较长、路程较远的活动安排。当组织这类活动时，会前一定要向与会者清楚地说明相关的内容、安排，并要提醒一些细节和注意事项，以便于与会者做好工作协调和活动准备。另外，组织者一方应当派有一定身份的领导人陪同外出，必要时还应配备导游和翻译，以便应对旅途中出现的临时性、紧急性问题。

④ 组织户外游览活动。组织此类单纯娱乐身心的活动时，一定要恰当选择游览景点，既要体现地方文化或特色，又要考虑安全因素。组织者应尽量带领大家集体行动，在户外尽量相互关照，确保人身安全，避免发生意外。出发前一定要先清点人数，并安排好往返接送车辆，车辆应做明显、清楚的标记，组织人员在上、下车时一定要仔细清点人数，避免漏接、漏送。

⑤ 组织户内自娱自乐活动。这类活动包括唱 KTV、自编自演文娱节目、玩游戏、举行文娱项目比赛等多种形式。组织这类活动，要事先了解与会人员的兴趣、爱好、性格、特长等，以便于有针对性地发动和组织，让每位参与者都能各得其乐，尽兴而归。其次，一定要提前落实好场地，准备好相关的用具、器材、食品、饮品、奖品等。此外，注意控制好活动时间和活动气氛，避免造成娱乐疲劳。

4. 组织会间活动的注意事项

（1）适当照顾与会者的兴趣和要求。根据与会者的兴趣确定会间活动的形式，如文艺演出、参观游览、舞会、体育比赛等。

（2）尊重与会者的宗教信仰和风俗习惯。会议策划人员在审查节目和影片的内容，或安排活动期间餐饮时要格外留心，以避免因政治内容或宗教信仰和风俗习惯等问题而引起与会者的不快。

（3）活动能体现地方风俗或特色。例如，组织国际性会议的会间活动，最好挑选一些能够体现民族特色和传统文化的节目；而双边会议的文艺活动安排，则应适当安排一些客方国家的民族传统节目，以体现主办方对客方的尊重和友好。

（4）配备足够的物资。如果组织户外活动，一定要准备足够的资金和实用物品，如数码相机、对讲机、团队标志、卫生急救药品等，以备紧急情况之需。

六、会间食宿工作

并不是所有的会议都需要安排食宿，对于会期较长，又有较多外地代表参加的会议，一般应尽量安排解决与会者的食宿问题。

1. 会议餐饮工作注意事项

（1）会议餐饮安排要量入为出，即根据实际的会议收入做相应的安排，不可铺张浪费。会议餐其实就是工作餐，工作餐以团体进餐居多，菜式菜量都较为固定，一般不因人而异，另开小灶。工作餐在菜式上较为普通和简单，价格也不会过于昂贵；而在菜量方面，工作餐也有讲究，通常要求控制好菜量，避免因点多了吃不完，造成不必要的浪费。为治理会议餐饮的浪费现象，我国已对会议餐饮标准做了明文规定，使组织会议餐饮接待有章可循，有法可依。

（2）会议餐饮食品要安全卫生。就餐环境、餐具、菜式等不求奢华，但一定要清洁卫生。因此会议订餐通常不会冒险选择一些新餐厅，也避免点新奇食品，以免与会代表出现诸如肠胃不适、食物中毒之类的意外情况，影响会议的进程。

（3）在具体菜式的选择上，工作餐要遵循顾全大局的原则。在简单、卫生的前提下，还要注意照顾东南西北各地的口味，照顾不同国家、不同民族的饮食习惯。点菜人应掌握一定的餐饮文化和点菜技巧，要了解不同地区不同菜系的特点，尽可能照顾现场大多数人的口味。对于少数因民族饮食习惯或宗教信仰而有特殊餐饮要求的人，点菜时应对其予以特殊照顾或另行安排。

点菜技巧

（4）注意餐桌礼仪。为了维持一个良好的就餐环境和就餐秩序，组织人员最好能将每桌的人员名单安排落实下来，给餐桌编号，并在餐桌上摆放桌签及就餐人员名单，使大家能较快地找到自己的餐桌和座位，这样可以有效避免出现有些餐桌人满为患挤着坐，而有些餐桌则三三两两无人问津的场面。

2. 会议住宿工作注意事项

（1）了解住宿宾馆的档次。要问清楚宾馆的星级，了解其收费情况，这是制订大会经费预算前一定要充分掌握的情况。

（2）了解房间的设备设施。这主要是替与会代表考虑的一个环节。问清楚宾馆设备是否齐全，检查房间的设备是否完好，了解清楚哪些设施可以免费使用，可为会务开支节约不少资金。如果不注意控制，可能会出现许多额外的开销。

（3）了解宾馆提供的相关服务。许多宾馆不仅能提供住宿服务，同时还能提供优质的会议接待服务。会务组织者在决定租用宾馆住房的时候，也可以问清楚宾馆有无自己的会议中心和商务中心，有无自己的活动中心和配套的运动场地及器材，有无免费的宾馆专车接送服务，有无免费赠送的早餐等。如果以上的项目能一一落实下来，那么看似昂贵的房价实际上却是很划算的，因为它可以帮助会务组织者节省其他开支。

（4）了解住宿者有无特殊要求。组织会议，特别是大型会议，组织者需要接待有各种各样要求的与会代表。在安排住宿时，组织者要尽可能照顾那些有特殊要求的人。例如，有些人因健康问题（神经衰弱等）要住单间，有些人因生活习惯不合（一个早睡，一个晚睡）住不到一起等，会务组对这些情况应尽量多了解一些，同时应尽量予以照顾。

关于会间食宿工作方面的要求，具体可参考中华人民共和国财政部颁发的《中央和国家机关差旅费管理办法》和《关于接待外宾费用开支标准和管理办法的规定》。

随堂检测

1. 名词解释

   卡片签到　会议记录　会议餐饮原则

2. 案例分析

精美菜肴为何难以下咽

宏远公司于10月10日在北京国际会议中心召开新产品的大型客户咨询洽谈会。参加会议人员有280人，特邀有关领导和专家10人，工作人员10人，会期5天，食宿也安排在北京国际会议中心。公司派主管公关、销售的王副经理负责这次会务工作。

在第一次大型宴会上，工作人员事先做了精心准备，定制的菜肴非常精美，色、香、味、形俱佳，又富有浓郁的地方特色。可在用餐时，陪同人员发现个别用餐者面对桌上的猪肉制品皱起了眉头，有人甚至拂袖而去。陪同人员小李忽然记起，在与会者报到时，有五六个与会者在报到单上注明"回族"。他懊悔不已，赶紧报告王副经理。王副经理马上通知有关人员采取补救措施，但那几位回族与会者的就餐情绪还是受到了极大的影响。

（资料来源：葛红岩，施剑南. 会议组织与服务[M]. 上海：上海财经大学出版社，2007.）

问题：（1）你了解中国的几个主要少数民族的饮食习惯吗？以上案例中会务人员做错了什么？

（2）如果由你来为几个回族与会者重新制定菜谱，你准备安排哪几道菜给他们？

（3）就目前的情况看，在接下来的餐饮服务工作中，你认为还有什么需要注意的地方？请一一提醒小李。

子项目三　会后工作

项目任务

做好会场善后工作。

事件回放

某学校文秘专业正在召开一次专业指导委员会会议，已邀请企业代表、往届毕业生代表、教学专业指导委员会人员参加。会议期间，专家就企业对文秘的需求现状、文秘学生就业现状、文秘专业学生的必备素质、文秘专业学生的核心能力及文秘专业教学等问题发表了意见和建议。会议现在即将结束。

任务分析

教师对各项任务如何完成进行全面详细地分析，点燃学生的激情，引领学生成功完成任务。学生分组，以6人或8人组建团队，共同完成以上任务。

相关知识

一、会场善后工作与安排与会人员离场

1. 会场善后工作

会场善后工作是把会中的讨论决定布置下去贯彻执行的先决条件。如果是内部会议，会场的善后工作就简单得多；如果是外借会场，则需与租借方结算会议开支费用，归还会

议所借物品并清理会场，将会场中公司自带的东西拿走，包括会标、通知牌和方向标志等物品。

（1）清理会场。清理会场可遵循以下几个步骤。

① 收走通知牌和方向标志。在会议结束后，通知牌和方向标志失去了其存在的必要性，应及时收走，恢复场地的原有模样，以便归还租借的场地。一次性说明标志或通知牌应予以销毁，对于可重复利用的应统计、归类、入库，以便下次使用。这样做有利于节约材料、资源，节省人力、物力。

② 清理会场内其他物品。如果会议结束后有宴会，秘书或服务人员要为客人做好向导，随后要清理会场，撤去会场布置的会标等宣传品，把会议上使用的幻灯片、影幕、笔记本电脑、席卡等收拾好。如果发现会场中有遗失物品，要妥善保管，并及时与失主联系。要认真打扫收拾，使会场恢复原状。

在会议结束后，会产生大量的废弃纸张。这些纸张有草拟的文件，有会议的资料，也有财务的报表，会议结束后秘书人员首先要收回所有应该收回的会议资料，要将所有纸张进行整理、清点、归类，找出有用的资料，不能再利用的纸张要销毁。任何会议都有其保密性，会议结束后的剩余文件要及时销毁，避免在无形中泄露公司的秘密。在清理文件时，要对文件的密级分类并及时销毁，这是会后秘书工作中最重要的一个环节，切不可麻痹大意。

③ 通知配电人员和服务人员。会场清理完毕后要通知配电人员和服务人员切断会场使用的电源，关闭会场。

（2）归还所借物品。会议结束后，要及时归还从单位内部其他部门或其他单位借用的相关物品，归还前要检查是否完好。如果损坏，要按照约定予以赔偿；不需要赔偿的，归还时要特别说明或修理好后再归还。

（3）结算会议支出费用。如果是外借的会场，会议结束后，秘书人员应及时与会场出租方结清会议的各项费用，主要包括会议室租用设备的使用费、开会期间的其他相关费用等。

2. 安排与会人员离场

（1）安排与会人员返程。合理安排与会人员返程可以按照以下程序进行。

① 要事先了解外地与会人员对时间安排、交通工具的要求，根据会期长短、外地与会人数多少等实际情况，及早安排好外地与会人员的回程事宜。

② 一般情况下，要按先远后近的次序安排返程机票、车票的预订事宜，要掌握交通工具的航班、车次等情况，尽早与民航、铁路、公路、港口等部门沟通联系，提前预订好飞机票、火车票、汽车票、轮船票等。

③ 应编制与会者离开的时间表，安排好送行车辆，派人将外地与会人员送到机场、车站、港口，待他们乘坐的交通工具启程后再返回。如有必要，还应安排有关人员为与会人员送行。

④ 为了安排好与会者的离场，会议组织者必须对当地的交通状况有充分的了解，这需要会议组织者在会前进行细致周到的安排，会中根据会议进程及与会者的要求做好随时调整的准备。要安排好交通工具和行走路线，离场时应考虑每一位与会人员的离场方向，然后安排交通工具和行车路线，确保每位与会人员安全离场。

（2）安排与会人员离场需注意的细节。

① 如果与会人员要赶往下一个目的地，会务人员要提前准备好机票、车票，并尽量安排专人专车送往机场或车站。

② 无论是自有车辆，还是租赁车辆，会议组织者都有责任保证其安全，包括每辆车的合法承载量的确认、各种安全检查以及司机的安全教育等。

③ 会议组织者在安排交通工具时，应考虑当地气候、旅途长短等因素，尽量使与会者感到舒适、满意。例如，若当地气候潮湿闷热，就应该安排有空调设施的车；如果旅途较长，则可以安排配备了移动电视的车等。

（3）送客礼仪。中国有句俗话说："迎人迎三步，送人送七步。"安排与会人员离场时，有一些送客礼仪的细节不可忽视。

① 握手告别，送客出门。客人要离开时，应起身与客人握手告别，并送出门去。坐着不动，或只是点头表示知道客人要走，或者面无表情，没有任何表示都是不礼貌的。如果确实不能脱身，也应该打声招呼表示歉意，或者另外安排送客人员，以便给与会者留下美好的印象。

② 提醒与会者携带好个人物品。与会人员离场时，应提醒其携带好个人物品，不要有遗漏。这是一种体贴入微的行为，既可以减少与会者匆忙回头寻找遗落物品的情况，又可以为自己省去保管遗落物品，甚至送递和邮寄的麻烦。

③ 送客真诚，送离视线。送客一般可送至大门外、电梯口甚至送上车，并帮与会者关上车门。对待身份、地位较高的贵宾，各种礼仪更要做到位。此外，送客人员不可在与会者上车后立即离去，而应等待与会人员乘车离开自己的视线后再离开。

以上是体贴客人的送客之道，也是周到的会议服务礼仪。送客是会议工作的关键环节，非常重要。这一环节如果做得不好，可能会使整个会议的总体效果在与会人员的印象中大打折扣，甚至导致前功尽弃。因为按照记忆和心理学的规律，最后的印象一般会比较深刻地留在人们的脑海里。所以，对送客这一环节绝不可掉以轻心或疏忽大意。

二、会后文书工作

1. 会务文件与会议案卷

（1）会务文件的分类。按照会议活动的进程和文件使用的时间，可将会务文件做如下分类。

① 会前文件。会前文件按用途可细分为三小类：用于会务管理方面的文件，主要指会议计划、会议安排、会议通知、会议指南、会议须知、会议议程、会议程序、会议日程等；用于会议参考方面的文件，主要有统计数据、典型事例调查报告、情况报道、历史资料、档案材料，有关法律、法规、规章和政策性文件的文件汇编、书籍报刊等；用于宣传礼仪方面的文件，如贺信（电）、祝词、宣传口号等。

② 会中文件。会中文件包括开幕词、闭幕词、会议讲话稿、会议工作报告、会议记录等。

③ 会后文件。会后文件主要指会议纪要、会议决定、新闻发布稿、会议简报等。

（2）会议案卷的内容。一个大型会议完整的会议案卷主要包括以下几项内容。
① 会议正式文件，如决定、决议、计划、报告等。
② 会议参阅文件。
③ 会议安排的发言稿。
④ 会议上的讲话记录。
⑤ 其他有关材料。

2. 会后文件清退、收集工作

（1）文件清退工作。会议结束后，要及时做好文件的清退工作。文件清退，是指根据有关规定和要求，将部分办毕文件经过清理，定期或不定期地退还原发文机关或其他指定的专门部门的活动。会议文件要在会后的指定时间、地点进行收集清退。一个大中型的会议，由会务组带到会场发送的及会议期间产生的文件很多，会议结束后，要按照"文件领取表"的登记情况，清点文件剩余份数，做到物表相符。对于内部文件、机密文件以及应收回的文件，要及时清退收回，然后逐号核对，经过清点、装袋、封袋、捆扎、装车等手续，运回本部。

（2）文件清退的方法。
① 根据会议文件清单清退。会议主办部门应向参加会议的单位发出"会议文件清单"，详细列出会议上所发的文件目录，通知受文单位文书处理部门及时收缴登记，统一管理。与会人员应主动把文件交给档案员登记，档案员也应主动找与会人员收回文件。
② 一般小型内部会议，如果参加会议的人数较少，人员又比较熟悉，可以在宣布会议结束的同时，由主持会议的领导提出要求，请与会人员将需要退还的文件留下，也可由秘书人员在会场门口随时收集。对个别领取会议文件后未到会或提前离会的人员，应当及时采取个别催退的办法。
③ 大中型会议收集文件，应提前发出"文件清退目录"，先由与会人员自行清理，再由召集人收齐交大会秘书处。
④ 清退会议工作人员手中的文件，可采取按目录限时交退的办法。
⑤ 机密文件的清退。重要的机密文件一般不可发给与会人员带回，如果必须发给与会人员，应在会议结束前收回，并在文件上注明"会议后收回"的字样。

（3）会议文件的收集工作。会议组织中需收集的文件资料主要包括以下三种。
① 会前准备并分发的文件，包括指导性文件、审议表决性文件、宣传交流性文件、会务整理性文件。
② 会议期间产生的文件，包括决定、决议、议案、提案、会议记录、会议简报等。
③ 会后产生的文件，包括会议纪要、传达提纲、会议新闻报道等。
收集会议文件的渠道主要有：向全体与会人员收集文件；向会议的领导人、召集人和发言人收集文件；向会议的有关工作人员收集文件，如会议的记录人员、文书起草人员等。

案例 4.2

某天，天骏公司召开部门经理会议，针对公司的主打产品 Y 讨论下一季的销售策略。总经理很希望能借此会议商议出有效的 Y 产品营销策略，争取在竞争对手林立的市场中抢占先机。

会议进行了很久，也很顺利。会上大家发言踊跃、献计献策，最终集思广益商议制定了不少可行的好策略。会后，大家都为此感到很兴奋，对下一季的产品销量充满了信心。

但当下一季的销售结果出来时，大家都很纳闷：公司Y产品的销量并没有太显著的上升，倒是公司的竞争对手K公司，居然采用了和公司差不多的营销策略，产品销量跟公司几乎打了个平手！大家对这样的巧合感到很不解。

后来，公司多方查找原因，终于知道了竞争对手是如何窃取公司商业秘密的。原来，问题就出在那天的会议上。会议结束后，大家高兴地离开了会场，负责会务工作的秘书看到时间已晚，就没有及时清理会场，只匆匆收拾了会议记录和几份重要的文件资料，然后也下班走了。

第二天一早，打扫卫生的清洁工来到现场，很认真负责地把桌上、地上的全部废纸、垃圾清理出去……竞争对手就是这样捡了个大便宜，毫不费力就获取了对手的商业秘密。

（**资料来源**：王萍，张卫东. 现代文秘工作实务[M]. 北京：机械工业出版社，2007.）

分析：此案例中，由于秘书部门工作人员的疏忽大意，让竞争对手如此轻易就"窃取"了公司高层研讨的销售策略，不费吹灰之力就赢取了胜利。由此可见，会议内容保密，不仅包括对会场进行必要的管理，及时回收、处理会议文件也是一项必要且重要的工作。

3. 会议文件的立卷归档工作

（1）立卷归档工作概述。会议结束后，要及时做好会议文件的立卷归档工作。日常工作性会议的文件，大部分在会前已经收集完毕，会后只需将会议记录或会议纪要归入案盒内，并按会议讨论议题顺序进行整理即可。案盒内文件的排列顺序一般为：会议通知、会议议题、会议记录（会议纪要）及有关文件。有些文件可能经多次修改，几易其稿，立卷时应将原稿放在前面，然后将一稿、二稿依次排列其后。

收集会议资料，汇编会议文件，并分类、立卷、归档。将会议自筹备到结束的所有文件、材料，包括文字材料、重要照片、录音录像、论文集等收集、分类整理归档，以便核实及作为以后类似会议的参考。

会议上形成的领导讲话、工作报告和以红头文件颁发的两份文件都应该归档。会议中的领导讲话，大多为"白头文件"，它是在会议准备过程中形成的，与会议通知、会议议程、工作报告、会议总结等组成的成套会议材料，真实地记录了一个会议的全部过程，对日后的工作有一定的参考价值。领导讲话与其他会议材料之间存在着必然的联系，立卷时，应将一个会议的材料组为一盒或几盒，保持其有机联系。

有些单位，在召开会议之后，为使会议的精神尽早落实，往往将会议的重要材料，如领导讲话、工作报告以"红头文件"的形式下发，并在颁发通知中，对如何贯彻实施进行具体的安排。这种文件，尽管其主要内容与会议材料相同，但其重点是颁发通知，其中的内容反映的是会议以后的工作活动和实施过程，有一定的参考价值，应属于归档范围。这类文件在立卷时，内容综合的，一般与本单位的工作计划、工作总结组在一起，内容单一的，可与相关的专题类文件组在一起。

保存会议材料需要一定的空间和相应的管理工作，这两项都需要成本，一般的做法是保留所有的会议资料，但是最好根据将来使用的可能性合理取舍。

汇编会议文件一般可分为两种：一种是档案工作资料需要的汇编，这种汇编是将会议所有的文件，包括会议通知、会议名单和分组名单、会议须知、会议正式文件和参阅文件、会议简报、会议发言材料、领导讲话、会议总结等都收集起来，按照先后顺序装订成册，以备查考。这种汇编要求文件齐全。另一种汇编是供学习使用的，是将会议正式的报告、讲话要点等进行汇编，如《中国共产党第十二次全国代表大会文件汇编》。日常工作会议文件，可以时间（一年或半年）为单位，将这段时间内的同一类型的会议文件、参考资料等按顺序或专题汇编。

许多会议承办者都会保留会议资料，以便将来参考使用，虽然在以后的会议中并不能完全套用以前的做法，但是这些材料还是具有很高的参考价值的，如可以在以后的会议中采用类似的程序，选择以前的服务提供商等。

（2）会议文件立卷归档方法。会议文件立卷归档工作的基本原则是"一会一案"，即以会议为单位立卷归档，按照会议文件资料的自然形成规律，保持文件之间的历史联系，反映单位活动的特点和真实面貌，便于保管和利用。会议文件的立卷归档方法介绍如下。

① 大型会议文件立卷。

会议文件立卷归档的基本程序可归纳为：将收集的文件资料进行登记→向上级总结、汇报情况→甄别整理、分类归档→案盒内文件的编号、编目→填写案盒文件的备考表→拟制案盒标题→填案盒封面→移交给档案室→清理、销毁不再利用的纸张。

第一步，收集资料。这是归档工作的第一步，要按会议文件立卷范围将会议中形成的所有文件、资料及时完整地收集起来。分发会议文件时需留出必要的份数，一般印发的文件以保存两份为宜（不包括原稿）。重要会议文件的初稿、历次修改稿也应保存，如有复印稿，也应保存一份。注意收集领导阅办完的文件资料和会议的非正式文件，如来往电报、电话记录、证件等。

第二步，鉴别整理。检查收集的文件资料是否齐全完整，如有未收集的，应尽快收集齐全；剔出不需归档的会议文件资料。

第三步，盒内文件归档排序。对会议过程所产生的文件资料进行归档，一般包括文件资料、参考资料、大会发言、书面发言、领导讲话、会议简报、会议快报等。文件资料排序应以文件资料间的自然联系为基础，以"件"为单位进行归档，结合时间先后、主题近似度、重要程度等因素进行归档，并对盒内文件顺序进行调整。同一类问题的文件、资料应集中的原则，按重要程度和时间进行排列，定稿放在前面。同时，为使案卷不受污损，要拆除文件、资料上的金属钉和障碍物，注意文件资料页码顺序的排列。

第四步，盒内文件编目。定卷以后，应在会议文件资料上加盖编目章（包括卷号、顺序号），以卷为单位编排标注页号，第一页在右上角，第二页在左上角，把每份文件在盒内的位置固定下来。然后按顺序填写卷内目录，没有标题的文件要代拟标题。

第五步，填写盒内文件资料备考表。备考表即对每次会议文件资料情况进行必要的说明，说清楚文件资料的来龙去脉、形成过程、文件资料重要程度和盒内文件变动情况等。填写盒内文件资料备考表时，字迹要清楚，卷面要整洁，立卷者、检查者要签注姓名和立卷时间。

第六步，拟订案卷标题。每份案盒都要拟订标题，一般应反映出会议名称、作者和主要内容。案盒标题是查找利用文件的基本线索，因此所拟标题要确切，语言要通顺精练、概括性强。标题通常由作者、问题和名称三部分组成。

第七步，填写案盒封面。案盒封面要用毛笔或钢笔正楷体书写，字迹要清楚、整洁，卷皮所列项目应填写齐全，案盒起止日期均以盒内文件资料的最早和最晚日期为准。

第八步，案盒排列。大中型会议文件资料的分卷，也按保管期限、重要程度和时间进行排列。

第九步，编写案盒目录。案盒目录是登记案盒和提供利用档案的基本工具，是由立卷部门按照向档案部门移交案盒的顺序排列，并逐卷、逐项填写的案盒目录。一般打印一式三份，两份随案盒移交档案部门，一份留存备查。

上述工作完成后，即可按归档要求将会议文件移交档案部门。在正常情况下，应在第二年上半年将上一年的案盒向档案部门移交归档。归档时交接双方按照盒内目录清点核对无误后，履行签字手续。

② 日常工作会议文件资料整理归档。日常工作会议文件资料整理归档，也要从收集资料做起，做好鉴别整理，然后组卷、拟订案盒标题。其他如盒内文件资料编目、备考表的填写、案盒封面的填写、编写案盒目录等，与大中型会议基本相同。上述工作完成后，即可按归档要求将文件资料移交档案部门归档。

有关会议文件的归档工作具体可以参看《中华人民共和国档案行业标准归档文件整理规则》。

三、会议总结

1. 会议总结的概念

会议总结是总结的一种，在一次会议结束之后，一般要对会议目标、会议内容及会议过程进行一次回顾、分析和评价，这就是会议总结的由来。会议总结属于一般应用文，不是公文。

会议总结的目的，是通过对本次会议的优点与缺点的回顾分析，吸取经验教训，并把感性认识上升到理论认识的高度，以便做好今后的工作。因此，会议总结在整个工作流程中具有承上启下的作用。

2. 会议总结的结构

会议总结的结构一般包括标题、正文和落款三个部分。

（1）标题。会议总结的标题有多种写法。综合性总结的标题一般采用"总结单位+总结时限+文种"的格式，如"××大学第二次党员大会会议总结"。有些总结为了使重点突出，常采用双标题的写法，即采用正副标题的形式。正标题往往用来揭示总结的主题，而副标题则指明总结的内容、单位、时间等。

例如：　　　　　适应市场竞争变化　提高公司经济效益
　　　　　　　　　　——××公司销售经理会议总结
又如：　　　　　建设社会主义精神文明的尝试
　　　　　　　　　　——中山大学"美的咨询"活动总结

（2）正文。总结的正文一般包括三个部分：前言、主体和结尾。

① 前言。前言是用最精炼的文字，概括地交代总结的基本内容，如总结的主要内容、时间、地点、背景、事件经过等。前言也可以将总结出来的规律性认识、主要经验或教训、主要成绩或存在问题用简短概括的文字写出来，起到统领全篇的作用。这样，读者在读整篇总结之前就会对总结的全貌有一个大致的了解，激发阅读兴趣，启发和引导读者在之后的阅读中积极思考。

② 主体。主体部分是总结的重点，一般要阐明成绩与经验，即对过去工作实践中所获得的物质成果或精神成果、取得的优异成绩及其成功的原因与条件进行分析归纳。要善于从工作中归纳总结经验性的东西。总结一般是先把成绩归纳出来，再分析出经验，也可以把经验寓于做法之中，全面总结经验和成绩。其基本写法主要有两种形式：第一种是并列式，即把总结的成绩和经验分若干方面来介绍；第二种是递进式，即将工作成绩和经验按时间的先后顺序来安排，这种结构一般是把工作过程分成几个阶段，分别对各个阶段的工作进行总结分析，这种结构形式的总结，适用于那些有明显阶段性的工作或在工作与思想认识上有逐步深入、层层推进的情况。

③ 结尾。会议总结结尾要简明扼要、短小精悍。结尾有两种写法：一种是总结式，即用几句概括性的话对总结正文的内容做结束；另一种是展望式，即用简短的语言对未来的工作进行展望，展示美好的前景。总结也可以没有结尾。

（3）落款。会议总结的落款要写明总结的单位名称以及成文年、月、日，即署名和署时。落款可以写在标题之下，也可以写在文尾。如果在标题中已标明了总结的单位名称，落款中这一部分便可以省略。

四、会议经费的结算工作

1. 收款工作

很多会议需要与会代表向主办方支付一些必要的费用，如培训费、住宿费、资料费、餐饮费等，这就要求会务工作人员做好会议经费结算工作。

（1）应在会议通知或预定表格中详细注明收费的标准和方法。

（2）应注明与会人员可采用的支付方式。

（3）开具发票的工作人员，事先要与财务部门确定正确的收费开票程序，不能出任何差错。如果有些项目无法开具正式发票，应与会议代表协商，开具收据或证明。

2. 付款工作

付款的方法和时间如表 4.6 所示。

表 4.6　付款的方法和时间

设施和服务		付款的方法和时间
演讲者	事先确定费用	在活动之后支付给演讲者
食品饮料	事先商定费用	预订时交定金，活动之后按支出的钱开发票、支票结账
会议地点	事先商定费用	预订时交定金，活动之后按支出的钱开发票、支票结账
其他费用的偿付	事先确定的费用，活动之后开具账单	收到账单，批准后用支票付款
文具和打印	活动之前申请和安排，可用零用现金购买	零用现金偿付，文具订购事先开发票和付款
音像辅助设备	活动之前确定租用费用	活动之后为租用费用开发票并结账

（资料来源：范立荣. 秘书国家职业资格培训教程［M］. 北京：海潮出版社，2003.）

五、会议效果的评估方法

通常会议主办方、承办方除进行会议总结外，还要对会议效果进行评估。评估是收集与特定目标相关信息的活动。通过评估，会议主办方、承办方可以发现会议的实施与策划之间的关系。总的来说，会议效果的评估就是了解会议进行得如何，以及与会者从会议中获得了什么收获。

1. 影响会议效果的因素

会议是在具体的时间和空间内举行的，各种因素对会议效果的影响是一个持续的过程。要成功举行一次会议，从会议开始前到会议结束后都应注意各种因素的影响。为了更好地保护积极因素，排除消极因素，有必要对影响会议效果的各种因素加以评估，从而建立取舍标准，也可避免将时间浪费在不值得讨论的议案上。在会议不同阶段，都有不同的因素会对会议效果产生影响。

（1）会前影响会议效果的因素。

① 开会的通知时间不当；开会通知的内容欠周详。

② 欠缺目标或目标不准确；欠缺会议议程。

③ 会议时间、地点不当；会议场地设备欠佳；与会者人选不当，或者与会者人数太多或太少。

④ 会议未准时开始；与会者没有做充分准备；未定明会议的终止时间以及每项议题的时间分配。

⑤ 以前的会议太多，使与会者一听说要开会，就感到厌烦；开会次数太少，使每次会议的议题过多。

（2）会间影响会议效果的因素。

① 外界的干扰；视听器材发生故障。

② 主持人离题；少数人垄断会议；会间的交谊活动。

③ 与会者离题；与会者不表明真正的感受或意见；与会者之间的争论；与会者与主席争论；与会者欠缺热心；与会者之间交头接耳；让没有必要留在会场的与会者留在现场。

④ 会议超出预定时间；资料不充分；决策偏颇。

⑤ 主持人未能总结会议的成果。

（3）会后影响会议效果的因素。

① 欠缺会议记录。

② 对决议落实不力。

③ 未对会议的成败得失进行总结。

④ 与会者对会议感到不满。

相关链接

高效会议的八大特征

高效会议的特征表现：①在必要时才召开的会议；②事先已经好好筹划过的会议；

③拟定、分发了议程表的会议；④守时的会议；⑤一切按部就班的会议；⑥最有相关经验或才干的人参加的会议；⑦有决策或有结果的会议；⑧有记录所有决定、建议及负责人的会议。低效率会议的诊断及预防性管理措施如下表所示。

低效率会议的诊断及预防性管理措施

项次	原因	具体表现	预防性管理措施
1	时间	会议安排在接近午餐或临近下班的时间，与会者饥肠辘辘、无心恋会	会议最好安排在周二至周四上午，避免安排在周一、周五及节假日，因为在这些时间段人们通常工作状态都不佳
2	地点	会议安排在人声鼎沸的闹市，使会议内容无法听清；会议安排在经理办公室，办公电话接二连三，使会议频繁被打断	会议地点尽量设在安静的、封闭的环境中进行，且以室内为宜
3	参会人员的选择	出席会议的人员对研讨的问题缺乏认识和了解，而了解这些问题的人却没有收到会议通知	事先了解人员情况，将出席会议的人员分为必须邀请参加者、可以旁听者和可供选择参加者几类
4	主持人	主持人缺乏影响力、说服力，被与会者牵着鼻子走，无法实现会议目标	选择具有亲和力、影响力的人担任会议主持人一职
5	与会者的素质	与会者发言逻辑混乱，观点模糊，词不达意，不善聆听	挑选善于沟通、表达和聆听的人员参会议事
6	会议准备工作	迟发通知，与会者无暇准备就仓促到会；没有印发相关的会议文件及参考材料，使会议难以开展	按照会议组织的相关程序，按要求提前做好各项会务准备工作
7	会议目的及议程	与会者不清楚为什么要开会，开什么会，会后结果及决策如何	在会议通知中明确告知与会者开会的目的及会议的议题

（资料来源：张晓彤. 高效会议管理技巧［M］. 北京：北京大学出版社，2004.）

2. 会议评估方法与常见表格编制工作

（1）会议评估的方法。一般说来，正式的评估包括三个部分：调查问卷表，数据分析、报告，新的行动措施。一个正式的评估要做大量细致的工作，而且花销也比较大，但是如果做了评估，能及时总结经验教训，下一次会议就会更成功。当然，每个单位都有自己的职责范围、目标和预算，并不是所有的单位都要做评估工作。如果想要真正提高会议质量，不仅要做评估，而且还要做一个翔实的评估。会议评估的方法主要有以下几种。

① 调查问卷。调查问卷是会议评估最常用的有效方法。问卷设计者把要评估的各个方面的问题列举出来，在每个问题后面给出几个评价性的术语，评估者只要从中选择一个或打几个"√"，最后再写几句意见或评论就可以了。调查问卷对于评估者来说简单易行，因此广受欢迎。问卷的长度从一页到几页不等。设计问卷需要一定的技巧，而不是简单地提几个问题。问卷在使用之前必须经过测试，以保证问卷上的问题都清楚，而且回答者可以很容易地回答。

调查问卷可以通过以下几种方式进行：现场手工填写，即把调查问卷印刷出来，在恰当的时候发放给评估者，请其现场手工填写；现场计算机填写，即把设计好的调查问卷放置在计算机中，请评估者现场在计算机上填写，所有评估者填写完毕后，计算机即可统计出调查问卷中量化的部分；会后计算机填写，即在会议结束后，把调查问卷发送到评估者的电子信箱，请评估者在规定日期内填写后用 E-mail 的形式回复给评估组织者，或采用近年来比较流行的互联网或第三方软件等调研工具在手机客户端进行问卷发放与回收，方便快捷，评估组织者收集整理后再进行处理。

相关链接

会后效果评估表

（一）目标

1. 此次会议的目标是什么？
2. 会议目标是否达成？
    是□　　　　否□　　　　　　部分达成□
3. 哪些目标没有完全达成？为什么没有完全达成？（确切理由）

（二）时间

1. 会议目标是否在最短时间内达成？
    是□　　　　否□　　　　　　不能确定□
2. 倘若目标并未在最短时间内达成，请说明为什么没有在最短时间内达成。（确切理由）

（三）与会者

1. 列举每一位与会者的姓名并评估会议结束后他们的满意程度。
2. 找出与会者"不满意"或"极不满意"的原因。

（四）假如再组织同样的会议，哪些事项将继续保持？哪些事项将有新的举措？

（资料来源：http://www.haian.org/.）

② 面谈。评估还可以使用面谈的手段。这种方法需要经验丰富的采访者，而且需要大量的时间，不过可以得到更广泛的数据。有些与会者比较欢迎采访评估的方式，这样他们可以更充分地表达自己的意见。没有必要采访所有的与会者，只要保证得到足够的样本即可。可在会议结束时邀请部分调查对象集中或分别面谈，征求他们对会议的意见和评价。

③ 电话调查。电话调查即在会议结束后打电话给调查对象，征求他们对会议的意见，并请他们对会议做出评估。

④ 现场观察。现场观察即在会议现场和各个活动过程中，派人观察会议和各项活动进行的情况，并观察与会者和活动参加者的反应，从而做出对会议的评估。

⑤ 会务人员述职报告。会议结束后，要求每个会议工作人员对自己在会议的整个过程中所做的工作做述职报告。这可以从一个侧面了解会议的情况，对会议进行评估。

（2）常见会议效果评估表格的编制。会议评估要使用定量和定性分析，通过客观量化的评估，不断总结经验，消除降低会议质量的不利因素，从而使会议质量显著提高，使会议做到效益与效率双丰收。

① 对主持人的评估。可对主持人的主持能力、业务水平、实现会议目标的能力、工作作风和对会议进程的控制能力进行全面评估，其评估表格如表 4.7 所示。

表 4.7 主持人的行为表现评估表

行为	次数	引言或例句
组织、安排会议		
确定、检查目标		
遵守时间		
鼓励发表见解、提出建议和问题		
澄清事实		
检查理解程度和意见是否一致		
引入正题或离题太远		
使与会者对决策制定具有责任感		
过早结束，结果未明		
加快会议进展速度或放慢速度		
控制过严或过松		
处理冲突、解决争端		
检查进程或做出总结		
结束会议		

注：该表可请会议成员和观察员记录填写。

（**资料来源**：张丽琍. 商务会议组织与管理［M］. 北京：中国人民大学出版社，2005.）

② 对会议工作人员的评估。对会议工作人员的评估主要侧重于对其行为表现、工作态度、业务水平和工作效果的评估。

相关链接

会议工作人员的表现评估表

① 会议工作中，精通业务，胜任工作。
② 具有公关意识，能自觉维护组织的形象。
③ 具有良好的礼仪修养，行为得体，语言规范。
④ 会议工作中显现出厌倦懈怠的神态与行为。
⑤ 会议工作可靠，能按时完成所布置的任务。
⑥ 与同事合作协调，相处融洽。
⑦ 掌握会议工作中某方面的技能有困难。
⑧ 要求多少就干多少，从不做额外奉献。
⑨ 脾气很好，从不与人争吵。
⑩ 有时控制不了自己，容易发火。
⑪ 会议工作中只需上司极少的监督指导。
⑫ 对上司的批评指导能虚心接受。

注：该评估表可设计得较长，会议工作各方面的好、中、差情况都可列入。考评者只需照清单勾选，简单易行，也可加权计算得分，再统计出总分。

（**资料来源**：范立荣. 秘书国家职业资格培训教程［M］. 北京：海潮出版社，2003.）

③ 对会议管理工作的总体评估。对会议管理工作应该全方位、多角度地评估，可包括会议时间、地点、食宿、会费、方案等方面。

（3）会议评估的目的与用途。评估是为了掌握以下几项内容。

① 会议目标是否实现。

② 会议的成本效益如何（超支或盈余）。

③ 与会者是否满意。

④ 在以后的会议中需要进行哪些改进。

六、会后的催办、反馈与落实工作

1. 会议决议的催办与登记

会议决定或决议的事项，如果需要通知有关部门办理或知晓的，秘书部门应负责催办，同时应将决定或决议在实际贯彻执行中所得到的结果、引起的反应及造成的影响等情况反馈给主管领导者。会后反馈可以用书面或口头催询的方式，必要时还可以派人直接深入有关部门或单位进行实地检查与催询。会后的催办、反馈和落实工作是会后工作的一项重要内容，也是整个会务工作的一个重要组成部分。这项工作能反映出会议效果的好坏，以及会议的主旨精神是否能够落到实处。

检查催办工作要做到如下几点。

（1）明确催办人员。

（2）健全登记制度，建立催办登记簿，逐项列出检查催办的事项，并由催办人员根据实际情况，定期记录催办事项的进展状况。

（3）建立汇报制度，催办人员可采用口头汇报、书面汇报、专题报告等多种方式向领导汇报催办事项的落实情况，对一些重大问题不能自作主张，要听从领导的指示。

会议决议催办表如表 4.8 所示。

表 4.8　会议决议催办表

决议事项	办理时限	现状评估	催办原因	催办结果	确认完成时间	责任人	催办人

（**资料来源：**廖金泽. 企业秘书大全［M］. 广州：广东经济出版社，2005.）

2. 会议决议的反馈

会议决议的反馈就是将会议决策精神传递给执行者后，通过各种途径和方式将执行者的意见收集起来，反映给领导者的过程。它是实现会议决策目标的最主要环节，是对会议决策的检验、制约和完善，也是公司领导做出决策、正确行使指挥职能的重要手段。

3. 会议决议的传达落实

会议决议的传达落实是实现会议决议目标的最主要环节。落实的主要任务是将主观的东西（决议、决策）变为具体的实际行动。没有这种行动，决议就失去了意义；如果落实不力，就收不到好的效果。可以说，传达落实是实现会议决议目的的最重要一环。会议决议落实表如表 4.9 所示。

表 4.9　会议决议落实表

日期	会议名称	决议事项	决议落实情况	问题及原因	处理意见	责任人	催办人

（资料来源：廖金泽. 企业秘书大全［M］. 广州：广东经济出版社，2005.）

随堂检测

1. 名词解释

会议管理性文件　会议文件清退　会议评估

2. 案例分析

2020 年 12 月 15 日，广州市高校体育论文报告会在华侨大学报告厅隆重举行。会议闭幕后，承办方华侨大学体育教育中心与院长办公室有关人员共同协作，分头做好安排与会人员离场的各项工作，完成送别会议代表的最后一项任务。

问题：阐述会务工作人员的会后工作具体有哪几项。

子项目四　常见会议与商务活动

项目任务

完成签字仪式。

事件回放

天骏公司总经理办公室的李总给高明留了一张备忘录，内容如下。

备　忘　录

高明：

现在公司要与大华公司举行签字仪式，请你负责布置签字仪式会场并撰写签字仪式程序。

李总

任务分析

参照教学内容，根据所设置的情景，按照要求，完成签字仪式的准备工作。重点训练会议准备方面的原则和要求。利用计算机图文处理软件，准确熟练、格式规范地制作相应的文本和图形文件；一律采用 A4 幅面的纸张；完成稿一式两份（一份文本和一份电子版文档）。需要设备包括计算机、打印机，能够登录互联网。全部任务应在三个小时以内完成。

确定参加签字仪式的人员名单，并说明理由；制作准备工作的任务和物品清单；布置签字仪式会场；撰写签字仪式程序。

相关知识

一、开业庆典

开业庆典是商业性组织为庆祝开业而举办的一种商业活动，一般选择在特殊的日期举办，邀请特定的人员参加，旨在向社会和公众宣传本组织，提高本组织的知名度及美誉度，展现本组织的优良形象及良好风范，广泛吸引潜在客户。随着社会主义市场经济体制的建立，开业庆典这一商业性活动被广泛应用，尤其是酒店、商场等经营性企业经常借助这一活动的开展向社会展示经济实力。

1．开业庆典临时工作小组

开业庆典临时工作小组的成员及其职能介绍如下：

成立庆典活动临时指挥部，设立部长一人，副部长若干人，负责全程指挥与决策；

成立临时秘书处，辅助决策，综合协调，沟通信息，办文、办会、办事。

2．开业庆典活动目标的确立

活动目标是指通过举办活动所要实现的总体目标。活动目标具体表现为：向社会各界宣布本组织的成立，取得广泛的认同，扩大知名度，提高美誉度，树立良好的企业形象，为今后的生存发展创造一个良好的外部环境。

3．开业庆典活动主题

活动主题是指活动开展所围绕的中心思想，一般表现为几个并列的词语或句子，要求短小有力、形象鲜明，以便于给人留下深刻的印象。例如，"宾至如归，热情服务"。开业庆典活动主题的作用具体表现如下。

（1）通过宣传，扩大企业的知名度。

（2）向公众显示企业的实力，并展示产品或服务。

（3）通过邀请目标公众，争取确定良好的合作关系，为今后的发展打下坚实的基础。

4．开业庆典场地的选择

选择开业庆典场地应考虑以下几个因素。

（1）开业地点一般设在企业经营所在地、目标公众所在地或租用大型会议场所。
（2）场地是否够用，场内空间与场外空间的比例是否合适。
（3）交通是否便利，停车位是否足够。
（4）场地环境要精心布置，要用彩带、气球、标语、祝贺单位条幅、花篮、牌匾等烘托喜庆热烈的气氛。

5. 开业庆典时间的选择

选择开业庆典时间应做好以下几方面的考察工作。

（1）关注天气预报，提前向气象部门咨询近期天气情况，选择阳光明媚的良辰吉日。只有天气晴好，才会有更多的人走出家门，走上街头，参加典礼活动。
（2）考察营业场所的建设情况、各种配套设施的完工情况、水电暖等硬件设施的建设情况等。
（3）选择主要嘉宾、主要领导能够参加的时间，选择大多数目标公众能够参加的时间。
（4）考虑民众的消费心理和习惯，善于利用节假日传播组织信息，如各种传统的节日、近年来在国内兴起的国外的节日。借机发挥，大造声势，激励消费欲望。如果本次活动的主要参与者多是外宾，则更应注意各国不同节日的不同风俗习惯、民族审美趋向，切不可在外宾忌讳的日子里举办开业典礼。若来宾是印度或信仰伊斯兰教的国家的人，则要更加留心，这些国家的人们认为 3 和 13 是忌数，当遇到 13 时要说 12 加 1，所以不能选择含数字 3 或 13 的开业日期和时间。
（5）考虑周围居民的生活习惯，避免因活动时间过早或过晚而扰民，一般安排在上午 9:00—10:00 比较恰当。

6. 开业庆典宾客的邀请

邀请开业庆典宾客要注意以下两方面的问题。

（1）确立邀请对象。邀请上级领导，以提升档次和可信度；邀请工商、税务等直接管辖部门，以便今后取得工作支持；邀请潜在的、预期的未来客户，为企业经营打下基础；邀请同行业人员，以便相互沟通合作。
（2）邀请方式。可以电话邀请，也可以制作通知、发传真。最能够表明诚意与尊重的方式是发邀请函或派专人当面邀请。邀请工作应该提前一周完成，以便于被邀者及早做好安排和准备。

7. 开业庆典的宣传工作

开业庆典可选择的宣传渠道及各自的特点如下。

（1）企业可以利用报纸、杂志等视觉媒介物传播。这些媒介物具有信息发布迅速、受众接受面广、持续阅读时间长等特点。
（2）自制广告散页传播，向公众介绍商品，报道服务内容或宣传本企业、本单位的服务宗旨等。此种宣传渠道所需费用较低。
（3）企业可以运用电台、电视台、公众号推文及 H5 等新媒体形式等大众媒体传播。这种传播方式效率最高，但成本也最高，要慎重考虑投入与产出。
（4）在企业建筑物周围设置醒目的条幅、广告、宣传画等。

二、会见

会见，即与别人会面、相见，多指外交场合，也称会晤，通常指主人会见客人。会见是总称，现在民主国家一般都这样笼统地指称，但在具体报道和表述某一会见时，习惯上尊者、长者或身份、级别、地位较高者会见卑者、小者或身份、级别、地位较低者，称"接见"或"召见"；反之，则称"晋见"；外交上，会见也称"拜见"或"拜会"。在君主制国家，拜见君主，又称"谒见""觐见"。凡会见后原主人的回访称回拜，以示礼尚往来。

会见就其内容和性质来说，分为礼节性和实质性两类。与会谈相比，会见的礼仪性更强一些。礼节性的会见时间较短，话题较宽泛，气氛也较轻松活泼；实质性的会见则往往涉及双边的政治、经济、军事、文化及其他内容中的一方面或多方面交换意见，因而时间较长，话题较集中，气氛比礼节性会见严肃。

在为领导安排会见时，秘书人员需要做的具体工作可分为下面两种情况。

1. 客人提出会见要求

如果是对方提出的会见，秘书人员应将对方要求会见的目的、人数、人员姓名、职务以及会见内容及时报告给领导，在领导的统一筹划与安排下，尽早给对方回复，以便约定会见时间。如果因故不能会见，应向对方婉言解释。

2. 主人（我方）提出会见要求

如果是主人主动提出会见要求，即会见邀请，秘书人员需要安排好以下事务工作。

（1）确定主方参加人员。首先确定参加会见的主要领导，然后指定陪同人员。参加人员不宜过多，只要求有关人员参加即可。

（2）确定会见时间及地点。在时间的确定上，应考虑双方各自的时间安排及方便程度，合理定时，一般可安排在对方抵达的第二天或宴请之前。地点一般可选在对方所住宾馆的会议室，也可选择主人所在地的会客室。

（3）准备会见材料，帮助领导拟订会见时谈话的话题及内容。

（4）安排座次。会见室应设置桌椅、茶几或沙发，并摆放在适当的位置，安排宾主对称而坐。座位的安排视人数多少而定，按国际上通行的惯例，右为上，把主客安排在主人右手一侧。常见的安排方法如图4.3所示。

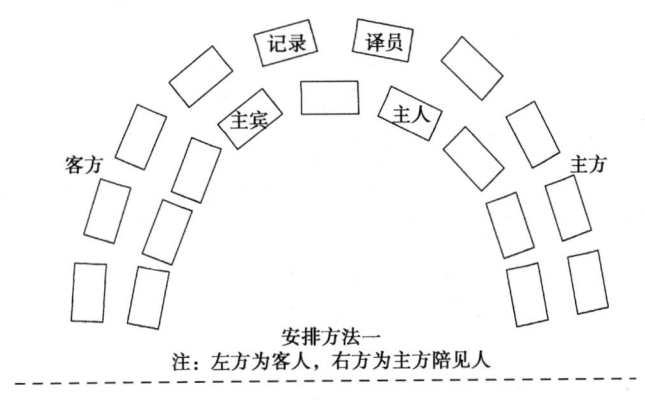

安排方法一
注：左方为客人，右方为主方陪见人

图4.3 会见的座次安排

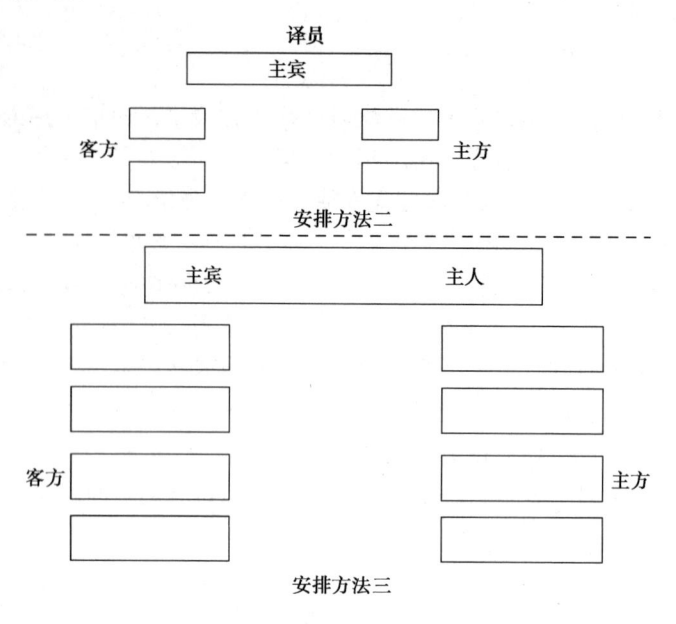

```
                        译员
                       ┌──────┐
                       │ 主宾 │
                       └──────┘

    ┌──────┐                        ┌──────┐
客方 │      │                        │      │ 主方
    └──────┘                        └──────┘
    ┌──────┐                        ┌──────┐
    │      │                        │      │
    └──────┘                        └──────┘

                     安排方法二
- - - - - - - - - - - - - - - - - - - - - - - -

             ┌──────┐         ┌──────┐
             │ 主宾 │         │ 主人 │
             └──────┘         └──────┘

    ┌──────┐                        ┌──────┐
    │      │                        │      │
    └──────┘                        └──────┘
    ┌──────┐                        ┌──────┐
    │      │                        │      │
    └──────┘                        └──────┘
客方 ┌──────┐                        ┌──────┐ 主方
    │      │                        │      │
    └──────┘                        └──────┘
    ┌──────┐                        ┌──────┐
    │      │                        │      │
    └──────┘                        └──────┘

                     安排方法三
```

图 4.3　会见的座次安排（续）

（5）约好会见时间。主人主动将会见人姓名、会见目的、时间及具体安排事宜告知对方，并要求回复。得到肯定回复后，约好会见时间。

（6）安排具体会见事务。布置会见场所，准备会见时的饮料（茶水、咖啡等），安排会见人员食宿、交通车辆和具体事宜。此外，如要发布新闻，应事先约好新闻单位参加。

（7）会见迎接。会见时，主人应提前半小时到达，通常由秘书人员在大楼门口迎接，主人在会客室迎接；对一些特殊或重要的客人，主人应到门口迎接。

（8）引见介绍。客人进入会客室后，秘书人员要做好引见、介绍工作。秘书人员引见时，常以手势示意，且让客人走在前面。宾主初次见面需做自我介绍，秘书介绍的内容包括主宾双方的身份、姓名、单位（在外事场合要介绍国家和地区）。客人落座后，秘书人员要及时端上茶水和其他饮料，而后退出，会见正式开始。

（9）会见拍照。会见时如需摄影，一般要在主客会面握手时或主客就座寒暄前拍摄。仪式隆重的会见，摄影是在主客双方进入会客厅前，由秘书人员到特定的地方拍摄。如果参加摄影的人数多，秘书人员应事先准备，摆放好摄影架，排好合影图，引导客人按图就座或站立。常见摄影座次安排如图 4.4 所示。

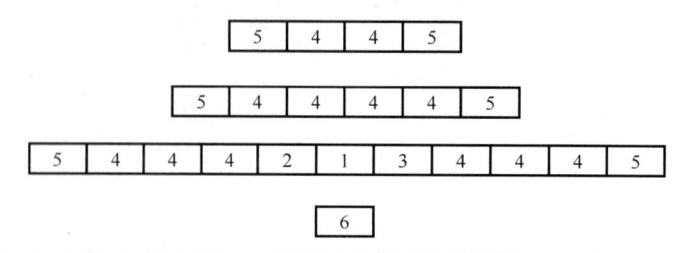

```
                ┌─┬─┬─┐
                │5│4│5│
                └─┴─┴─┘
              ┌─┬─┬─┬─┬─┐
              │5│4│4│4│5│
              └─┴─┴─┴─┴─┘
        ┌─┬─┬─┬─┬─┬─┬─┬─┬─┬─┐
        │5│4│4│2│1│3│4│4│4│5│
        └─┴─┴─┴─┴─┴─┴─┴─┴─┴─┘
                  ┌─┐
                  │6│
                  └─┘
```

1—主人；2—主宾；3—第二主宾；4—客陪同人（或主客陪同插排）；5—主陪同人；6—摄影师

图 4.4　常见摄影座次安排图

（10）会见结束。秘书人员应面带微笑，把客人送到大门口；为表示尊重对方，也可送到车前握别，挥手且送客人远去后返回。送客时，秘书人员不能忘记向对方的秘书人员致意、告别。

（11）整理会见纪要。会见结束后，秘书人员要根据会见记录及时整理会见纪要，总结会见成果。

三、会谈

会谈，是指在正式访问或专业性访问中，双方或多方就某些重大的政治、经济、文化和军事等共同关心的问题交换意见，或就具体业务进行谈判的活动。

1．会谈活动的特点

参加会谈的双方或多方其主要领导人的级别、身份原则上是对等的，所负责的事务也是对口的。一般来说，会谈的内容政治性和业务性都较强，也较为保密。代表团身份和规格很高的国事会谈，还要悬挂双方国旗。

2．会谈用品的配置和摆设程序

在每个座位前桌面的正中摆放一本供记事的便笺，便笺的下端距桌面的边沿约5厘米，紧靠便笺的右侧摆红铅笔和黑铅笔，便笺的右上角摆一个饮品垫盘，盘内垫小方巾。如有需要，在每位主要宾客处放一个烟缸和烟盘，其他人每两人放一套（摆在两个座位之间）。便笺、垫盘、烟具等物品的摆放要整齐，均匀协调。如果是国事会谈，中、外方主要领导人面前的桌子上要摆两国国旗，或在厅内上侧桌前竖两国国旗。

3．会务工作人员服务程序

当主人提前到达活动现场后，会务工作人员应将其迎至厅内周围的沙发上就座，用小茶杯上茶。在主办单位通知外宾从住地出发时，服务员应在工作间内将茶杯沏上茶，当主人到门口迎接外宾时，再把茶杯端上，放在每人的茶杯垫盘上。宾主来到会谈桌前，服务员要上前拉椅让座。当记者采访和摄影完毕时，服务员应分别从两边为宾主双方递上毛巾，先给主要宾客递上，然后按礼宾程序进行。宾主用后，应立即将毛巾收回。

会谈中间如果上牛奶、咖啡、干果等，应先把牙签、小毛巾（叠成长方形）、奶罐垫盘、咖啡杯垫盘上桌，然后把已装好的糖罐、奶罐（加勺）、干果盘依次上桌。

会谈活动一般时间较长，可视宾客用水的情况，及时续水，续换铅笔等。如果会谈中间有休息，服务员要及时整理好座椅、桌面用品，续水，增补便笺、铅笔等。在整理时，注意不要弄乱和翻阅桌上的文件、本册等。

会谈结束时，要照顾宾客退席。然后按工作程序做好收尾工作。

4．会谈的安排

会谈的安排一般是，双边会谈通常用长方形、椭圆形或圆形桌子，宾主相对而坐，以正门为准，主人在背门一侧，客人面向正门，主谈人居中。如果会谈桌呈竖一字形排列，则以进门的方向为准，客人居右方，主人居左方。译员的座位应安排在主持会谈的主宾和主人的右侧，其他人按礼宾次序左右排列。记录员一般是在会谈桌的后侧另行安排桌椅就座，如果参加会谈的人数较少，也可安排在会谈桌边侧就座，如图4.5所示。

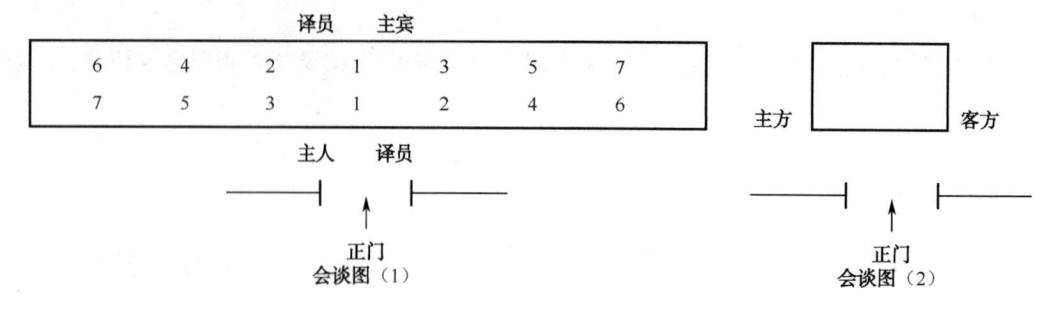

```
              译员  主宾
    | 6 | 4 | 2 | 1 | 3 | 5 | 7 |
    | 7 | 5 | 3 | 1 | 2 | 4 | 6 |
              主人  译员
              ↑                    ↑
              正门                  正门
            会谈图（1）           会谈图（2）
```

图4.5　会谈座次安排

小范围的会谈，一般不用会谈桌，只设沙发，双方座位按会见座位安排。多边会谈可摆成圆形、方形等，如图4.6所示。

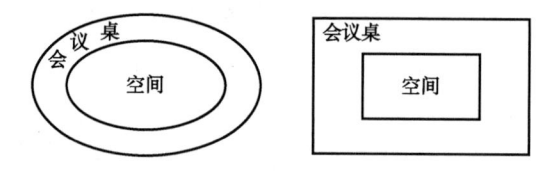

图4.6　多边会谈图

四、签字仪式

签字仪式，通常是指订立合同、协议的各方在合同和协议正式签署时所举行的仪式。举行签字仪式，不仅是对谈判成果的一种公开化、固定化，而且也是有关各方对自己履行合同、协议所做出的一种正式承诺。

1. 位次排列

从礼仪上来讲，举行签字仪式时，在力所能及的条件下，一定要郑重其事，认认真真。其中最重要的当数举行签字仪式时座次的排列方式。一般而言，举行签字仪式时，座次排列的具体方式有以下三种基本形式，分别适用于不同的情况，其位次排列如图4.7所示。

（1）并列式。并列式排座是举行双边签字仪式时最常见的形式。基本做法是，签字桌在室内面门横放，双方出席仪式的全体人员在签字桌之后并排排列，双方签字人员居中面门而坐，客方居右，主方居左。

（2）相对式。相对式签字仪式的排座与并列式签字仪式的排座基本相同。两者之间的主要差别是相对式排座将双边参加签字仪式的随员席移至签字人的对面。

（3）主席式。主席式排座主要适用于多边签字仪式。其操作特点是签字桌仍在室内横放，签字席仍设在桌后面对正门，但只设一个，并且不固定其就座者。举行仪式时，所有各方人员，包括签字人在内，皆应背对正门、面向签字席就座。签字时，各方签字人应以规定的顺序依次走上签字席就座签字，然后退回原处就座。

2. 基本程序

在具体操作签字仪式时，可以依据下述基本程序进行运作。

（1）宣布开始。此时，有关各方人员应先后步入签字厅，在各自既定的位置上正式就位。

（2）签署文件。通常的做法是首先签署应由己方所保存的文本，然后再签署应由他方所保存的文本。依照礼仪规范，每一位签字人在己方所保留的文本上签字时，应当名列首位。因此，每一位签字人均须首先签署将由己方所保存的文本，然后再交由他方签字人签署。此种做法，通常称为"轮换制"。其含义是在文本签名的具体排列顺序上，应轮流使有关各方均有机会居于首位一次，以示各方完全平等。

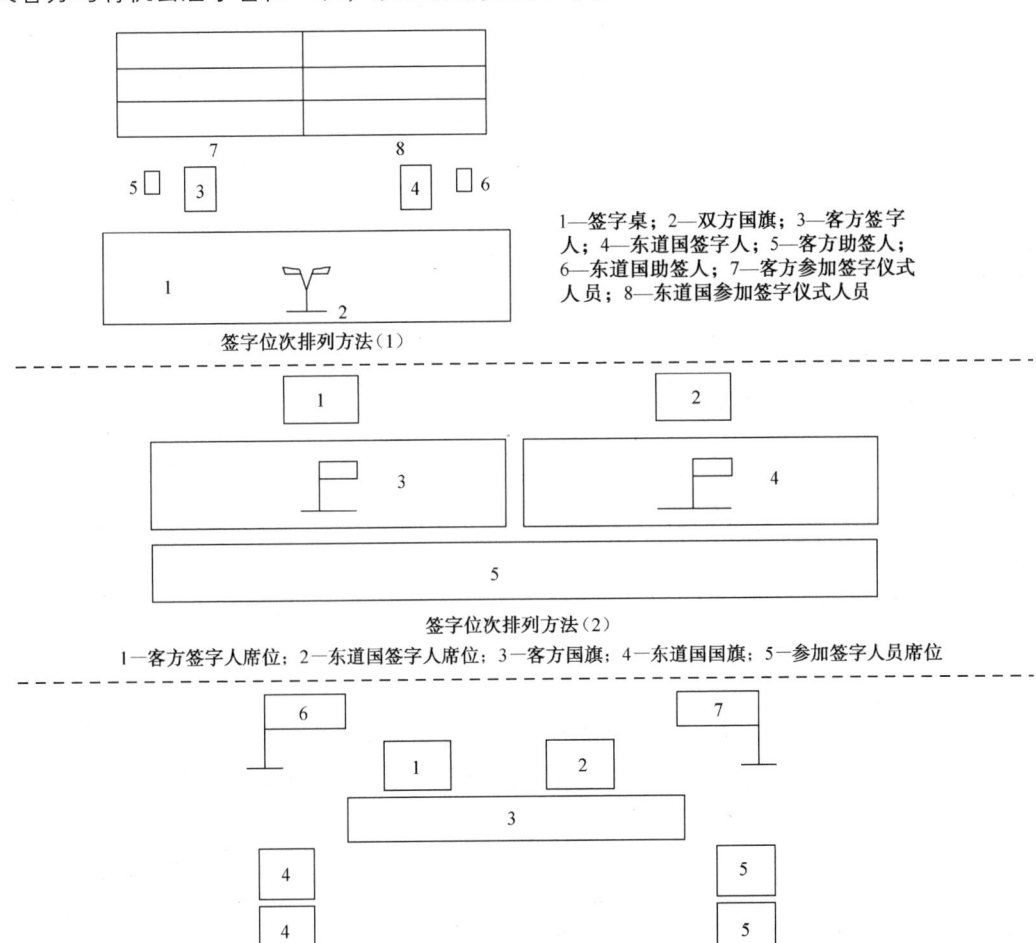

1—签字桌；2—双方国旗；3—客方签字人；4—东道国签字人；5—客方助签人；6—东道国助签人；7—客方参加签字仪式人员；8—东道国参加签字仪式人员

签字位次排列方法（1）

1—客方签字人席位；2—东道国签字人席位；3—客方国旗；4—东道国国旗；5—参加签字人员席位

签字位次排列方法（2）

1—客方签字人席位；2—东道国签字人席位；3—签字桌；4、5—参加签字人员席位；6—客方国旗；7—东道国国旗

签字位次排列方法（3）

图4.7　签字仪式位次排列

（3）交换文本。各方签字人此时应热烈握手，互致祝贺，并互换方才用过的签字笔，以示纪念。全场人员应热烈鼓掌，以表示祝贺之意。

（4）饮酒庆贺。各方有关人员一般应在交换文本后当场饮一杯香槟酒，并与其他人士一一干杯。这是国际上通行的增加签字仪式喜庆色彩的一种做法。

五、宴会

宴会是国际、国内社会交往中一种通行的较高层次的礼仪形式。一般把政府机关、社会团体举办的有一定规模的酒宴称为宴会，把私人举办的规模较小的称为宴席。

宴会常用于庆祝节日、纪念日，表示祝贺、迎送贵宾等事项。宴会的场面一般比较庞大、隆重，能使人得到一种礼遇上的满足。不同的宴会有着不同的作用，概括地说，宴会可以表示祝贺、感谢、欢迎、欢送等友好情感。通过宴会，可以协调关系，联络感情，消除隔阂，增进友谊，加强团结，求得支持，有利于合作等。

宴会的种类复杂，名目繁多。按其规格分为国宴、正式宴、便宴、家宴；按其餐型分为中餐宴会、西餐宴会、中西合餐宴会；按其用途分为欢迎宴会、答谢宴会、国庆宴会、告别宴会、招待宴会；按其举行时间分为早宴、午宴和晚宴；其他如鸡尾酒会、冷餐会、茶会等都可列为宴会。

宴会具有很重要的礼仪作用，同时也有严格的礼仪要求。宴请宾客是一种较高规格的礼遇，所以主办单位或主人一定要认真、周到地做好各项准备工作。

1. 准备宴会

宴会开始之前必须要明确宴请的对象、宴会目的、宴会范围以及形式。

（1）对象。首先要明确宴请的对象，即主宾的身份、国籍、习俗、爱好等，以便确定宴会的规格、主陪人、餐式等。

（2）目的。宴请的目的是多种多样的，可以表示欢迎、欢送、答谢，也可以表示庆贺、纪念，还可以为某一事件、某一个人等。明确了目的，也就便于安排宴会的范围和形式。

（3）范围。宴请哪些人参加、请多少人参加等都应当事先明确。主客双方的身份要对等，主宾如果携夫人出席，主人一般也应以夫妇名义邀请。由哪些人作陪也应认真考虑。对出席宴会人员还应列出名单，写明职务、称呼等。

（4）形式。宴会形式要根据宴会的规格、对象和目的确定，可确定为正式宴会、冷餐会、酒会、茶会等。目前世界各国礼宾工作都在改革，宴会形式将逐步走向简化。

2. 选择时间、地点

主人确定宴会时间，应从主宾双方都能接受来考虑，一般不选择重大节日、假日，也不安排在双方禁忌日。选择宴会日期，要与主宾进行商定，然后再发邀请。地点的选择，也要根据规格来考虑，规格高的安排在国会大厦、人民大会堂或高级饭店；一般规格的则根据情况安排在适当的场所进行。

3. 邀请

宴会一般都要用请柬正式发出邀请。这样做一方面是出于礼节，另一方面也是防止客人忘记。请柬内容应包括：活动的主题、形式、时间、地点、主人姓名。请柬书写要清晰美观，打印要精美。请柬一般应提前两周发出，太晚了则显得不礼貌。

4. 安排席位

宴会一般都要事先安排好桌次和座次，以便参加宴会的人都能各就各位，入席时井然有序。席位的安排也体现出对客人的尊重。桌次地位的高低以距主桌位置的远近而定，一般以主人的桌为基准，右高左低，近高远低。

安排座次的高低时，应注意以下细节。

（1）以主人的座位为中心，如果有女主人参加，则以主人和女主人的桌次为基准，近高远低，右上左下，依次排列。

（2）把主宾安排在最尊贵的位置，即主人的右手位置，主宾夫人安排在女主人右手位置。

（3）主人方面的陪客，尽可能与客人相互交叉，便于交谈、交流，要避免自己一方的人坐在一起，冷落客人。

（4）译员安排在主宾右侧。

（5）席次确定后，座位卡和桌次卡分别放在桌前方和桌中间。

5. 拟订菜单和用酒

拟订菜单和用酒时要考虑以下几点：

- 规格身份、宴会范围；
- 精致可口，赏心悦目，特色突出；
- 尊重客人的饮食习惯和禁忌；
- 注意冷热、甜咸、色香味搭配。

6. 宴会中主人的礼仪

在宴会中，主人应当注意以下几方面的礼仪常识。

（1）迎宾。宴会开始前，主人应站在大厅门口迎接客人。对规格高的贵宾，还应组织相关负责人到门口列队欢迎。客人到来后，主人应主动上前握手问好。

（2）引导入席。主人请客人走在自己右侧上方位置，向休息厅或直接向宴会厅走去。如果是在休息厅内，服务人员要帮助来宾脱下外套，接过帽子，客人坐下后要送上饮品。主人陪主宾进入宴会厅主桌，接待人员引导其他客人入席后，宴会即可开始。

（3）致辞、祝酒。正式宴会一般都有致辞和祝酒，但安排时间不尽相同。我国习惯在开宴之前讲话、祝酒、客人致答词。在致辞时，全场人员要停止一切活动，聆听讲话，并响应致辞人的祝酒，在同桌中间互相碰杯，这时宴会正式开始。西方国家的致辞、祝酒习惯安排在热菜之后，甜食之前。至于冷餐会和酒会的致辞，则更灵活些。

（4）服务顺序。服务人员侍应要从女主宾开始；没有女主宾的，从男主宾开始，然后是女主人或男主人，由此按顺时针方向进行。规格高的宴会，由两名服务员侍应，一名按顺序进行，另一名从第二主人右侧的第二主宾至男主宾前一位止。

（5）斟酒。斟酒时应站在客人右侧，上菜时应站在客人左侧。斟酒只需至酒杯三分之二即可。

（6）用餐。用餐时，主人应努力使宴会气氛融洽，活泼有趣。要不时地找话题进行交谈，还要注意主宾用餐时的喜好，掌握用餐的速度。

（7）客人用餐完毕。在客人告辞时，主人应热情送别，并感谢客人的光临。

7．赴宴的礼仪

（1）应邀。接到邀请后，无论能否赴约，都应尽早给出答复。不能应邀的，要婉言谢绝。接受邀请的，不要随意变动，按时出席。确有意外不能前去的，要提前解释，并深致歉意。作为主宾不能如约的，更应郑重其事，甚至登门解释、致歉。

（2）掌握到达时间。赴宴不得迟到，迟到是非常失礼的表现，但也不可去得太早。去早了主人可能未准备好，难免尴尬，也不得体。

（3）抵达。主人迎来握手，应及时向前响应，并问好、致意。

（4）赠花。按当地习惯，可送鲜花或花篮。

（5）入席。在服务人员的引导下入座。注意在自己的座位卡入座，不要坐错位置。

（6）姿态。坐姿自然端正，不要太僵硬，也不要往后倒靠在椅背上。手肘不要放在餐桌上，不要托腮，眼光要随势而动，不要紧盯菜盘。

（7）餐巾。当主人拿起餐巾时，客人也可以拿起餐巾。将餐巾打开放在腿上，千万不要别在领口，挂在胸前。餐巾是用来防止菜汤滴在身上和擦拭嘴角的，不可用来擦餐具，更不要用来擦脖子、抹脸。

（8）进餐。进餐时要文明、从容。要闭着嘴细嚼慢咽，不要发出声音；喝汤要轻啜，对热菜、热汤不要用嘴去吹；骨头、鱼刺要吐到筷子、叉子上，再放入骨盘；嘴里有食物时不要说话；剔牙时，要用手遮住；就餐时，不得解开纽扣，松开领带。

（9）交谈。边吃边谈是宴会的重要形式，应当主动与同桌人交谈，特别注意同主人方面的人交谈，不要总是和自己熟悉的人谈话。话题要轻松、高雅、有趣，不要涉及对方敏感、不快的问题，不要对宴会和饭菜妄加评论。

（10）退席。用餐完毕，应起立向主人道谢告辞。

💗 随堂检测

1. 名词解释

开业庆典　觐见　会谈

2. 案例分析

如果你是天地职业学院十周年校庆的秘书组成员，今年是天地职业学院（以贵校为例）建校十周年（或五周年、二十周年），学校领导经过研究，决定举办十周年校庆活动，对内增强全体师生员工对学校的自豪感和荣誉感，对外显示学校的实力和发展前景。接待工作由该校的文秘教师负责筹划，具体工作由文秘专业的学生承担，要求统一着装，负责宾客迎接、来宾签到、纪念品赠送、茶水服务、参观解说等，并要求在大门口列队迎送客人。

问题：请拟出一份校庆活动庆典仪式的程序，并与同学一起模拟演示庆典仪式的会场布置。

知 识 小 结

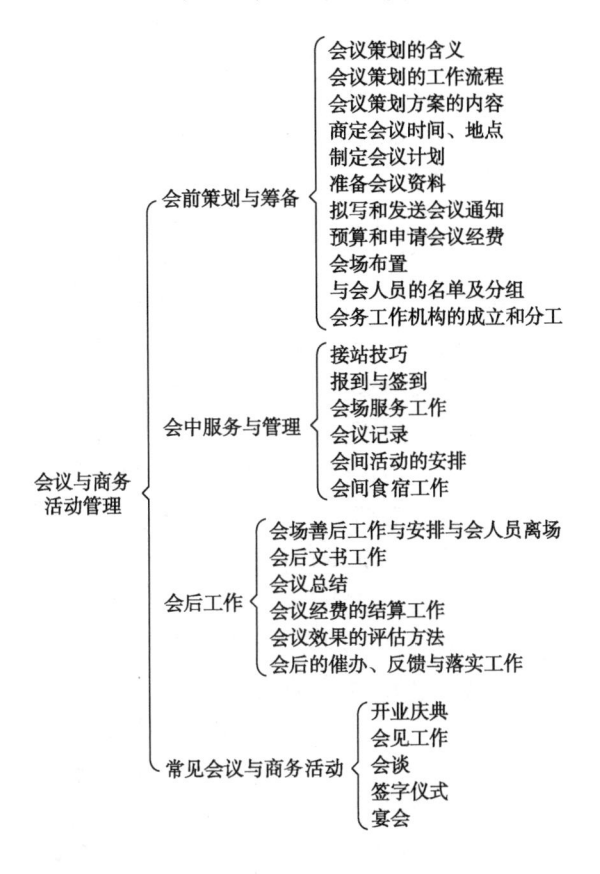

会议与商务活动管理
- 会前策划与筹备
  - 会议策划的含义
  - 会议策划的工作流程
  - 会议策划方案的内容
  - 商定会议时间、地点
  - 制定会议计划
  - 准备会议资料
  - 拟写和发送会议通知
  - 预算和申请会议经费
  - 会场布置
  - 与会人员的名单及分组
  - 会务工作机构的成立和分工
- 会中服务与管理
  - 接站技巧
  - 报到与签到
  - 会场服务工作
  - 会议记录
  - 会间活动的安排
  - 会间食宿工作
- 会后工作
  - 会场善后工作与安排与会人员离场
  - 会后文书工作
  - 会议总结
  - 会议经费的结算工作
  - 会议效果的评估方法
  - 会后的催办、反馈与落实工作
- 常见会议与商务活动
  - 开业庆典
  - 会见工作
  - 会谈
  - 签字仪式
  - 宴会

课后练习题

一、单选题

1. （　　）是会议活动最基本的驱动力。
    A. 会议目标　　　B. 会议内容　　　C. 会议结果　　　D. 会议主题
2. 商务会议的目的不包括（　　）。
    A. 集思广益　　　B. 发布信息　　　C. 娱乐休息　　　D. 激励士气
3. 会议从正式开始到结束的时间跨度称为（　　）。
    A. 会议周期　　　B. 会议时间　　　C. 会议期间　　　D. 会期
4. 确定会议主题的主要方法包括（　　）。
    A. 要有切实的依据　　　　　　　　B. 必须结合本单位的实际
    C. 要有明确的目的　　　　　　　　D. ABC 均可
5. 在会议筹备方案的内容中，首先要确定的内容是（　　）。
    A. 会议议程　　　B. 会议主题　　　C. 会议时间　　　D. 经费预算
6. 会议主持人要根据（　　）主持会议。
    A. 会议议程　　　B. 会议主题　　　C. 会议日程　　　D. 会议议题

7. （　　）一般采用简短文字或表格形式来表达。
   A. 会议筹备方案　　　　　　　　B. 会议日程
   C. 会议预算　　　　　　　　　　D. 会场布置方案
8. 会场的大小应与（　　）相符。
   A. 会议规格　　B. 会议规模　　C. 会议主题　　D. 会议时间
9. 选择会议地点和控制会议成本都和确定（　　）有关。
   A. 与会人员数量　B. 会议议程　　C. 会议日程　　D. 会议时间
10. 关于会议地点的选择，下面表述不正确的是（　　）。
    A. 位置必须让上司和与会者方便前往　B. 会场大小应与会议规模相符
    C. 应尽量靠近闹市区　　　　　　　　D. 场地要有良好的设备配置
11. 会议通知可以起到的作用有（　　）。
    A. 通知作用　　B. 备忘作用　　C. 凭证作用　　D. ABC 均可
12. 秘书张明发送的一份会议通知的内容是，"明天上午 9:00 在公司三楼会议室召开部门经理会议，望准时出席。"你认为这份通知缺少的关键内容是（　　）。
    A. 出席范围　　B. 会议议程　　C. 会议地点　　D. 会期
13. 大中型会议要保证一个绝对中心，因此会场的整体格局多采用半圆形、大小方形，以突出主持人和（　　）。
    A. 会议主题　　B. 发言人　　　C. 主办方　　　D. 赞助商
14. 关于主席台座次安排的表述，不正确的是（　　）。
    A. 依职务高低来安排　　　　　　B. 职务最高者居中
    C. 正式代表在前居侧　　　　　　D. 列席代表在后居侧
15. （　　）是会议进行中的第一件事。
    A. 会议记录　　　　　　　　　　B. 发送会议通知
    C. 组织签到登记　　　　　　　　D. 提供会议资料
16. 会后的工作不包括（　　）。
    A. 安排与会人员返程　　　　　　B. 清理会场与会议文件
    C. 整理会议材料　　　　　　　　D. 编写会议简报
17. 一般来讲，大型会议都有正式文件和决议，不需要（　　）。
    A. 会议记录　　　　　　　　　　B. 编写会议简报
    C. 做好会议保密工作　　　　　　D. 撰写会议纪要
18. 会议结束后，要及时做好会议文件的立卷归档工作，下列文件中，排列在卷内文件首位的是（　　）。
    A. 会议议题　　B. 会议通知　　C. 会议记录　　D. 会议纪要
19. 收集与会者信息的途径与方法主要是（　　）。
    A. 汇总回执和报名表　　　　　　B. 电话询问
    C. 发送调查表　　　　　　　　　D. 会议签到
20. 会议文件的发出方法一般不包括（　　）。
    A. 提前发出　　B. 签到时发出　　C. 会中发出　　D. 会后发出

二、多选题

1. 为了提高会议的效率，以下做法不可取的是（　　）。
   A. 尽量缩短会议的时间
   B. 尽量使更多的人员参加会议
   C. 尽量邀请政府的主要领导到会发表讲话
   D. 尽量在比较封闭、受干扰小的地点开会
2. 会议经费来源的类型包括（　　）。
   A. 与会者交费　　　　　　　　　B. 参展商交费
   C. 联合主办者交费　　　　　　　D. 广告、赞助和捐助
3. 进行会议筹备情况的检查，应检查（　　）情况。
   A. 文件的材料准备　　　　　　　B. 会议方案的全面落实
   C. 环境条件与用品准备　　　　　D. 会场布置
4. 对会议主持人评估的要素包括（　　）。
   A. 领导能力　　　　　　　　　　B. 业务水平
   C. 对会议进程的控制能力　　　　D. 对会议时间的控制能力
5. 会议策划方案一般包括会议的（　　）。
   A. 议程　　B. 筹备方案　　C. 预算方案　　D. 日程

三、工作实务

1. 请按便条指示完成相关工作任务。

便　条

钟秘书：

定于下周一上午9:00召开的2月份的总经理办公会，目前决定上会的事项有：研究总经理助理的人选问题、3月份组织青年职工参加野外拓展训练活动的实施问题、春季慰问老职工的费用额度问题、生产部主管人员调整问题以及春季后如何开展2021年第一次的春季商品促销活动。请拟写会议议程于明天一早交给我（注：请考生在备注中说明自己安排事项先后的原因）。另外，我正在修订公司的会议管理规定，请就会议时间的长短问题谈谈你的看法。

行政经理：×××
××××年××月××日

---

2. 假设你所在的班级近期要组织一次专题班会，请你做以下工作。
（1）议定主题班会名称。
（2）议定本次班会的主要议程。
（3）推选一至两名主持人，并说出推荐理由。
（4）推荐班会特邀的嘉宾名单，并说出理由。
（5）拟写一个班会通知，注意格式要规范。
3. 举办一次真实的会议，做好会议的管理与服务工作。同时搜集信息，完成各类会议文件的归档工作，并做好会议评估与会议总结。

项目五 信息工作与参谋辅佐

📋 学习目标

项目分解
- 信息处理
- 调研工作
- 信息反馈

能力目标
- 能熟练运用信息收集的相关方法
- 掌握各种信息整理方法；熟练存储、传递、开发利用信息
- 掌握秘书调研方法等；能用各类方法研究分析问题
- 能用各种方法进行信息反馈
- 能用各种方式对领导进行参谋辅佐

知识目标
- 信息及相关知识概念
- 信息收集、处理的概念及程序
- 信息处理概念
- 信息程序
- 调研的概念、方法和类型
- 秘书调研工作
- 信息反馈相关知识
- 参谋辅佐的含义
- 信息工作与参谋辅佐的关系

子项目一　信息收集与参谋辅佐

🧩 项目任务

利用各种方法收集相关信息。

事件回放

处处留意才能捕捉商机

2008年9月,胡国军到山东省沂南县双堠镇小埠村担任村支书助理。当时,村里成立了神牛岭特色农业有限公司,打算在村边神牛岭上开发优质果园1 000亩,建设高标准生态高效观光农业基地。但由于缺乏资金,发展计划被长期搁置。

有一天,胡国军到镇国土资源所办事,无意间看到一份材料《沂南县"城增村减"挂钩试点工作实施办法》。经向工作人员打听得知,县国土资源局根据上级出台的"城镇建设用地增加与农村建设用地减少"挂钩试点政策明确,对于旧村改造整理出来的土地,每一亩都会发放将近五万元的补贴。胡国军顿时眼前一亮,他所在的小埠村地处山区,居住点分散,通过旧村改造,整出三四十亩地肯定不成问题,补贴资金一到位,开发果园、建生态高效观光农业基地的钱不就全有了吗?

回村后,胡国军立刻向村支书汇报,得到了村支书的认可,并让他对接这个"城增村减"项目。在县国土资源局领导的帮助下,经过几个月的辛苦工作,他们把"城增村减"项目变成了"合村并点"项目,在村里盖了一个集中居住区,一下子平整出160多亩土地。

土地有了,补贴资金也陆续到位了,村里便组织部分村民去山东寿光考察大棚油桃项目,学习人家的先进种植技术。学成归来后,在神牛岭上,开发了果园项目,200多亩大棚油桃茁壮成长。同时,在果园边建立了养殖基地,用动物的粪便为果树施肥,产出的有机油桃不用任何化肥与农药,个大、汁多、无公害,已与本地多家大超市签订了购销合同,村民们还推选胡国军当神牛岭公司经理。

通过这件事,胡国军领悟到一个道理:机遇总是偏爱有准备、有能力的人。要是他当初对那份材料不加留意,就不会有今天蓬勃发展的神牛岭公司。

(资料来源:大学生村官报. 第A03版. 2011-07-22.)

任务分析

古人说,"有心处处皆学问"。此话又何尝不适用于商界?留意处处皆商机!

信息的价值充分体现于商贸往来的方方面面,"信息即商机,商机即财富",这句话已成为商界人士的信条和共识。

信息具有重要的价值。正确运用信息,可以为企业带来可观的经济效益。从这个意义上说,信息就是金钱。秘书人员一定要充分认识信息工作的巨大价值,肩负起信息工作者的重任,努力做好信息工作,为本单位创造良好的经济效益。

有人说,在商业领域,信息工作是商业间谍、情报人员的事,与秘书人员无关,你觉得呢?又有人说,信息工作是秘书工作的重要内容,你觉得呢?

相关知识

一、信息概述

当今时代是信息时代，当今社会是信息社会。信息即力量，信息即商机，信息即财富，信息即金钱，信息的作用日益被人们所认识和重视。世界著名未来学家阿尔温·托夫勒预言："谁掌握了信息，控制了网络，谁就掌握了整个世界。"美国哈佛大学教授埃兹拉·沃格尔在他所著的《日本——世界第一》一书中指出："如果只举出一个原因来说明日本的成功，那就是不断地、集体地对知识的追求。日本的领导者和国民的各个阶层，都把学习和追求知识、信息，看作毕生最重要的事情。"

1. 信息的含义

《牛津字典》中对"信息"一词的解释为，"信息，就是谈论的事情、新闻和知识"。《韦氏字典》中称，"信息，就是在观察或研究过程中获得的数据、新闻和知识"。我们可以在所谈论的事情中获得信息，可以从新闻中获得信息，也可以从观察研究的客观对象中获得信息。信息是客观事物散发的具有新倾向和新内容的消息、信号、情况、数据等。一切事物的运动变化都可产生信息，其实，信息简明的定义就是，对客观事物的特征和运动状态的反映。

2. 信息的主要特征

（1）客观性。信息存在于客观事物的特征和运动状态之中，是对事物的特征和运动状态的客观反映。无论是有效信息还是无效信息，是正确信息、错误信息还是干扰信息，都是客观存在的信息，都同样带有客观性。

（2）感知性。信息能够被人们感知、接受并鉴别，信息的可被感知性是人们收集信息、传递信息、利用信息的前提条件。

（3）传递性。信息可以通过文字、声音、图像、网络等载体进行空间和时间上的传递。

（4）时效性。信息的时效性，是相对于收集信息者的目的而言的。人们获取信息的目的在于利用信息创造效益。对于同一信息，先获得信息者可使信息增值，而后获得信息者，可能会使信息减值。

（5）共享性。信息在一定程度上可为人们所共享。这主要体现在两个方面。首先，信息不具有排他性。信息一旦被不同的人感知到或收集到，便可被这些人共享，不存在"你多我少"的排他性关系。其次，信息不具有损耗性，网络信息、文献资料信息被人浏览利用后，不会减少或损耗其信息量，人们可以反复共享。

（6）开发性。信息是一种可开发性资源。客观世界是不断发展变化着的，信息也是如此。因此信息可以不断地被开发和挖掘，取之不尽，用之不竭。英国技术预测专家詹姆斯·马丁曾说，"人类的知识在 19 世纪是每 50 年翻一番，在 20 世纪 70 年代是每 5 年翻一番，而近 10 年是每 3 年翻一番"。故人们称现在是"信息爆炸时代"。随着科学技术的飞速发展，信息量也有日益增长的趋势，信息的形式也不断推陈出新，因此，人们对信息的开发是无限的、无止境的。

（7）动态性。客观事物时时刻刻都在发生变化，蕴藏在客观事物中的信息也是在不断变化的。信息本身具有动态的特征，信息形式、信息性质、甚至信息载体（声音、文字、图像、电磁波等）都可能会发生变化。

3. 信息的种类

信息从不同的角度，可以有不同的分类。

（1）自然信息和社会信息。按信息源的性质不同，信息可分为自然信息和社会信息。自然信息是自然界自发产生的。这类信息是没有经过人工处理的原生态信息，例如，大地震前，有许多震前预兆的自然现象产生：蟾蜍成群迁徙、水塘突然干枯、地震云等。社会信息是人类社会活动所产生的信息，包括经济信息、文化信息、政治信息、军事信息等。

（2）语言信息、文字信息、图像信息、声像信息等。按载体不同，信息可分为语言信息、文字信息、图像信息、声像信息等。语言信息，一般是指口头语言所发出的信息，如谈话、口令等。文字信息，如各类书籍、报刊、文件等书面文字所记载的信息。图像信息，如图片、照片、画等。声像信息，以声音、图像等为主的多媒体信息。

（3）内部信息和外部信息。按来源的方向不同，信息可分为内部信息和外部信息。内部信息，即来自本单位、本系统内部的信息；外部信息，即来自外单位、外系统的信息。

（4）有效信息、无效信息和干扰信息。按价值不同，信息则可分为有效信息、无效信息和干扰信息。有效信息，指对信息获取者的工作能起推动作用，具有使用价值的信息；无效信息，指对信息获取者的工作不起任何作用，没有使用价值的无效信息；干扰信息，指对信息获取者的工作职能活动不仅无用反而会产生负面影响的信息。

（5）综合信息和专题信息。按反映的主题范围不同，信息可分为综合信息和专题信息。综合信息，指综合反映和系统描述有关主题全方面特征的信息；专题信息，指围绕某个专题反映事物状态及其变化的信息，如有关环境污染专题的信息。

（6）直接信息和间接信息。按获取方式不同，信息可分为直接信息和间接信息。直接信息，指人们获得的第一手信息或未经过他人加工的信息。间接信息，指经过他人整理加工了的二手信息或多手信息等。

二、秘书信息工作的概念及内容

信息是客观世界普遍存在的，客观世界的一切事物都可是信息之源，从自然界到人类社会，从实体物质到意识形态，都可以成为信息源，都能产生和发出信息。信息的无限性有待人们的不断开发。信息种类繁多，形式多样，分布复杂，需要人们根据情况采取不同手段，通过不同渠道，采用不同方式去收集。秘书根据信息获取的目的性及决策者工作的需求，对信息进行整理、加工和利用。这种对信息的收集、整理、传递、存储、利用等方面的工作就是秘书信息工作。秘书信息工作可分为信息收集、信息处理、调研工作、信息反馈四大模块。

三、信息收集

1. 信息收集的概念

信息收集是人们根据工作的需求，通过不同渠道和方式，遵循一定原则，采用一定方法获取有关信息的过程。信息收集是信息工作的首要环节和初级阶段，是信息工作的基础。

2. 信息收集的程序

（1）明确信息收集的目的。信息收集的目的就是为某项工作服务，是出于某一工作的要求。这是信息收集的出发点和归结点。信息服务工作内容的紧急程度，决定了信息收集工作的紧急程度。信息收集需要有目的、有计划地进行。

（2）确定信息收集范围。收集信息前，先分析需要哪些范围的信息，把握领导工作的信息需求范围。切忌漫无边际、毫无系统性的"收集"，要有选择性地收集工作所需要的对口信息，为工作选择有价值的信息，切忌"眉毛胡子一把抓"。否则，收集一些无关的信息，既增加自己的工作量，又会干扰领导对信息的选择。

（3）选择信息收集途径。信息可以通过不同的途径进行收集，秘书可根据所需信息特征、数量等决定收集途径。例如，信息检索可通过关键词途径、篇名途径、主题途径或作者途径等进行。

3. 信息收集的方法

信息往往以不同形式、不同载体分布在不同领域，收集信息时应根据工作的需要采用适当的方法。信息收集的主要方法有如下几种。

（1）阅读法。

案例 5.1

1975年初春的一天，美国亚默尔肉食加工公司老板菲力普·亚默尔坐在自己的办公室里翻阅报纸，了解当天的新闻。

突然，一则几十字的短讯吸引了菲力普·亚默尔的注意，短讯内容为：墨西哥发现了疑似瘟疫的病例。他马上想到，如果墨西哥真的发生了瘟疫，一定会从加利福尼亚州或得克萨斯州边境传染到美国。而这两个州又是美国肉食供应的主要基地，到时肉类供应肯定会紧张，肉价一定会猛涨。菲力普·亚默尔当天就派家庭医生亨利赶到墨西哥，几天后，亨利发回电报，证实那里确有瘟疫，而且很厉害。

亚默尔接到电报后，立即集中全部资金购买加利福尼亚州和得克萨斯州的牛肉和生猪，并及时运到美国东部。

不出所料，瘟疫很快蔓延到美国西部的几个州。美国政府下令：严禁一切食品从这几个州往外运，当然也包括牲畜在内。

于是，美国国内肉类奇缺，价格暴涨。菲力普·亚默尔趁机将先前购进的牛肉和猪肉抛出，在短短几个月里，他净赚了900万美元。

菲力普·亚默尔慧眼独具，发现了瘟疫即将爆发的征兆，预测到可能出现的局面，把握并充分利用了瘟疫蔓延所带来的机遇，进而取得了成功。

（资料来源：张正忠. 三国智谋应用500例［M］.长春：长春出版社，2006.）

分析： 据情报界人士称，无论是政治情报还是军事情报，其80%以上都是从公开发表的资料中获得的。因此，各国情报界都很重视从各种公开的媒体上收集宝贵的情报。"商场如战场"，对于企业界来说，从各种传媒中收集有关的资料更为重要，菲力普·亚默尔就是在读报中获取了重大经济信息，从而发了一笔巨财。

① 阅读法的概念。

阅读法是通过阅读图书、报纸、杂志、文件、资料等收集所需信息的方法。阅读法是信息收集中最常用的方法。

② 阅读法的种类。

- 速读法，又称走查法，即采取较快的速度将全部文字材料看一遍，对材料不做深入的分析，从中搜索所需信息。
- 略读法，即采取跳跃字句或段落的方式将全部文字材料浏览一遍，以快速获取所需信息。
- 精读法，集中注意力对重要的文字材料进行仔细的阅读，从中获取信息。

③ 阅读法的优缺点。

阅读法的优点：资料来源广，获取信息量大，秘书可以从图书、报纸、杂志、文件等资料中收集所需信息；获取信息方便，一般秘书办公室均有大量文件、报刊等资料，秘书可轻易从中获取相关信息。

阅读法的缺点：资料繁多、信息复杂，需要甄别；工作量大，花费时间。

（2）观察法。

案例5.2

1991年海湾战争期间，路透社记者杰奎琳·法兰克写了一篇题为《美国的战争策划者有多紧张？只要数一数比萨饼》的文章。在1991年1月16日空袭开始的前一天，她观察到多米诺饼屋在晚上10点至凌晨2点之间给白宫送去了55个比萨饼,五角大楼订购了100多个比萨饼，国务院订购了75个，而平时在这一时间内的平均数量是5个。杰奎琳通过观察，敏锐地抓住了晚上送的比萨大量增加的事实，推理出战争箭在弦上，一触即发的情报。

（**资料来源**：缪惠. 信息工作与档案管理［M］. 合肥：合肥工业大学出版社，2005.）

① 观察法的含义。观察法就是人们亲自到现场，直接用听觉、视觉等感官来认识客观事物，从中获取所需信息的过程。观察法是收集、获取信息的基本方法。

② 观察法的种类。

- 主动观察法，指观察者根据研究目的，主动地、有意识地、有计划地进行观察。
- 被动观察法，指观察者没有计划地、无意识地察觉到所需的信息内容。
- 参与式观察法，指观察者直接加入某一被观察群体中去，以内部成员的角色或被观察者的角色参与他们的各种活动，从中获取信息。例如，商业间谍以竞争对手员工的身份，观察对手商业内部信息，获取对手的客户、供应商、商业计划、价格、技术等方面的信息。
- 旁观式观察法，指观察者以旁观者的身份，置身于被观察对象之外进行观察。

③ 观察法的优缺点。

观察法的优点：方法简单、易行、灵活；亲历亲受，能获得较为客观的第一手材料，可信度较高。

观察法的缺点：受时空条件限制，获得的信息量有限，观察时间、观察范围有限，难以获得全面信息；易浮于表象，难以得到隐蔽的、深层的信息；受观察者的身体状况、知识结构、工作经验等主观因素影响，所获信息易受观察者自身主观印象左右，得出偏离客观的印象或结论。

（3）交换法。

案例 5.3

美国一家贸易公司与珠海联墨碳粉公司时常进行信息交换。该碳粉公司除了供应美国贸易公司打印碳粉外，还为其介绍其他打印器材供应商的信息。而美国这家贸易公司也时常为该碳粉公司提供美国其他需要碳粉的客户信息。双方合作愉快，都取得了很好的经济效益。

① 交换法的概念。交换法是将自己拥有的信息资料，与其他个人或单位的信息材料进行交换，以获取所需信息的方法。获取对方的信息时，要特别注意"给"与"取"的关系，即有所给才能有所取。另外，与国外相应单位进行互换或对换信息时，必须遵守有关国家法律法规。如国务院制定的《对外交换科技书刊资料等工作的暂行规定》，规范了有关的信息交换工作。

② 交换法的种类。

按交换信息的性质，交换法可分为以下几种。

- 利用闲置信息交换。闲置信息是指对于己方的工作暂无使用价值，但对于对方的工作却有重要意义的信息。例如，在服装行业，布匹供应商可向客户提供纽扣供应商、纱线供应商等信息，客户也可向布匹供应商介绍其他客户。
- 利用重要信息交换，是指对于己方的工作有重要意义，但为了获取对方于中的其他重要信息，以己方重要信息为交换条件，换取对方的重要信息。

按信息交换的工具，交换法可分为以下几种。

- 口头交换，是指双方通过交谈，互相交换信息。
- 书信交换，是指通过书信往来互相交换信息。
- 电报传真交换，是指借助电报传真等传输工具来交换信息。
- 网络交换，是指利用电子邮件、QQ、微信等网络工具来交换信息。

按信息交换的场所，交换法可分以下几种。

- 现场交换，是指双方面对面地互换信息。
- 非现场交换，是指双方进行远距离的信息交换。

按交换信息的时间，交换法可分为以下几种。

- 长期性交换，一般用于业务往来频繁的企业之间，双方已建立稳定的信息交换网络，长期友好合作，互通有无。
- 临时性交换，也称一次性交换，一般用于业务往来不多的企业之间，一般在特定条件下进行，往往出自于特定的需要才进行。

③ 交换法的优缺点。

交换法的优点：通过与其他单位交换信息，拓宽信息收集渠道；交换信息实现彼此间的信息共享，节省信息收集的工作量。

交换法的缺点：具有风险性，在信息的交换中，容易泄露商业秘密；要注意信息保密问题，否则会给信息交换带来许多不便之处。

（4）购买法。

案例 5.4

西方经济学有条德尔菲气象定律：气象投入与产出比为 1∶98，即企业在气象信息上投资 1 元，便可以得到 98 元的经济回报。

浙江省气象服务中心的客户有数百个，近年来因为异常气候频繁，客户数量呈缓慢上升趋势。都是哪些客户在购买气象信息呢？

媒体报纸、电视、手机里的气象预报，都是媒体向气象台购买的资讯。媒体是气象台的"大客户"，费用不高，量大面广，购买的是每天的预报，服务受众。

公交公司是二十多年的老客户了。举个例子，如果有冰冻天气，要把零号柴油换成抗冻的负十号柴油，如果依靠每日天气预报根本来不及更换。所以起码得有三五天的预报，柴油准备、入库、更换，再提醒驾驶员采取防御性驾驶。

五丰冷食购买的是全年预测和月度气象预测。工作人员说，往年阳春三月，棒冰的量都该大规模上去了，今年至今，经销商却还在谨慎铺货。更进一步分析，同样是吃冰淇淋，如果气温不到 30℃，奶油味道不错；如果超过 30℃，那吃霜状的会更舒服。

据说服装企业"太子龙"很早就尝到过买气象信息的甜头。2006 年春天气温比较低，根据提前得知的这一气象信息，"太子龙"削减了三四成的春装产量，及时避免了损失。

银泰百货购买"旬报"，也就是十天的预测。备货、促销，是该促销冬装还是推春装，节点掌握都跟天气有关。

（**资料来源**：浙江在线新闻网站.2012-03-16.）

① 购买法的概念。购买法是有偿获取信息的方法，即花钱购买信息资料。

② 购买法的种类。

- 现买，指信息收集者直接在现场付款，从信息拥有者手中购取相关信息。
- 定购，指信息收集者预先付款，事先买断信息知情权。
- 代买，指托付专门的信息经纪机构或信息经纪人代买相关信息。

③ 购买法的优缺点。

购买法的优点：针对性较强，信息购买一般以工作需要为基础，具有针对性；信息收集工作效率高，购买信息者不用亲自收集信息，信息获取快，省时间，省精力。

购买法的缺点：购买信息是有偿的信息，需量力而行；购买信息需要一定成本，若所购信息价格较高，应考虑其经济效益；购买信息存在一定风险，虚假信息、垃圾信息，甚至非法信息，会给己方带来损失。因此，花高价购买重大信息时，应与信息提供者签订合同，以保证信息的真实性、合法性和安全性。

（5）提问法。

① 提问法的概念。提问法是通过提问，从对方的回答与反应中获取信息的方法。

② 提问法的种类。

- 口头提问，即进行面对面的提问，通过交谈来获取信息。
- 电信提问，即借助电话等通信工具提问来收集信息。
- 书面提问，即借助书面问卷提问来收集信息。

③ 提问法的优缺点。

提问法的优点：问题往往围绕工作需求而设，所获信息具有针对性。

提问法的缺点：要求提问者有很好的询问技巧和辨别答案真伪的能力，才能获取较多有价值的信息；信息一般局限在所设问题范围之内，信息量有限。

（6）网络法。

案例 5.5

随着越来越多的企业，特别是中小型企业开始走上网商之路，中国 B2B 电子商务正面临范式转移和市场爆发的历史拐点。

艾瑞咨询日前发布的《2009—2010 年中国中小企业 B2B 电子商务行业发展报告》数据显示，2009 年中国 B2B 电子商务交易规模为 1.86 万亿元，同比增长 18.5%；根据国家工商总局数据，截至 2009 年，具有电子商务应用能力的中小企业数量已经达到 3995.6 万家，其中使用第三方 B2B 电子商务服务的中小企业数量为 1 702 万家，占中小企业的比例为 42.6%。在 B2B 电子商务的大浪裹挟之下，占中国企业总数 99%的中小企业正成为 B2B 类电子商务网站的"金矿"。

（资料来源：成静.中国经济导报.2010-04.）

① 网络法的概念。网络法是指通过网络渠道收集信息的方法。

② 网络主要形式。

- 国际互联网（Internet），指当前各国、各地区开发的网络连接在一起而形成的全球性网络。Internet 是以资源共享为目的，使用统一的协议，通过数据通信信道将众多计算机互连而成的系统。网络提供的信息服务有电子邮件服务、远程登录服务、文件传送服务、信息查询服务、信息研讨和公布服务等。

- 企业内部网（Intranet），是 Internet 技术在企业内部的应用。它实际上是采用 Internet 技术建立的企业内部网络，同时建立防火墙把内部网和 Internet 分开。防火墙能够防止外人侵入内部网，同时还限制公司员工，使之不能随意访问国际互联网而产生网络风险。当然，Intranet 可以经过技术处理，延伸到企业之外，具有与 Internet 连接的功能，可以与位于远程地理地域的员工在网上交换文档和讨论问题；通过 Intranet 还可以将多个企业连接起来，从而形成优势互补的合作型经济；通过 Intranet 还可开展电子商务活动，为客户提供多种及时有效的服务。

- 电子数据交换（Electronic Data Interchange，EDI），是指按照同一规定的一套通用标准格式，将标准的经济信息，通过通信网络传输，在贸易伙伴的电子计算机系统之间进行数据交换和自动处理。

数据库是按照数据结构来组织、存储和管理数据的仓库。数据泛指计算机处理的各种事实、数字、字符等各类符号的集合，如文字、图形、图像、声音、银行的账户记录、产品的销售记录等。在信息化管理的日常工作中，常常需要把某些相关的数据放进这样的"仓库"中，并根据管理的需要进行相应的处理。例如，企业或事业单位的人事部门常常要把本单位职工的基本情况（职工号、姓名、年龄、性别、籍贯、工资、简历等）存放在表中，这张表就可以看成一个数据库。有了这个"数据仓库"，我们就可以根据需要随时查询某职工的基本情况，如查询工资在某个范围内的职工人数等。

数据库有数据型数据库、事实型数据库（如万方事实数据库）、文献型数据库、全文型数据库（如中国期刊全文数据库）等。

③ 主要的网络信息查询工具。互联网上文献信息纷繁复杂，要进行有效的查询和利用，可采用以下几种最广泛的查询工具。

- 广域信息服务系统（Wide Area Information System，WAIS），是基于关键词来查询分布在互联网上的各类文件和数据文档的动态超文本系统。
- Gopher，允许用户使用层叠结构的菜单和文件，以发现和检索信息。Gopher 是互联网上一个非常有名的信息查找系统，它将互联网上的文件组织成某种索引，很方便地将用户从互联网的一处带到另一处。它拥有世界上最大、最神奇的编目。
- Archie，提供 FTP 地址及相关文件的查询路径，是一种目录服务，用户必须输入精确的文件名搜索，然后 Archie 会告诉用户在哪一个 FTP 地址可以下载该文件。
- 万维网（World Wide Web，WWW），是超文本的查询系统。WWW 暂时是互联网应用中使用最为广泛和最成功的一个，它的目标是实现全球信息共享。它采用超文本（Hypertext）或超媒体的信息结构，建立了一种简单但强大的全球信息系统。

④ 国内外秘书组织网站。国内外秘书组织和网站主要有中华秘书网（http://www.chinamishu.net/）、新加坡特许秘书行政管理人员学会（http://www.saicsa.org.sg/english/）。

⑤ 网络法的优缺点。

网络法的优点：信息量大，互联网的信息来源广泛，内容丰富；网上信息处理迅速，获取信息速度快；收集信息方便，人们在任何时间任何地点都能从互联网上获取全世界的信息，打破了时空的限制；网上信息更新及时，能在互联网上获取最新信息；收集的信息形式多样，有文字、图表、声像等。

网络法的缺点：网上信息良莠不齐，许多信息未经审核，粗制滥造的信息在网上泛滥；网上信息真假难辨，给收集信息带来很大麻烦。

（7）调查法。

① 调查法的概念。调查法是到社会上的各项实际工作中，细致地进行调查，收集信息的方法。调查是获取信息的一种重要方法。

② 调查法的优缺点。

调查法的优点：获得的材料信息比较真实可靠，这些信息是调查者获取的第一手材料，原生态的，未经过加工改造，因而更具真实性；调查法是为了某种目的获取特定方面、特点内容的信息，因而收集的信息极有针对性；收集的信息极有价值，具有一定深度。

调查法的缺点：工作量大，时间和精力消耗较多。

上述这些信息收集方法，不是单独孤立地存在的，是互相联系的。什么时候用什么收集方法，要根据具体情况而定，有时信息收集同时采用多种收集方法。

4. 信息收集原则

（1）准确性原则。准确性原则主要体现为信息的真实性，即收集的信息是否真实。真实、准确是信息的生命。收集信息必须辨别真伪，去粗取精、去伪存真，求得信息的真实、准确、可靠，这样才能保证信息的价值。只有真实、准确的信息才能使领导的决策建立在科学的基础上。失真、虚假的信息，会导致错误的决策，造成重大失误。

（2）及时性原则。俗语说：一寸光阴一寸金。时间就是财富，时效是决定信息价值大小的关键因素。及时的信息具有极高的价值意义，迟到的信息会失去它应有的价值和意义，成为无用信息、垃圾信息。秘书人员要敏于感受信息，在信息工作中有强烈的时间观念，及时、适时地收集重要的信息，使有价值的信息在有效时间内发挥其价值意义。领导者能否在瞬息万变的复杂环境中迅速做出反应，并适时做出决策，关键在于能否及时掌握信息。

（3）适用性原则。适用性是指所提供的信息要有针对性，适合领导利用。信息收集要服务于工作需求，有针对性地进行收集。工作任务不同，对信息的需求也不同。只有区分不同工作任务，以工作需求为出发点，收集对决策有直接意义、有参考价值、有实际作用、能反映问题本质的、体现最新情况的高质量的信息，才能为工作任务提供有用的信息。如果不注意实用性，泛泛收集信息，就会降低工作效率，不能直接为领导决策提供帮助，甚至还会影响领导的决策效率。

（4）全面性原则。全面性是指信息收集要全面、系统，力争获取事物的全面信息，从整体上对事物进行全面了解，直接信息与间接信息相结合，正面信息与反面信息相结合，静态信息与动态信息相结合，历史信息与现时信息相结合，从而把握事情的全貌，形成综合全面的信息，充分发挥信息的效用，保证信息收集的科学性。领导者要求秘书人员提供的信息资料要有全局性、方向性、综合性，与社会组织的整体发展情况和大局相关。

四、秘书信息收集与参谋辅佐

1. 参谋辅佐的含义

参谋作为动词理解，是指参与谋划，为他人提供参考性建议与策略。参谋作为名词理解，是指职称，历代曾指官名。参谋在唐后期为节度使幕僚之一，掌参与谋划。清末改革兵制，建立新军，军、镇（师）设此官，掌军训及谋划等事，军的幕僚长称总参谋官，镇的幕僚长称正参谋官，以下分别为一、二、三等参谋官。民国军队及军事机关亦置参谋，幕僚长称参谋长。现在参谋是指参与谋划、代出主意的人。

辅佐即辅助佐理。《墨子·尚贤下》："此言先王之治天下也，必选择贤者，以为其群属辅佐。"《后汉书·桓谭传》："臣闻国之废兴，在于政事，政事得失，由乎辅佐。"北齐颜之推《颜氏家训·治家》："如有聪明才智，识达古今，正当辅佐君子，助其不足。"清王士禛《池北偶谈·谈献二·崇祯三相》："烈皇英明勤敏，自当中兴，而卒致沦丧者，以辅佐非人也。"

参谋辅佐即能为上级提供参考性建议与策略，辅佐其决策，或助其不足之处。

2. 秘书参谋辅佐工作的条件

秘书是领导不可缺少的"外脑"，是领导重要的参谋和助手。现代管理工作日趋复杂，领导者仅以个人能力，难以开展全面的工作，必须依靠秘书人员，为他分担工作，处理事务，为其随时随地提供参谋辅佐服务。

现代化商业中，领导的决策需要依靠大量的信息，而相关信息的收集、加工、整理等工作需要秘书协助完成。一般情况，在领导的决策过程中，秘书并没有决策权力，仅仅处于参谋辅佐的地位。秘书发挥参谋辅佐作用有着便利的条件。

首先，秘书经常和领导一起工作，联系密切，熟悉领导者的相关工作情况，为秘书发挥参谋辅佐作用提供了便利的条件。

其次，秘书处于组织机构的综合部门，了解来自各方面的信息。秘书不仅熟悉本级机关的全面情况，对上级机关的政策、下级各部门的具体情况都比较了解。所掌握的信息情况较为全面，其参谋辅佐有着重要意义。

案例5.6 《隆中对》——诸葛亮的参谋辅佐

诸葛亮的《隆中对》是因刘备三顾茅庐而作，以宏观的视野，拟定前瞻的战略。

刘备谈话之初说："汉室倾颓，奸臣窃持国柄，皇上蒙受欺凌。"诸葛亮对答之初说："董卓入京以来，豪杰并起，掠州夺郡者不可胜数。"已明确描绘出当时的局势，总体环境大家心知肚明。

所有竞争者都面临同样的总体环境，因此，更重要的环境是竞争环境。诸葛亮首先分析曹操和孙权两名最强劲的对手：曹操拥兵百万，挟天子以令诸侯，不可与他争锋。而孙权据有江东，已经三代（孙坚、孙策、孙权），地势险要，人民归附，贤才为他尽力。只可与他结盟，不可谋取他。剩下来的荆州和益州，也是好地方。诸葛亮分析道：荆州地区，北面以汉水、沔水为屏障，南方直达南海郡，东南连接吴郡、会稽郡，西边通巴郡、蜀郡，是用武要地。而其主不能守，此殆天所以资将军。再说到益州。诸葛亮说：益州险塞，沃野千里，天府之土，高祖因之以成帝业。刘璋暗弱，张鲁在北，民殷国富而不知存恤，智能之士思得明君。

经由以上分析，很清楚地看出，竞争对手分为可击与不可击两组。曹操、孙权属于兵法"避实击虚"的实，应当回避，不可攻击；荆州的刘表和益州的刘璋则属于"避实击虚"的虚，应当进攻击灭。

在诸葛亮眼中，刘备虽然一无所有，但是刘备的个人特质是竞争的一大本钱。诸葛亮说刘备"既是皇室后裔，信义又早已显扬四海，广交英雄，求贤若渴"。短短几句话，便把刘备在身世、形象、领袖特质、企图心等方面的优势点了出来。刘备和诸葛亮对目标的共识，无非"霸业可成，汉室可兴"八个字。

基于此，诸葛亮提出策略构想：占据荆州和益州，固守险要，西边和好戎族，南边安抚夷越，对外结交孙权，对内修明政治。一旦局势有变，有利时机出现，便派一名将军统领荆州大军向宛城、洛阳前进，将军（刘备）您亲自率领益州军队席卷关中。

这就是历史上著名的《隆中对》（又称为《草庐对》）。诸葛亮参考各集团势力消长，向刘备提出的一份长远参谋策略，赢得了刘备的信任与拜服。

（**资料来源：诸葛亮文集**）

3．秘书信息收集与参谋辅佐的关系

（1）信息收集是秘书参谋辅佐工作的一部分。秘书可以通过收集各相关方面的信息、资料辅佐领导决策，其中有些信息本身就是参谋建议的内容。

（2）信息收集贯穿于秘书参谋辅佐工作的整个过程。起草文件必须依靠信息，信访咨询工作需要依靠信息，做好日常管理工作必须依靠信息，秘书辅助领导、参谋咨询、处理事务、联系协调等主要任务同样依靠信息。离开了信息工作，秘书的工作便不完整，更谈不上对领导的参谋辅佐。

（3）信息是秘书发挥参谋辅佐作用的有效途径。秘书发挥参谋辅佐作用的方法和途径是多种多样的，而利用信息则是秘书发挥参谋作用的最有效途径。

（4）二者是目的与基础的关系。发挥参谋辅佐作用是秘书信息收集工作的目的，信息收集是秘书参谋辅佐工作的基础。

4. 秘书信息收集的类型

秘书在领导决策前，要为领导决策做准备，提供各方面的服务，需要收集各类信息，包括如下几个方面。

（1）收集政策性信息，为领导决策服务。收集有关方针、政策、法律条款和有关规章制度，做好法规性资料准备，使领导决策符合法规要求。

（2）收集环境性信息，为领导决策服务。收集组织内外各相关方面的信息、资料，做好信息依据准备，使领导决策适应组织内外环境条件的变化，符合组织运转的实际需要。

（3）收集参谋性信息，为领导决策服务。收集组织内外各相关方面的参谋建议和要求，做好多元的群体智能准备，使领导决策建议在多元群体智能综合的基础上，符合决策民主化的要求，进而实现决策科学化。

5. 参谋辅佐对秘书信息收集的要求

秘书对领导进行参谋辅佐是依靠信息来完成的，信息是决策的基础，信息的质量决定着决策的质量，其实就是决定秘书参谋辅佐的工作质量。在辅佐领导决策时，始终存在着如何判断信息、筛选信息、利用信息等问题。就参谋辅佐活动而言，可以从以下几个方面来提供信息，保证参谋辅佐的质量。

（1）针对领导工作需要。秘书要通过信息收集发挥其参谋辅佐作用，其信息收集不能随着自己的喜好去收集，收集的信息应该以领导工作的需要为出发点，能对领导的决策起参考作用。

（2）完整性。信息的完整性是至关重要的，在辅佐领导做某项决策时，首先要明确需要哪些信息。

① 辅佐领导做出全面系统的决策依赖于信息的完整性，完整的信息包括决策对象的全部信息及其相关信息，这里所说的全部信息有范围、种类、时间等方面的含义。

② 决策信息的完整性包括对决策对象的历史的、现实的，尤其是未来的信息（预测信息）进行全面收集。

③ 决策信息的完整性包括反映正面问题的信息（正常发生的情况、经验等）和反映反面问题的信息（非正常发生的情况、缺点、问题、教训等），只有完整地提供两方面的信息，领导才能正确地把握事物发展变化，从而进行科学的决策。

④ 决策信息的完整性还包括反馈信息。

（3）真实性和准确性。信息的真实性和准确性是正确决策的基础。

为了保证秘书收集的原始信息是真实的和准确的，秘书应该做到：
- 尽量引用第一手材料，不要道听途说；
- 对收集的信息应进行鉴定、核实。

为了保证秘书为决策者所提供的信息是真实的和准确的，秘书应该做到：
- 态度要客观，不能带有倾向性；
- 要不断提高自己的信息判断能力。

相关链接

一个具有信息素养的人，能够认识到精确和完整的信息是做出合理决策的基础，确定对信息的需求，形成基于信息需求的问题，确定潜在的信息源，制定成功的检索方案，从包括基于计算机和其他信息源获取信息、评价信息、组织信息于实际的应用，将新信息与原有的知识体系进行融合及在批判性思考和问题解决的过程中使用信息。

（**资料来源**：Doyle. 信息素养全美论坛的终结报告. 1992. ）

6. 秘书信息收集对参谋辅佐的意义

秘书是领导不可缺少的"外脑"和"耳目"，是领导重要的参谋和助手。秘书部门是各级领导机关的办公机构，是承上启下、联系各方的信息中心。秘书及秘书部门的这些功能，哪一条都离不开信息。为领导工作提供全面、准确、对路的信息，是秘书义不容辞的重要职责。因此，秘书需要做好信息收集的工作，秘书的信息收集工作对发挥秘书的参谋辅佐作用有着重要的意义。

（1）信息收集工作的好坏，直接关系到秘书参谋辅佐工作的质量。准确、及时、全面的信息，能使秘书很好地发挥其参谋辅佐作用，是领导者做出正确决策的重要保证。反之，错误、迟报、片面的信息，可能会使秘书参谋辅佐作用失效，导致领导者做出错误的决策，造成重大的损失。

（2）信息收集是秘书参谋辅佐的基础性工作。信息是决策的依据基础。领导获取信息的渠道有三种：一是亲自获取，二是由秘书部门提供，三是由各职能部门提供。秘书作为领导不可缺少的"外脑"和"耳目"，作为领导的重要参谋和助手，是领导最重要的信息来源渠道之一。信息在领导决策中有着重要地位和作用。秘书必须努力为领导工作提供全面、准确的信息。

（3）收集信息是秘书工作中的一个经常性工作。秘书要具有丰富的理论知识，而且还要有实践经验，要勤学、好思、多做、善于交往，敏锐地感受到社会信息的变化，收集的信息贴近企业发展思路，努力做到提供给领导的信息是准确的、关键的、及时的信息。长期的信息收集工作能不断提高个人的综合素质和能力。

（4）信息工作有利于提高秘书工作效率，辅佐领导高效决策。在信息化水平较落后的过去，我国秘书信息渠道窄、来源少、工具落后，工作节奏慢、效率低，在信息科技化、现代化的今天，信息渠道宽、来源广、工具先进，信息工作有了较大的发展。健全的信息体系，使办公室工作效率明显提高，也有利于秘书辅佐领导高效决策。

随堂检测

1. 名词解释

信息　秘书信息工作　观察法　准确性原则

2. 天骏公司接受委托咨询法国家具行业著名品牌情况和近年发展趋势，试说明可使用哪些方法完成该项委托。

子项目二　信息处理与参谋辅佐

项目任务

利用各种方法进行信息处理。

事件回放

巧妙利用信息

信息之中有黄金。只要我们善于利用各种信息，哪怕分文不花也可以创造财富。

阿勒扬·苏莱曼是以色列人，年轻时在某小公司当职员，生活极其艰难，靠其微薄的薪酬供养一家六口，经常为生计问题犯愁。有一天，苏莱曼获悉阿根廷政府打算从国外采购价值 2 000 万美元的石油。虽然他财力不足，但很想接下这宗生意，便决定去阿根廷考察个究竟，看看这一消息是否属实。到那里一打听，发现确有此事。于是，他开始盘算着如何争取到这笔生意。

此前，苏莱曼从未接触过石油业，对该行业可以说是个"门外汉"，做起来会有一定的困难。不过，苏莱曼不是一个知难而退的人，他经过多方面调查后，发现这宗生意已有两个非常强大的竞争对手——英国石油公司和壳牌石油公司。这两个公司财雄势大，有丰富的石油经营经验。苏莱曼知道，如果从正面与这两大竞争对手较量，无疑是"以卵击石"。所以，他决定采用从侧面进攻的战术来参与这宗买卖的竞争。

为了找到一个好的方法，苏莱曼再次对阿根廷市场进行深入调查，其间又获得一条这样的信息：这里的牛肉过剩，政府正急于寻找买家。于是，他抓住这一信息，反复思考，认为可以在这个问题上找到突破口——如果自己能够帮助阿根廷推销过剩的牛肉，就可以促使阿根廷政府购买自己的石油。

主意拿定之后，苏莱曼兴奋了好一阵，然后径找到阿根廷政府，并对他们说："如果你们向我购买 2 000 万美元的石油，我便向你们订购 2 000 万美元的牛肉。"阿根廷政府觉得苏莱曼的条件优于其他竞争者，能解自己的燃眉之急，便决定把采购石油的投标机会给他，使他一下有了强大的进攻力量。

接下来，苏莱曼在寻找牛肉买家的过程中，打听到了这样一条信息：西班牙有一家大船厂处于停工状态，西班牙政府十分关注。苏莱曼认为这条信息又隐含了一个很好的机遇，便前往该国的有关政府部门游说。他表示："假如你们向我买下 2 000 万美元的牛肉，我便向你们的船厂订购一艘价值 2 000 万美元的超级油轮。"这一条件令西班牙政府不胜欣喜，因为他们原本就要大量进口牛肉，便马上和苏莱曼签订了合同，并通知西班牙驻阿根廷大使与阿根廷联络，告诉阿根廷政府将苏莱曼所订购的那 2 000 万美元的牛肉直接运往西班牙。事实上，苏莱曼在向西班牙推销牛肉之初，就已物色好了购船的客户，它便是美国的太阳石油公司。所以，当他和西班牙政府签完合同后，又马上来到美国太阳石油公司。他对这家公司的老板说："你们如果肯出 2 000 万美元来购买我的一艘超级油轮，我就向你们购买 2 000 万美元的石油。"太阳石油公司想，反正自己是要买油轮的，现在他能购买自己如此巨额的产品，何乐而不为呢？所以，欣然接受了。

最后，这宗一环扣一环的买卖终于实现了。苏莱曼所做成的生意不是最初的 2 000 万美元，而是 6 000 万美元。在这宗巨额的交易中，苏莱曼分文本钱未出，但从中获取了数百万美元的利润。

（资料来源：360doc 个人图书馆.2014-03-29.）

任务分析

苏莱曼这样的成功，在商业史上都是罕见的。他可谓是把"巧用信息"这一赚钱法用绝了。

在市场经济社会里，信息是财富之源。谁拥有了信息，谁就拥有了致富的宝藏。此法精要之处在于一个"巧"字上。巧需要有辩证思维，用联系和发展的眼光去审视市场信息，用系统的方法去组合信息，以便从表面看来没有什么联系的一条孤立信息中找出相互的关联，抓住隐含的商机组合或赚取大利润的生意链。

相关知识

信息处理就是对获取的各种信息进行采集、分析、筛选、整理、加工、综合、归类、开发等，从中获取有用的情报、数据，进而提炼出新的思想、理论，用以指导工作实践的全过程。信息处理包括信息整理、信息储存、信息传递、信息开发、信息利用五个部分。

一、信息整理

1. 信息整理的概念

信息整理，是指对收集到的原始信息进行分类、筛选、校核，使其成为适用的信息。信息整理是对收集到的原始信息去粗取精、去伪存真、由此及彼、由表及里的改造加工，是整个信息工作的核心。

2. 信息整理的程序

（1）筛选。筛选是指对收集到的大量信息进行初步甄别和再选择，选择那些适用性强、价值大的信息，淘汰那些不适用、价值小、无价值的信息。筛选是信息处理的基本工作，必须认真、仔细、慎重，谨防剔除一些有用信息或留下无价值信息，这就是筛选的基本任务。

信息筛选包括鉴别、选择和剔除三个部分。

① 鉴别，即判断信息的真实性、全面性、适用性等。真实性鉴别，即甄别信息资料的真伪；全面性鉴别，即检验信息资料的完整程度；适用性鉴别，即确定信息资料的适用程度和价值大小。

② 选择，即择取适用性强、价值大的信息，一般是对工作有指导意义、与业务活动密切相关的信息，特别是新颖、及时的相关信息。这些信息是有效信息，是领导决策的重要依据。

③ 剔除，即删除不适用、价值小、无价值的信息，包括虚假信息、类同信息、重复信息、过时信息及与内容无关的信息。这些信息都是无效信息，是干扰信息，会影响领导的决策。

（2）分类。分类是指对各种信息资料按一定的标准进行类别划分。秘书每天都会接触大量的信息，应根据工作需要及信息特征进行分类，以便对信息进行查找和利用，使信息发挥更大的作用，提高工作效率。

分类的方法繁多，下面简单介绍几种分类方法。

① 主题分类法，是指按照信息概念、主题和标题特征来组织排列信息的方法。主题分类法可以按多级主题分类。信息中最重要的主题名称作为分类的首要主题，次要的主题作为第二主题，以此类推。

主题分类法的优点：检索方便。相关主题的信息材料集中存放，便于相关信息的查找和利用。主题分类法的缺点：主题与标题容易混淆，主题不易确定，归类难以准确。

② 字母分类法，是指按照字母排列顺序进行分类。第一个字母不同的，按字母前后次序排列；第一个字母相同的，则按第二个字母顺序排列。

字母分类法的优点：方法简单易行，操作方便。字母分类法的缺点：按字母分类的信息，对于信息的主题针对性不强；当相同字母的字较多时，查找花费时间长，使用不方便。

③ 数字分类法，是指按照每个信息被赋予的号码次序或大小顺序排列的方法。数字分类法的优点：数字规则简单，一目了然；简便易行，适于存储。数字分类法的缺点：查信息需要参照索引卡，花费时间长；如果分类号码有误，则会导致查找信息麻烦。

（3）校核。校核是对收集到的信息做进一步的校验核实，校对信息真伪情况，消除信息资料中不真实的因素，纠正信息中的错误成分，使信息能客观准确地反映事物运动变化的本质特征。信息的校核是信息整理的一个重要步骤。

有时信息中有不真实因素，需要秘书认真校核，尤其是那些似是而非的信息、金沙俱含的信息，有些信息集有用信息和无用信息为一体，需要通过校核工作去粗取精，去伪存真，除沙存金，确保信息的真实、准确。

信息校核的主要方法如下所述。

① 分析法，即运用逻辑推理对原始信息资料进行分析，发现其中的破绽和疑点，从而识别其真伪。例如，若信息资料悖于生活常理，便可断定其是虚假信息。

分析法的优点：简便，不需要借助于其他手段，从原始信息资料本身就能很快地发现某些差错；分析法的缺点不太可靠，主要根据主观推理分析，没有事实材料佐证。

② 核对法，核对信息一般用可靠的信息来核对信息资料，用权威材料核对信息资料，其主要方式有：用一手材料核对二手材料，用直接材料核对间接材料，用文字材料核对口头材料，用物证材料核对文字材料，或用同一信息本身自校。例如，如果同一材料中前后互相矛盾，则依据逻辑学中的"矛盾律"，就可以断定该信息的真伪。通过对信息进行对照、比较，发现和纠正原始信息中的某些差错。

③ 调查法，就是对收集到的原始信息，通过直接的、现场的调查来检验它的真实性和准确性。调查法的优点：结论可靠。调查法的缺点：需要花费较多的人力和时间。

④ 统计法，即对收集来的信息资料进行系统数据定性分析，运用系统数理模式进行计算，看数据是否准确，结论是否正确，分类是否合理。

二、信息储存

1. 信息储存的概念

信息储存就是把已使用过或尚未使用的信息作为资料入库储存，供以后查找、使用。信息储存是信息工作的重要环节，是保存信息收集、整理环节成果的必要手段，为信息传递、开发、利用、决策和反馈等流程提供便利条件和基础。信息储存可以不断丰富信息资源，减少信息的丢失，可以有效、有序地管理信息资料，利于资源共享。

2. 信息储存的载体

信息储存的载体是指能够存储信息的物体，最常见的信息储存载体有：纸质载体、光磁载体（磁带、软盘、硬盘、光盘）、机械录音载体、缩微品载体（缩微胶卷、胶片）等。历史上还曾出现其他信息储存载体，如石碑、竹片、缣帛、金属等。

3. 信息储存的步骤

（1）登记。

① 登记的概念。登记是指对信息建立完整、系统的记录，便于查找和利用。

② 登记的方法。

- 总括登记，即对储存信息按批分类进行总体性的登记，反映储存信息资料的全貌，一般只登记存入册数、种类及总量等；
- 个别登记，即按信息储存顺序逐件登记，对每一条信息资料进行详细记录，便于掌握各类信息资料的具体情况。

③ 登记的形式。

- 簿册式，即将信息资料抄录在簿册或其他记录本上；
- 卡片式，即将信息资料记录在用单张的纸片制成的卡片上。

④ 登记的作用。

- 可以了解信息的大致内容；
- 可以了解信息与信息之间的联系、信息工作情况；
- 可以防止信息资料的散乱或丢失；
- 便于总结和改进工作。

（2）编码。

① 编码的概念。编码一般是由字符（字母或数字）组成基本数码，再由基本数码结合成为组合数据来组合信息资料，编码结构表示信息资料的组成方式及其相互关系。编码实际上是建立储存检索系统，可根据这个系统对源源不断的信息资料进行归类存放，需要时可按类查找使用。

② 信息资料编码的一般步骤。

- 分析所有预编码的信息资料；
- 选择最佳的编码方法；
- 确定数码的位数。

③ 信息资料编码的方法。

- 顺序编码法，即按信息发生的先后顺序或规定一个统一的标准编码。这种方法用于不是很重要或无须分类的信息资料的储存，可按数字、字母、内容（如政治、经济、科技、文教）的顺序排列编号；
- 分组编号法，即利用十进制阿拉伯数字，按后续数字来区别信息的大、小类，进行单独编码。运用这种方法，所有项目都要有同样多的数码个数，左边数码表示大类，而右边排列的每一个数码，则标志着更细的小类。

例如：1000——广州市场信息资料
1100——广州市场纺织品信息资料
1110——广州市场化纤品信息资料
1111——广州市场涤纶信息资料

④ 编码的意义。

- 编码便于信息资料的管理和使用，适应电子计算机处理的要求；
- 对登记存储的信息资料要进行科学的编码，使之科学化、系列化。

（3）存放排列。经过科学编码的信息资料还需有序地存放排列。常用的排列方法有时序排列法、来源排列法、内容排列法和字顺排列法。

（4）保管。

① 保管的概念。保管是指信息资料入库后的存放和维护工作，是对信息的保护和管理，关系到信息的安全、完整和使用寿命。保管中应防止信息资料的污损和丢失，实施科学保管。要及时剔除失去保存价值的信息资料和卡片，建立查阅、保管制度等。

② 信息保管的主要工作。

- 防损坏，如防火、防潮、防高温、防虫害等；
- 防失密、防泄密、防盗窃等；
- 定期或不定期地进行清点，发现存储中的问题，提高管理水平；
- 及时进行存储更新，不断扩充新的信息。

4．信息储存的方式

针对不同的信息载体，主要有以下几种储存的方法。

（1）手工储存。手工储存主要针对的是纸质载体储存的信息，是指手工制作信息文件目录和索引途径，将信息原件或信息目录、索引途径保存在文件夹和文件柜中。

手工储存的优点：储存设备花费不多；阅读便利。手工储存的缺点：信息文件不易长久保存，易受火、受潮、受蛀等；占用空间大。

（2）计算机储存。计算机储存是运用数据库、电子表格、文字处理或其他应用程序等，将信息资料转化为电子文件格式，储存在硬盘、光盘或其他电子载体中。

计算机储存的优点：计算机储存的信息量大；编辑、更新、查找迅速便利；占用空间小。计算机储存的缺点：需要防病毒；为防泄密，需加密码；为防磁化，磁盘不要存放在任何磁性物的旁边；信息资料要定期备份。

（3）缩微胶片储存。缩微胶片储存是指利用拍照的方法保存信息资料。计算机系统能直接输出最终文档到缩微胶片上，它需要使用专用的阅读机才能显示。当有大量标准化文档需要储存时，缩微胶片储存的优势便得以体现。

缩微胶片储存的优点：缩微胶片一般尺寸很小，节省空间。缩微胶片储存的缺点：缩微胶片不能直接阅读，需要有专门的阅读机；照相和阅读需要特别的照相机和阅读机，设备比较昂贵；缩微胶片需要贴标签、制作索引和排序，程序比较烦琐。

三、信息传递

案例5.7

某玩具公司总经理吩咐秘书小刘通知各部门经理下午2：30到总公司开会。由于各部门经理人数少，时间紧，通知的内容简单，各部门离总部又有一定的距离，所以秘书小刘采用了口头传递的方式用电话通知各部门经理，这样快速、简捷。总经理又吩咐秘书小刘将几份不需要保密的玩具设计图纸传递给某销售商及一份需保密的文件传递出去。秘书小刘觉得：对于本公司的玩具设计图纸，应采用书面传递方式，如邮寄、影像传递、传真机、计算机系统等传递方式。采用影像传递，传递感染力强；采用传真机传递，快速、便利，但费用较高；采用邮寄形式速度慢；采用计算机传递方式速度快；不可采用口头传递方式。对于那份需保密的文件，应确定密级，确定传递范围；通过机要交换装封，投递前要进行登记，不可采用普通邮递方式传递。

1．信息传递的概念

信息传递，是指运用一定的理论和方法，借助于一定的装置、设备，实现信息有目的性和方向性的流动、传输或传播，将信息资料送达需要者手中。

2．信息传递的类型

（1）组织单位内部传递和组织单位外部传递。按照信息传递范围，可分为组织单位内部传递和组织单位外部传递。

① 组织单位内部传递，是指为了协调和合作，单位内部之间进行信息交流。这种传递方式通常用于本单位的工作计划、安排、目前的工作进展情况、下一步的部署、各部门要完成的工作；了解员工对本企业的看法、意见；了解公众对单位产品质量、销售情况、售后服务、产品的市场情况等信息。信息向内传递的目的是达到单位内部、单位与公众之间的相互理解及单位与社会发展的协调一致。

② 组织单位外部传递，是指秘书在日常工作中有效地利用各种媒介传递信息。通过广播、电视、网络、广告、报刊等媒介向公众、合作伙伴、政府主管部门、社会组织等传递信息，宣传单位的产品、新举措、信誉等，以树立单位形象，增进社会对单位的了解、认可、信任。单位对外的信息传递是有限的信息传递。

（2）单向传递、双向传递和反馈传递。按照信息传递的方向，信息传递可分为单向传递、双向传递和反馈传递。

① 单向传递，即直接由信息的发出者把信息传递给需要者。单向传递是单向进行的，如企业发出的通知、简报、报表及在广播、电视、报刊上登载的声明、广告等。这种传递方式的特点是可以直接满足接收者的需要。

② 双向传递，即传递双方在信息资料的传递过程中都向对方发出信息，共同参与传递过程。在这种传递方式中，传递者即接收者，接收者也是传递者，如各种讨论会、交流会、

座谈会等。

③ 反馈传递,即信息传递者根据接收者提出的要求,有针对性地选择信息内容进行传递。反馈传递是传递者对接收者所提出的要求的一种信息反馈。信息反馈的方式有正反馈和负反馈两种。正反馈中的反馈信息一般为反映决策执行中的成绩、经验等正面的信息。负反馈中的反馈信息一般为反映执行中的问题、失误方面的信息。

反馈传递的特点在于所传递的信息内容具有较强的针对性,有用度高,做到有的放矢。

(3) 间断式传递和连续式传递。按照传递时的信息连续程度,信息传递可分为间断式传递和连续式传递。

① 间断式传递,即隔一段时间传递一次信息。

② 连续式传递,即将信息不间断地传递出去。

(4) 串联传递和并联传递。按照传递时的路径,信息传递可分为串联传递和并联传递。

① 串联传递,即只通过本部门、本行业、本组织中的某套专门信息系统来传递信息。

② 并联传递,即在传递信息时,同时利用了多种信息系统,如办公室系统、统计系统、信息系统、情报系统等。

3. 信息传递的途径

(1) 语言传递。语言传递是用有声的口头语言传递信息,具体形式有对话、座谈、讲座、会议、交流等。

语言传递信息的优点:传递直接,反馈及时;内容新,人们交谈的百分之八十都是刚发生的和将要发生的信息。语言传递信息的缺点:语言信息较零散混乱;不便于积累和保存。

(2) 文字传递。文字传递是用文字、符号、图像等形式传递信息,其具体形式有信件、备忘录、通知、告示、传阅单、内部刊物、声明、新闻稿、表格、图表等。

文字传递信息的优点:信息便于利用和保存;信息不易失真变形;能够远距离传递;能反复多次传递。文字传递信息的缺点:传递速度较慢。

(3) 电信传递。电信传递即通过广播、电话、电视、电报、电传、计算机网络等方式传递信息。

电信传递信息的优点:信息传递速度快,信息量大,范围广。电信传递信息的缺点:信息杂,真假难辨。

4. 信息传递的原则

一般来说,信息资料的传递基本要求是对路、准确、全面、及时、安全。

(1) 对路原则。所谓对路,是指针对不同的对象要按需传递信息。传递信息时要区别对象,即要根据不同服务对象的不同需求,提供不同的信息。信息传递是为了信息接收者能够利用信息。那么,提供不对路的信息对信息接收者毫无用处;给信息接收者提供对路的信息,会使信息接收者受益匪浅。秘书应针对不同对象的不同需求提供信息,提高信息利用效率。例如,决策者往往需要宏观的、具有前瞻性的信息;基层工作者往往需要具体的业务信息。

(2) 准确原则。准确原则是针对信息的质量而言的,要求信息资料的传递准确可靠,防止失真。印刷或传真不清晰、字体缺笔、标点错误、噪声的干扰、距离远、说话人的地方口音、同音字及信息接收人的状况等因素都会导致信息传递不准确。

（3）全面原则。全面原则是针对信息的系统性而言的，要求在一定条件下传递的信息，尽可能全面、系统。秘书绝不能投领导所好，向他们传递带有片面性的信息材料，而舍弃反映问题全面本质的信息材料，否则，会把领导者引向误区。

（4）及时原则。及时原则是指信息资料的传递特别要注意时限，能够在尽可能短的时间内，将信息送达指定目标。传递速度的快慢，往往决定了整个信息工作的效率。秘书要尽量运用现代化的通信手段进行信息传递，尤其要做好突现问题的信息传递工作。秘书应及时收集有关信息并迅速传递给决策者和有关人员。现代化的信息传递工具不仅速度快，而且图像、声音、文字并茂，有的能超越时空的限制，使信息产生更大的社会效益和经济效益。

（5）安全原则。安全原则是针对信息的秘密程度而言的，保密主要是针对机密性的信息。不论是国家、机关，还是企业，都有一些信息需要保密。秘书的信息传递量大，内容涉及面广，其中有不少是带有机密性质的，甚至有的还涉及核心机密。应根据信息的保密程度，选择正确的传递方式，控制范围，勿使其泄密。要做好信息传递的保密工作，应注意以下几点。

① 严格控制传递范围。根据信息内容的保密程度，正确选择传递方式。

② 建立必要的保密制度。例如，对发出、收进的材料，必须登记、编号，交接时要履行签字手续；外出递送绝密材料时，要有两人同行；发出机密信息材料时，信袋要密封；等等。保密是机密信息传递安全的重要保障。

四、信息开发

案例 5.8

"这次成功繁育了 40 万尾大鳞副泥鳅苗准备近期投进鱼塘，明年 10 月就会有 6 吨多的泥鳅商品上市了。" 7 月 5 日，七十四团三连蛇山冷水鱼养殖基地，五连职工徐光军满怀信心地向笔者谈起他的特色养殖梦想。

平时就爱搜集各类种养殖信息的徐光军，偶然从央视七套农情栏目上了解到内地一些农民靠养泥鳅富裕起来的新闻后，对其产生浓厚的兴趣，他还专门购买了一些养泥鳅方面的书籍进行研究。了解到泥鳅极具食用及药用价值，有"水中人参"之称，而且有很强的适应能力，在池塘、沟边、湖泊、河流、水库等各种淡水水域中均能养殖繁衍，目前市场上的泥鳅供不应求，零售价达到每公斤 60 元以上，经济效益非常可观。

经过深思熟虑，徐光军把致富项目锁定在养殖大鳞副泥鳅上。经过一年池塘苗种培育试验，第一批 1 000 尾泥鳅人工繁育获得成功，成活率达到 60%，繁育出的鳅苗，体长达到 6~7 厘米。这下徐光军的干劲更足了，又投入 1 万元从重庆引进了 3 000 尾大鳞副泥鳅种苗进行繁育。

除了 4 000 余尾泥鳅，徐光军和娄建在鱼塘里试养了一吨多鲤鱼、1 000 余尾鲫鱼、700 余尾草鱼，还在鱼塘附近放养了 40 多头毛驴和近百只草原鸡。随着夏季来临，游客越来越多，徐光军发现人们很喜欢塘边垂钓，现做现吃。徐光军觉得，这里蕴藏着一个大商机。他想："为什么不能把这片鱼塘拿来开办农家乐，发展观光养殖呢？"说干就干，于是他们又在团里争取到 5 万元的发展自营经济贴息贷款，在鱼塘边搭起了 3 顶帐篷，开办起了农家乐，专办以鱼为主的宴席，客人钓上来的鱼可以现做现吃。"今后，我们要对鱼塘附近进行绿化，种上果树和花草，把它打造成昭苏知名的绿色生态观光养殖场，还要注册坡马绿色有机冷水鱼品牌，争取在昭苏地区乃至伊犁地区打开销路。"徐光军兴致勃勃地规划着未来，他坚信，有梦，就会有未来。

（资料来源：中国商务部农业资讯网.2014-07.）

1. 信息开发的概念

信息开发有广义和狭义之分。广义的信息开发是指任何能够促进信息交流和利用的活动，既包括通过对信息的加工而生产出新的信息产品的活动，也包括促进信息流通等的活动。而狭义的信息开发则专指通过对信息内容进行加工生产出新的信息产品的活动。本书所讲的信息开发主要是指狭义的信息开发。

信息开发工作是对信息进行加工、处理，目的是更好地实现信息的价值。秘书对采集来的信息进行组织、存储和开发后，就可以将信息提供给决策者利用。

2. 信息开发的特点

（1）创造性。信息开发是产出新信息的过程，是一个创造性的过程。其最大的特点就是生产新信息。其他管理环节如收集、整理、分析、储存等都是对信息的收集、序化过程，基本上都保持了信息原有的内容，而信息开发则是为了一定的目的，运用一定的手段，在原有信息内容的基础上，对信息的内容和形式进行分析，发现原有信息背后所隐藏的信息，并将其表达出来，从而创造出新信息产品供人们使用。因此，信息开发是一个具有创造性的信息处理行为。

（2）实用性。信息开发不是为了好玩，也不是为了兴趣，更不是为了打发时间，而是以市场需求为导向的，讲究实用价值的、面对需求的一项信息服务。它是学术研究活动和生产经营活动的结合。而其他信息管理环节则是以信息为对象的，面向的是信息。开发的信息如果不能用于生产经营等实践活动，就是一个失败的信息开发。

3. 信息开发的类型

根据分类标准的不同，可以将信息开发分为多种类型。

（1）潜在信息开发和非潜在信息开发。按信息开发的特点，可以将信息开发分为潜在信息开发和非潜在信息开发。

① 潜在信息开发，是指对不明显、不易感知察觉的信息进行搜索、分析、研究，从而开发出新的信息。

② 非潜在信息开发，是指对现有的、可以明显感觉到的信息进行分析、研究、处理，从而开发出新的信息。

（2）长期信息开发和短期信息开发。按开发所需要时间的长短，可以将信息开发分为长期信息开发和短期信息开发。

① 长期信息开发，是指针对某一信息进行长期的跟踪开发，一般是针对重要的信息进行的。

② 短期信息开发，是指对信息在短时间内进行整理、加工、分析、研究等处理工作，

快速地开发出新产品，一般是针对急需的信息而进行的。

（3）地理信息开发和社会信息开发等。按信息开发的内容，可以将信息开发分为地理信息开发和社会信息开发等。

（4）一次信息开发、二次信息开发和三次信息开发等。按对信息资源加工的层次，可以将信息开发分为一次信息开发、二次信息开发和三次信息开发等。

4．信息开发的方式

（1）由已知信息探求未知信息。秘书开发信息应立足于已掌握的信息，按照事物发展的规律，预测将来的信息，推测信息的发展动态与趋势。事物的发展过程是前因后果的连续过程，昨天的信息酝酿着今天的信息，今天的信息正孕育着事物将来发展的趋势。秘书必须全面地、系统地掌握已经产生的信息情况，才能比较准确地推断和预计将要产生的信息，从而提出有参考价值的信息。

（2）由表面信息开发本质信息。秘书信息开发还应通过综合分析，由表层信息探求深层信息，由虚假信息推测真实本质信息，推测隐藏在假象背后的本质信息。

（3）对信息由定性分析到定量分析。只有对信息进行由定性到定量的分析，才能把握住信息发展变化的本质和基本状态，才能认识信息变化的趋势和变化的程度。了解信息变化中相关要素间的关系及相互影响的大小，在此基础上，秘书才能有效地进行信息开发。

（4）把握信息开发的层次。在实践中，信息的层次不同，开发的着重点也不同。对于战略意义层面的信息，要注意全面、系统、连续动态地开发，开发这类信息的主要目标是追求长远效益和综合效益。如前文中日本人为了得到中国大庆油田的信息，前后共花费了12年的时间，12年间始终关注对有关中国大庆油田的一点一滴的信息的积累，从多种资料和报纸中寻找关于大庆油田的蛛丝马迹的信息，并对其进行了加工，如分析、计算、联系、假设等，最终推算出大庆油田的位置和产油量。日本人通过精细、准确的情报，对大庆油田进行了成功的调查，后来几乎垄断了我国石油设备进口市场。对于局部性意义层面信息，开发时更注重信息的准确性、及时性，讲究实在、精确、迅速。当然，每一层面信息的开发都应注重宏观与微观、整体与局部、群体与个体、长期与近期效益的结合。

5．信息开发的程序

（1）了解工作需求。秘书对信息进行开发时，首先要了解工作需要，尤其是领导的工作需要，以工作需要为出发点进行开发，这是信息开发的第一步。

（2）分析现有信息。秘书要进行信息开发工作，还需要了解所拥有的信息，分析信息的种类、范畴和质量的高低，以确定现有的信息资源能否满足信息开发主题的需要，如果能够满足需要，再进行下一步的工作，否则停止信息开发工作。

（3）整理信息资源。秘书开发信息，就要对繁杂的信息进行整理，理清信息开发所要用到的信息资源。整理过程包括编制专题信息资源目录，对信息资源去粗取精、去伪存真，摘录或节选某些合适的文件资料等。

（4）开发新的产品。信息开发人员根据现有信息资源，结合信息开发工作需要，对信息资源进行研究、提炼、综合等工作，得出新的信息成果，即新的产品。新的信息成果可以用报告、综述、述评等形式来分析表达，使之成为有形的信息产品。

6. 信息开发的原则

（1）需求原则。秘书信息开发的内容取决于领导需求和工作需要，尽量避免脱离需求目标，想当然地进行信息开发工作。

（2）及时原则。秘书信息开发必须及时。信息是有时效性的，超过时间开发出来的新信息相对来说已成过时信息，成了"明日黄花"。因此，秘书应当对收集的信息及时进行整理、分析、研究，从现有信息中开发出有用的新内容。

（3）事实原则。事实原则一是指开发的信息资源必须真实可靠，以事实为基础进行开发，毕竟只有正确的信息才能开发出正确的信息；二是指开发出来的信息产品的真实可靠性。信息开发人员对信息资源的分析、研究及开发，要有理有据，这样才能保证开发出来的新信息真实可靠，有利用价值，如果信息开发人员处理信息资源的方法不正确，那么不但不会给人们带来正面效应，相反还会给人们带来负面效应。秘书在进行信息开发工作时，必须保证所处理信息的真实可靠，不能编造虚假的信息，这样开发出来的信息产品才会正确揭示事物的本质和规律，才不会误导实践，导致损失。

（4）精纯原则。对收集的信息进行开发时，要提高信息的广度和深度，提高信息的精度和纯度。

7. 信息开发的方法

（1）中心跟踪法。这种方法是指围绕一个中心主题，跟踪开发一定范围内的有关信息资料，以全面反映某一现象的本质状况。

（2）热点聚焦法。这种方法是指聚焦分析某一热点主题的信息资料，加以系统地综合归纳，以便完整地、明晰地说明某一方面的性质动态，从而从聚焦热点信息的分析中开发出新的信息。

（3）亮点放大法。这种方法是指抓住信息中的某一亮点，运用逻辑思维能力，揭开原始信息资料提供的深层内容，或按某一活动的时间顺序，或按某一事件的历史发展进程去看，以搞清问题的来龙去脉，从而掌握亮点信息的全面信息。

（4）拓展延伸法。这种方法是指按照某一主题的需要，把若干个不同来源的原始信息资料从横向方面进行拓展延伸，做出比较分析，开发出新的信息资料。采用这种方法应注意：来自不同方面的信息要具有一定的同质性，否则就不可比，同时还应注意选择最能说明主题的信息资料。

（5）比较开发法。这种方法就是把不同的原始信息数据拿来进行横向和纵向比较，以突出反映事物的数量变化特征。纵向比较，就是对某一事物自身发展进行今昔对比；横向比较，就是将某一事物某一阶段的发展状况与同类事物同阶段的发展状况相比较。例如，我国2020年人均收入水平和世界其他国家人均收入水平进行比较，这是横向比较；还可将2020我国人均收入水平和我国以往年份的人均收入进行比较，这是纵向比较，从中开发出我国人均收入发展速度的新信息。

（6）难点突破法。这种方法就是指对于信息中的难点、疑点，采取"打破砂锅问到底"的思维方法，从"纵深"的方面，按原始信息资料提供的某一主题层层逼近，最终开发出信息的本质内容。

五、信息利用

案例 5.9

　　这段时间，尼勒克县种蜂场三农信息服务中心格外热闹，来这里上网查询农业信息、农业政策的农牧民络绎不绝。尼勒克县种蜂场农一队的农民党员刘忠诚高兴地说："上网不仅能为今年的春耕提供一些指导，还能及时掌握增收的好信息。"

　　自 2010 年起，刘忠诚通过网络掌握种植藁苯增收致富的信息后，率先在自己的地里搞起了藁苯特色种植。经过三年的经营，2012 年他种植的 30 亩藁苯纯收入达 20 多万元。如今在尼勒克县像刘忠诚这样通过互联网走上致富路的农牧民越来越多。

　　近年来，针对当地农牧民因致富信息闭塞、增收缓慢这一突出问题，尼勒克县充分利用网络资源优势，收集科技增收、技能培训、致富经验等各种信息，来满足当地农牧民对科技、市场信息的需求。同时，尼勒克县农村党组织利用冬闲时节，加大对农牧民电脑基础应用知识培训力度，如今掌握了计算机基本操作技能的农牧民，抢抓"家电下乡"的惠民政策，纷纷购置了家用计算机，通过互联网平台，"足不出户"就能及时获取科技信息和市场信息，当地农牧民亲切地把"互联网"当成自己致富路上的"千里眼"和"顺风耳"。

（**资料来源**：张伟民.新疆日报网.2013-05-14.）

1．信息利用的概念

　　信息利用就是指通过各种有效的方式和方法，将收集、处理、存储的信息资源提供给利用者，将信息运用到实际工作中，发挥信息的效用。

2．信息利用的特点

　　（1）操作性。信息利用是指将信息运用于各个工作环节，正如前文所说，起草文件、沟通协调、方案抉择都是以信息为基础的。信息利用应从本地实际出发，信息利用应具体化、细致化，利于操作和施行。信息只能在一定的工作范围内发挥作用，如果偏离了信息利用的适用范围，相关信息就可能失效，从而使信息的管理工作没有实际收益而受到损失。所以信息管理者必须根据实际情况在恰当的时机对信息加以利用。企业的工作呈现周期性，每年的年初需要预测性、计划性的信息，每年的年末需要一些总结性的信息，生产的高峰期和萧条期所需信息是不同的，秘书应掌握工作的规律性，做好信息利用工作。

　　（2）服务性。信息利用要围绕工作中心，主动为工作服务，从而提高工作水平。利用信息是信息工作的出发点和归宿，利用信息的全部意义在于发挥信息的效用，发挥秘书的参谋助手的作用。

　　信息提供利用服务的方式有很多，如通过报告、图书、档案、期刊、电视、广播、网络、黑板报等多种方式将信息提供给用户使用。

3．信息利用的途径

　　（1）起草文件利用信息。信息是各种公文写作的基础之一，也是领导决策的依据之一，企业通知、决议、方案、市场调查报告等文件的起草都需要利用信息——既以信息作为文件内容，又以信息作为文件依据，同时还从信息中得出决策方案的结论。

（2）辅佐参谋利用信息。秘书对领导进行参谋辅佐需要依靠信息，根据利用者的需求，对收集的信息内容进行分析研究、筛选、开发后，以信息成果的方式提供给领导。经过秘书加工后的信息具有综合性、预测性的特点，这种信息无疑对领导的决策是有帮助的。

（3）客户服务利用信息。对客户进行服务需要依靠信息，与客户取得联系需要客户的信息，回答客户的有关咨询、疑问需要利用相关信息。应对不同行为风格的客户，需要掌控复杂多变的信息情况。

（4）协调工作利用信息。沟通协调单位各部门或单位之间，也要建立在信息的基础之上。不仅要重视单位上下之间的沟通，做到上情下达，使所属员工了解单位的决策；还要做到下情上达，使决策领导了解战略计划的执行情况和员工的真实想法；还要重视横向沟通，注意部门之间、单位之间的沟通协调，从而最大限度地解决信息不对称问题。

4. 信息利用的程序

一般来说，信息利用服务工作的程序由以下四个步骤构成。

（1）做好准备工作。利用信息，首先要做好相关的准备工作，即做好信息利用服务工作之前的收集、组织、存储等工作。若信息收集工作没做好，则会在提供利用时缺少必要的信息；信息整理工作没有做好，所提供的信息就很有可能是繁杂无效的；信息存储工作做得很差，则不但前面的收集、整理工作的成果受到损害，后面的提供利用工作也将成为无水之渠，失去保障。信息管理工作是一项有特定流程的管理工作，流程中各个环节之间的顺序不能随意更改，前后各环节之间也相互影响，前面的工作没做好，后面的工作也很难做好。

（2）确定服务对象。信息利用是有一定的服务对象的，在提供利用信息之前必须先搞清楚服务对象的性质、范围以及所要求的服务内容等。只有这样，利用信息时，工作起来才有针对性，才能有的放矢。只有让信息为准确的对象服务，信息的利用才会发挥信息的实际效用。

（3）确定利用方式。信息利用还需根据具体情形确定提供利用的方式，这是信息提供利用工作非常重要的一个环节。所选取的服务方式是否适当，会影响信息利用的安全性、有效性及收益性。

（4）实施信息利用。实施信息利用，是信息利用的最终环节，实施信息利用的过程也就是利用资源达成目标的过程。

信息利用工作是整个信息处理工作的最后环节，是信息处理工作价值的实现环节，所以秘书要对信息利用工作给予应有的重视。信息利用工作进行得怎样，直接影响着信息利用工作的整体效果和收益。

5. 信息利用的原则

（1）安全原则。信息的利用，应以安全为基本原则。信息利用工作不能对其他事物造成负面影响，如信息产权问题、信息安全问题。如果对社会或个人造成损害，那就偏离了信息利用的宗旨，甚至得不偿失了。

信息产权一般是相对商业秘密而言的。《中华人民共和国反不正当竞争法》第十条规定，商业秘密是指不为公众所知悉、能为权利人带来经济利益、具有实用性并经权利人采取保密措施的技术信息和经营信息。它包括两部分：非专利技术和经营信息。例如，管理方法、产销策略、客户名单、货源情报等经营信息；生产配方、工艺流程、技术诀窍、设计图纸等技术信息。商业秘密关乎企业的竞争力，对企业的发展至关重要，有的甚至直接决定企业的存亡。商业秘密是个人、组织关于信息的劳动成果的所有权的标志。在利用信息时，不能侵犯他人的商业秘密、信息产权，否则要承担法律责任。利用信息应通过安全合法的途径进行。

信息安全是指信息保管的安全和利用的安全。要尽量避免在提供利用信息的过程中损害信息载体的耐久性和内容的完整性、安全性。如果信息载体在利用的过程中被损坏，那么不但现在有可能不能使用，甚至永远丢失信息，造成损失。信息载体的保护工作不但要在存储工作中进行，也要在利用工作中开展。此外，在提供利用信息的工作过程中也要注意信息的使用范围，严禁将信息提供给超出要求之外的用户使用。要防止商业秘密外泄，如果商业秘密遭到侵犯，应用法律手段来维护自己的权益。

（2）实效原则。信息利用的最终目的是产生成效，发挥作用。信息的提供利用工作就是要求秘书在恰当的时间将准确的信息提供给恰当的人使用。信息的利用要能够带来一定的实效，在企业里，有价值的信息能在更新产品、降低成本、节约费用等方面发挥经济效益。信息利用的实效性既是成功信息利用工作的基本要求，也是其基本特点，更是信息利用的最终目的。信息利用工作，是为促进信息共享、创造更大的社会价值而存在的，信息的利用工作是整个信息管理系统的输出过程，其工作的成功与否决定了系统存在价值的实现程度，因此必须做好信息利用工作，在条件允许的情况下，最大限度地实现信息共享，最大限度地发挥信息的实用价值，为社会进步和国家发展做贡献。这是信息利用的重要原则。

六、秘书信息处理与参谋辅佐

案例 5.10

小张是某厂办公室秘书，刚大学毕业。虽然他早就听人说过信息是资源、是财富，但究竟它的价值有多大，对领导决策起多大作用，总感到说不清。在一次领导办公会上，办公室卢主任让小张做记录，他才对信息工作有了切身的理解。

会上，管设备的副厂长提出技术改造方案，以提高企业的竞争力，要求把刚刚收回的一大笔资金，重点投放到购买机械设备上。管财务、管生产的副厂长都表示支持。当厂长正要拍板决断时，卢主任说他想向各位领导汇报一个新情况，供领导们参考。领导们的目光一起转向了他。

"我先说几条信息请领导们参考：一是我国粮食进入市场后，粮价上调的趋势十分明显；二是国际上几个主要的粮食进口大国今年均遭受自然灾害，国际性粮食歉收趋势已定；三是供应我厂工业粮食原料产量区今年都遭到严重的水灾；四是今年又是乡镇企业发展很快的一年，这些乡镇企业不少是利用其资源优势从事投资少见效快的食品和酿酒业，都将以粮食为原料。根据以上情况，我预计，近期粮价必将上涨，而且上涨幅度较大，可能每千克上涨 0.2~0.5 元；我厂每年工业原料用粮 10 万吨，按每千克原料用粮上涨 0.3 元计算，每吨将上涨 300 元，10 吨就是 3 000 元，全年就是 3 000 万元！因此，我建议当务之急是在粮食涨价前购进原料，这样可以降低成本，提高竞争力，获得可观的经济效益。然后再把获得的盈利投入技术改造。经济实力增强了，我们进行技术改造的起点可以更高些，最好能达到国际先进水平。这样，就为我们的产品参与国际市场竞争打下了坚实的基础……"

卢主任的发言结束后，会场一片寂静。领导们有的拿出计算器仔细地算着；有的掏出钢笔，在本子上写着；还有的托着腮在沉思……

过了一会儿，厂长的发言打破了寂静："卢主任提出了一个值得我们深思的问题。我同意他对粮食价格变化所做的分析和预测。摆在我们面前的问题，是先搞基本建设和技术改造，还是先购进即将涨价的原料，取得经济效益后再以更大的投入进行高起点的技术改造。请大家对这两个方案再议一议。"

大家七嘴八舌讨论起来，会议气氛十分活跃。经过反复比较、分析、论证，厂领导最后一致同意采纳卢主任的建议：先购进粮食原料，再进行技术改造。

后来的事实证明，卢主任的预测是完全正确的，他的方案使企业获得了巨大的利润，整整多赚了一亿元！

小张敬佩地对卢主任说："看来信息是金钱的说法一点都不假！您是怎样获得这些信息的呢？"

卢主任说："信息变化极快，信息工作无止境。这次我们虽然从大量信息中淘出了一些金沙，但不知还有多少金矿等待我们去开掘、去淘洗、去利用。稍一马虎，它就会从你眼皮底下溜走。"

淘金，把小张引入了对信息工作的深层思索中……

（资料来源：王守福. 文秘工作案例与分析[M]. 2版. 北京：高等教育出版社，2009.）

分析： 信息是一种重要的资源，但需要秘书人员进行分析、对比、整理、研究、开发等处理工作。案例中的卢主任就是一位善于"淘金"、开发信息资源的高手。卢主任对相关信息分析研究处理后，向厂领导提出了参谋建议，使厂领导做出了正确的决策，为企业赢得了巨大的利润。由此可见，信息处理在领导决策中的重要地位和作用。

秘书人员平时既要养成收集信息的习惯，还要能从零散信息中发现带规律性的东西，从表面信息中发现本质性的信息，从已知信息中推导出未知的东西，对信息进行多层次的开发，对信息进行定性与定量分析，从而开发出信息的重要价值，实现信息的最大增值。

1. 秘书信息处理与参谋辅佐关系

（1）信息处理是秘书参谋辅佐工作的重要环节。秘书通过对收集来的大量的、零散的、无条理逻辑的信息进行分析、加工、提炼和概括，开发出全面的、系统的高层次信息，这是领导决策的前期准备工作，属于秘书参谋辅佐工作的一部分。

（2）信息处理是参谋辅佐的基础，参谋辅佐是信息处理的延续，二者是相辅相成的关系。秘书经过整理一些重要信息资料提出相应的处理意见，供领导参考。提出意见，这既是信息整理中的重要途径，也是秘书信息工作与其他部门信息工作的显著区别之一。秘书在信息整理的过程中，要有的放矢地提出参考性建议、办法、观点、方案，才能发挥参谋助手的作用。

（3）秘书信息处理的目的是对领导参谋辅佐，参谋辅佐是信息处理工作价值的实现。人类任何活动都有一定目的，没有目的的行为是无意义的行为，目的的达成是行为价值的实现。信息处理的目的是把原始信息变换成便于利用的信息，有利于领导决策或为经营管理提供服务。如果不能很好地利用相关信息为领导参谋辅佐，信息处理工作就相当于白做，就没有实现信息工作的价值。

2. 秘书信息处理协助式辅佐的表现

秘书在形成决策的过程中，不是主持者和表决者，而是重要的协助者，这表现在以下方面。

（1）秘书通过处理信息，草拟和收集供领导选择的多种可行方案；参与对各种方案的分析、比较和评价。

（2）领导人初选了决策方案后，秘书要通过信息处理工作，参与对初定的决策方案的反复论证，并将论证中发现的不足和问题，征求补充，提出修正的意见和建议，并将合理的意见和建议融入决策方案，使之得到充实和完善。

（3）对于进行了补充、修正和完善的决策方案，秘书还要配合有关专家，建立模型，进行实验和验证，使决策方案更为可靠。对于已经确立的决策方案，秘书还要用合理的公文形式、准确流畅的语言，撰写公文，表述决策方案，使群众易于理解，准确地执行。

秘书通过信息处理进行的协助性辅佐，在领导形成决策的过程中，起着不可或缺的重要作用。

3. 秘书信息处理对参谋辅佐的意义

概括地说，信息处理工作对秘书参谋辅佐工作的意义，集中体现在以下几个方面。

（1）信息处理有利于最大限度地发挥秘书参谋辅佐作用。信息处理是决定信息命运与价值的关键环节。信息在未加工整理之前，往往是一种处于自然状态的原始信息。这些信息一般是感性的、零散的、无序的、不系统的，并且难免夹杂一些不真实和不确定的因素。这些信息纷乱繁杂，秘书作为领导的助手和参谋，不可能把这些信息一股脑地"推"给领导，应根据领导的需要"缩小口径"，对这些信息进行去粗取精，去伪存真，并必须根据一定的要求，按照科学的程序进行整理。信息处理对收集到的原始信息在数量上加以浓缩，在质量上加以提高，在形式上加以变化，即去粗取精、去伪存真、由此及彼、由表及里地改造制作。把原始信息变换成便于利用的信息，有利于领导决策或经营管理的效率的提高，其信息处理工作做得越好，其参谋辅佐作用越大。

（2）信息处理最易于发挥秘书参谋辅佐作用。对零碎、肤浅、杂乱而又有价值的信息，秘书要弄清它的性质、范围、意义和发展趋向，充实、丰富它的内容，对信息实行加工整理，经过这样加工的信息，最易受到领导的重视和欢迎。因此，秘书对信息进行加工处理，最易发挥其参谋辅佐作用。

（3）信息处理工作的每一环节，都对领导决策效率与领导决策的成功有着重要的意义。秘书对信息进行归纳、整理、传递、开发和利用等，各个环节对秘书的参谋辅佐工作都起着重要的作用。

信息处理有利于最大限度地实现信息价值，信息处理对企业信息战略制定有重要意义。人们通过对信息进行全面挖掘、综合分析、概括提炼等加工开发过程，使信息由杂乱无章的状态变成有序的有机整体，通过发现现有信息背后隐藏的事物的属性及规律信息，从而加深了对事物的认识，信息的价值也得以实现。秘书通过对收集来的大量的、零散的、随机的、个别的信息进行加工、提炼和概括，开发出全面的、系统的高层次信息，这些信息对领导决策具有更直接的参考咨询价值。

在信息处理工作中，任何信息，只有经过传递，才能达到预定目标，实现它的价值，发挥它的作用。信息的传递是整个信息处理过程中的一个重要环节,它有着十分重要的意义。人们收集、加工、整理信息的目的不是收藏,而是利用。从信息工作来看,如果信息不传递,信息的收集、加工、整理工作,就成为无效的劳动。信息只有经过传递,才能变为实际利用的资源和现实财富。信息只有经过传递才能实现其价值。信息本身所具有的价值叫作潜在价值,信息实际发挥出来的作用,叫作实用价值。信息传递就是将信息的潜在价值转化为实用价值的重要环节。不经过传递,无论信息的潜在价值有多大,也不能发挥作用,实现其实用价值。而信息的存储可使信息保值,能实现信息资源共享,为将来的信息利用提供条件。

信息利用,是信息处理的最终环节,实施信息利用的过程也就是利用资源达成目标的过程;是信息处理工作价值的实现环节,所以秘书应对信息利用工作给予应有的重视。信息利用工作进行得怎样,直接影响着信息利用工作的整体效果。

> **随堂检测**
>
> 1. 名词解释
>
> 信息处理　筛选　由已知信息探求未知信息　及时原则
>
> 2. 倘若你有一个苹果,我也有一个苹果,彼此交换,你我都还只有一个苹果;假如你有一种思想,我也有一种思想,彼此交换,你我就各有两种思想。这段话说明了信息的什么特点?试举例说明。

子项目三　调研工作与参谋辅佐

项目任务

制定调查提纲与调查问卷,撰写调查报告。

事件回放

润妍是宝洁旗下针对中国市场的洗发水品牌,也是宝洁利用中国本土植物资源开关的唯一的系列产品。曾几何时,润妍被宝洁寄予厚望,认为它是宝洁全新的增长点;曾几何时,无数业内、外人士对它的广告与形象赞不绝口;曾几何时我们以为又到了黑发飘飘的春天……,但2002年的时候润妍全面停产,退出市场,润妍怎么了?

下面来具体介绍宝洁在润妍上市前做了哪些市场调查工作。

1. "蛔虫"调查——零距离贴身观察消费者
2. 使用测试——根据消费者意见改进产品
3. 包装调查——设立模拟货架进行商店试销
4. 广告调查——让消费者选择他们最喜欢的创意
5. 网络调查——及时反馈消费者心理
6. 区域试销——谨慎迈出第一步
7. 委托调查——全方位收集信息

(资料来源:宝洁市场调查成败的案例.百度文库)

任务分析

一个经历三年酝酿、上市两年多还不到三年的产品就这样退出了市场，人们不禁要问，为什么？真是"成也调查、败也调查"。宝洁"润妍"调查成功之处在于：抓住东方人的审美观，调查全面，调查方案详细周到，具有很强的针对性和可行性。而它的调查失败之处在于：市场调查时间历时三年之久，丧失了时效性，业务员只到一线城市做调查，只注重部分层次消费者，没有兼顾全部消费者，且委托调查费用支出大，成本太高。

相关知识

一、调研工作的概念

调研即调查研究，有目的、有意识、有计划地使用科学方法考察、分析、研究客观事物，以认识客观事物的本质及其发展规律的一种社会活动过程。

调查和研究是内涵不同但又紧密联系的两个概念。调查是指通过对客观事物的考察、查核和计算来了解客观事物真相的一种感性认识活动；研究是指通过对调查材料进行审查分析和思维加工，以求得认识客观现象的本质及其发展规律的一种理性认识活动。调查是研究的基础和前提，研究是调查的发展和深化，二者虽有先后之分，却是互相贯通、彼此渗透、不可分割的。

调查研究是秘书获取信息的基本手段。对于秘书来说，调查研究是其有效工作不可缺少的经常性手段，也是其应当具有的基本能力，或者说是秘书的一项基本职能任务。秘书只有做好调查研究工作，才能掌握实际原材料，才能促进自身素养和工作水平的提高，才能保证更有效地完成提出参谋建议、辅助领导决策等秘书职能任务。

二、调研工作的基本类型

按不同的标准，可将调研工作分为不同的类型。按调研地域不同，可分为地区性调研、全国性调研和国际性调研；按调研方式不同，可分为直接调研和间接调研；按调研内容不同，可分为综合性调研和专题性调研；按调研时间不同，可分为一次性调研、经常性调研和追踪调研；按调研对象的范围不同，可分为普遍调研和非普遍调研。在这多种多样的分类中，最基本的是按调研对象的范围不同进行分类，即普遍调研和非普遍调研。

1. 普遍调研

普遍调研即普遍调查研究，简称普查，是对调研对象进行全面的调查研究。

普查的优点：调查资料具有全面性和准确性的特点，是掌握实际情况的重要方法。

普查的缺点：工作量大、花费多、时间长、组织工作复杂，只适于对重点问题的调查研究，或者对有关全局性的基本情况进行调查研究。

2. 非普遍调研

非普遍调研是对调研对象总体中的一部分进行的调查研究，又分为典型调研、重点调研、个别调研、抽样调研和综合调研等。

（1）典型调研。典型调研是从调研对象中选择具有代表性的特定对象进行调查研究，以此来认识同类社会现象的本质及其发展规律。

所谓典型，即同类中最具代表性的人或事物，可以是一个，也可以是几个。

典型调研的要求如下。

① 正确选择典型，保证典型调研的科学性。

② 用实事求是的态度选择典型，保证典型的真实性和客观性。

③ 严格区分典型有哪些是可以代表同类事物的一般性的东西，哪些是由典型本身的特殊环境、特殊条件所造成的只具有独特性的东西。

典型调研的优点：调研对象范围较窄，不用花费很大的财力和物力；便于进行深入而细致的调研。典型调研的缺点：典型的选择受调研者主观因素的影响，难免带有主观随意性；被选取的典型与总体中其他同类事物之间会存在一定差异，其代表性总是不全面的；典型中究竟哪些是一般性的，具有普遍意义，哪些是独特性的，只具有特殊意义，很难用科学的手段准确测定，容易混杂。

（2）重点调研。重点调研是从调研对象总体中选取一部分重点对象所进行的调查研究。所谓重点，是指在总体中起主要决定性作用、对总体特征影响较大、能够反映总体基本情况的对象。重点调研的对象可以是一个或几个。

重点调研的优点：调研的对象数量不多，财力、物力、人力耗费小，却能掌握到对全局有决定性影响的情况，此种调研方法使用得相当广泛。

> **♡ 小技法**
>
> **典型调研与重点调研的区别**
>
> ① 选择调研对象的标准不同。典型调研是选择同类社会现象中具有代表性的对象；重点调研则是选择同类社会现象中具有集中性的对象。
>
> ② 调研的主要目的不同。典型调研旨在认识同类社会现象的本质及其发展规律，主要是进行定性调研；重点调研旨在对某种社会现象总体的数量状况做出基本的估计，主要是进行定量调研。

（3）个别调研。个别调研也称个案调研，是指为了解决某一特定问题，对特定的人物、事物或事件所进行的调研，如对某一人物的调研、对某一产品的调研、对某一纠纷的调研、对某一案件的调研、对突发性事件或事故的调研等，都属于个别调研。

> **♡ 小技法**
>
> **个别调研与典型调研的区别**
>
> ① 调研的对象不同。个别调研的对象是特定的、个别的，不一定具有代表性，不能用其他调研对象代替；典型调研的对象是具有代表性的、非个别的，要对调研对象进行认真的选择。

② 调研的目的不同。个别调研是为解决具体问题；典型调研是为探寻和揭示某些社会现象的本质及其发展规律。

　　（4）抽样调研。抽样调研是从调研对象的总体中，抽取一部分作为样本，并以对样本进行调查研究来推断总体特征规律的方法。抽样调研的类型又分为如下几类。

　　① 简单随机抽样。简单随机抽样又称纯随机抽样，将总体内所有个案都编上号码，然后根据等概率的原则，运用随机数表或抽签（抓阄）的方式从总体中直接获取样本。

　　优点：在抽样过程中完全排除了主观因素的干扰，而且简单、易行，是随机抽样方法中最简单、最基本的方法。

　　缺点：只适用于总体数量不多的调查对象，如果总体数量很多，编制抽样框的工作就十分复杂。

　　② 系统抽样。系统抽样又称等距抽样或间隔抽样。它是把总体的元素进行编号排序后，再计算出某种间隔，然后按这一固定的间隔抽取元素来组成样本的办法。

　　优点：样本在总体中的分布比较均匀，具有较高的代表性，抽样误差小于简单随机抽样。

　　缺点：调查总体单位不能太多，而且要有完整的登记册。注意避免抽样间隔与调查对象的周期性节奏相重合。

　　③ 分层抽样。分层抽样又称类型抽样，是先将总体中的所有元素按某种特征或标志（如性别、年龄、职业或地域等）划分成若干类型或层次，然后再在各个类型或层次中采用简单随机抽样或系统抽样的办法抽取一个子样本，最后将这些子样本合起来构成总体的样本。

　　优点：降低抽样误差，提高抽样的精度。便于了解总体内不同层次的情况。便于对总体中不同的层次或类别进行单独或比较研究。

　　缺点：必须对总体各个单位的情况有较多的了解，否则就无法科学分类。

　　④ 整群抽样。整群抽样是从总体中随机抽取一些小的群体，然后由所抽出的若干个小群体内的所有元素构成调查样本的方法。

　　优点：简化抽样过程，降低调查费用，扩大抽样的应用范围。

　　缺点：样本分布面不广，样本对总体的代表性相对较差。

　　⑤ 非概率抽样。

　　偶遇抽样：又称方便抽样或自然抽样，碰到谁就选谁。

　　判断抽样：它是调查者根据研究的目标和自己主观的分析来选择和确定调查对象的方法。依赖于研究者的理论修养、实际经验及对调查对象的熟悉程度。

　　滚雪球抽样：当我们无法了解总体情况时，可以从总体中的少数成员入手，对他们进行调查，向他们询问还知道哪些符合条件的人，在去找那些人并询问他们知道的人。找到的人可能具有更多的同质性。

　　抽样调研的优点：抽样调研结论是运用数学方法计算出来的，便于对调研总体做定量分析，对总体的推断比较准确；抽样调研一般都按随机原则抽取样本，调研结果比较客观、真实。抽样调研的缺点：调研对象范围小，调研结论易失真；当对调查对象的范围不十分明确时，不能进行抽样调研；不太适合进行定性调研，不能取代为了更深入地研究问题而采用的典型调研。

　　（5）综合调研。综合调研是对调研对象运用多学科知识进行多角度的调研，目的在于掌握事物的全局和各个部分的联系。宏观的调研常采用这一形式。例如，某个企业的领导要制定市场拓展规划，必须进行宏观的、多方面的综合调研。这种调研通常由秘书部门与销售部门、经营部门、技术部门等有关部门及专家联合组成调研班子，采用多种方式进行。

综合调研的优点：便于掌握事物的全局和各个部分的联系；结论经过反复论证对比，往往比较科学可靠。综合调研的缺点：调研难度大，花费较多精力、财力、物力。

在实际工作中，采用何种调研类型，要根据目的要求与主客观条件而定，或采用一种，或几种交替使用，互为补充，互相印证。

三、调研工作的基本方法

任何调研工作，都必须使用一定的方法。只有根据调研任务和对象的实际情况，采用科学的调研方法，才能保证社会调研的客观性和科学性。调研工作的方法大体分为两类：一类是调查方法，另一类是研究方法。

1. 调查方法

调查方法主要有实地观察法、问卷调查法、文献调查法、口头访问调查法、实验调查法和网络调查法等。

（1）实地观察法。实地观察是指运用自己的感觉器官或借助科学的观察仪器到实际场地进行有目的、有计划地观察，直接了解当时当地正在发生的、处于自然状态下的社会现象。

实地观察法的优点：所获得的信息是第一手感性材料，具有直观性和可靠性；简便易行，比较灵活。实地观察法的缺点：受时空条件等限制，调查的对象和范围受到很大局限，不能同时做全方位的调查；具有表面性和偶然性，容易产生失误。

（2）问卷调查法。

① 问卷调查法的概念。问卷调查法是指提出若干固定的问题，以卷面形式来询问对象，让询问对象填写。

② 问卷调查的格式。

- 开宗，常是向问卷对象热情致意，说明调研宗旨、意义、问卷单位、答卷方法，以期支持。
- 正文，即所要提出的问题，属于主体内容。
- 收束，可视需要列出问卷对象的特征、问卷评价、处理问卷人、验收人、答卷及复卷日期等栏目供填写，以备抽查。

③ 问卷调查法的优缺点。问卷调查法的优点：适应大面积调研，可在同时、异地一次性地获取众多信息，经济节约，适用于大范围的调查；控制性强，调研内容有限定，问卷对象基本上是针对客体所需而作答；问题明确，答案标准化，易于统计和使用计算机分析，能通过统计得到较为科学全面的信息。问卷调查法的缺点：设计要求较高，问卷内容设计要紧扣调研主题，问题要明确，语言通俗简洁，尽力将抽象概念化作可计量的指标，充分适应问卷对象的文化程度、心理态势与接受能力，回避对方可能的忌讳、隐私等敏感情况，问卷中不得含有有意或无意的诱导或者暗示；不够灵活，显得呆板，信息的可信度易受问卷对象的道德、文化、认识水准的左右；若使用过滥，将造成社会

负担。

④ 问卷调查的方式。

- 封闭式问卷，或称限答式问卷，即在卷面上将可能的答案穷尽列出，供问卷对象选答。其问题类型有是非题、选择题、顺位题。

是非题也称二项选择题，就是要求被调查者对所提的某个问题，用"是"或"否"，"有"或"无"来回答。例如：您家有电冰箱吗？回答：有或无。您喜欢饮用中国茅台酒吗？回答：是或否。

是非题的优点：在短时间内可以得到明确的回答，调查结果也容易整理和汇总；是非题的缺点：不能表示意见的程度、差别，调查结果也不甚精确。

选择题也称为多项选择题，就是调查员事先对所提出的问题拟订若干个答案，供被调查者从中选择一个或数个加以回答。例如：您经常饮用的中国名酒是什么品牌？a.茅台；b.竹叶青；c.莲花白；d.汾酒；e.泸州老窖；f.绍兴加饭酒；g.红玫瑰葡萄酒；h.金奖白兰地；i.味美思酒；j.西凤酒。请在酒名前打√。

选择题的优点：可以缓和是非题强制选择的缺点，统计也比较方便；选择题的缺点：被选择的答案过多时，不便于归类。

顺位题也称为顺位法，就是由被调查者根据自己的认识程度，对所列答案定出先后顺序。顺位题一般分为两种：一种是调查人员事先确定答案，请被调查者按确定的答案决定先后顺序；另一种是调查人员事先不确定答案，由被调查者根据自己的认识程序依次回答或填写。例如：电视机质量调查表如下。

根据您了解和使用的情况，请对生产电视机的几个厂牌做出评价，并按质量好坏排出顺位来：

（　　）海尔牌　　　（　　）TCL 牌
（　　）东芝牌　　　（　　）华为牌
（　　）小米牌　　　（　　）三星牌
（　　）飞利浦牌　　（　　）创维牌
（　　）康佳牌　　　（　　）索尼牌

应用顺位法时应注意以下几个问题：题目宜少不宜多，一般不超过十个；顺位取到第几位，根据调查的目的来确定；若只是一般地了解调查项目的顺位，可采用全部顺位；若只想了解某些重点，可取前两位或三位。

- 开放式问卷，或称泛答式问卷，即提出相对抽象的问题，让问卷对象相对自由地回答。其问题类型有问答题、填空题。

问答题也称自由回答题，答案由被调查者自由发表，不受任何约束。例如：您在近期准备购买哪些家用电器？您认为松下电视的质量怎样？

问答题的优点：被调查者可以尽可能多地发表自己的意见。调查人员可以从被调查者的答复中收集到一些被调查员所忽略的问题，问题不受拘束。同时，被调查者可以灵活发表意见，能形成一种调查的氛围。问答题的缺点：答案由调查员当场记录，由于理解不同，记录可能会失实，出现偏差；用录音机录制，虽可减少失实，但是，这种方式可能会引起被调查者的拘谨和顾虑；又由于被调查者自由发表意见，答案各不相同，给调查资料的整理、汇总工作带来一定的困难。

填空题要求在题干上直接写答案。例如：您使用的汽车品牌是（　　）？调查者既可使用其中一种调查方式，也可多种调查方式结合使用。

（3）文献调查法。文献调查法是指利用文献资料进行调查。从各种文献资料中，收集、调查与课题有关的情报信息。在目前纸质资料文献仍占主导地位的情况下，主要是进行书面文献调查。

文献调查法的优点：调查方便、自由，花费少，效率高；不受时空的限制；书面情报比口头情报正式、准确。文献调查法的缺点：所获得的情报是间接性信息情报，要确切地收集信息情报，还须深入实际，进行直接的调查；文献资料一般形成于事情发生之后，具有时间上的滞后性。

（4）口头访问调查法。口头访问调查法又称访问法、访谈法，它是访问者通过口头提问方式向被访问者了解有关信息的方法。

访问调查法的优点：方法直接快捷；适用于各种调查对象；方法灵活，调查者可根据实际情况灵活处理。访问调查法的缺点：容易受主观因素影响，主观因素主要是指访问者的素质和被访问者的合作态度及回答问题的能力；花费人力、财力大。

访问调查的整个访谈过程，是访问者与被访问者互相影响、互相作用的过程，是访问者与被访问者的双向活动，故访问者要做好访谈前的各项准备工作，熟练地掌握和运用各种访问技巧，并有效地控制整个访谈过程。

口头访问调查法所拟订的问题应该注意询问语句的措辞和语气。下面介绍几点应注意的事项。

① 问题要明确，避免一般化。例如：您对××牌洗衣机是否满意？这个问题提得不够具体，答案有很多，被询问者可能答对××牌洗衣机外观是否满意，也可能答对××牌洗衣机的性能是否满意等。这样不易归类整理。比较明确的提法是，您对××牌洗衣机的外观是否满意？您对××牌洗衣机的性能是否满意？

② 避免笼统或使用多义词提问。"经常""普通""一般""基本"等词义比较笼统，在拟题时应尽量避免使用。例如：您经常使用××牌洗涤剂吗？可改为：近来您用的是哪种品牌的洗涤剂？以前使用的是哪种品牌的洗涤剂？

③ 提问的字里行间，不可含有暗示。例如："您是否使用××牌牙膏呢？"这种问题中"是否"两字对被调查者有"引导"作用，从而造成调查偏差。可改为：您用的牙膏是什么牌？质量好吗？

④ 提问应避免涉及私人问题，如年龄、宗教、健康及癖好等。例如："你有没有狐臭？""你每天刷牙吗？"或者问年纪大的女性"你今年多少岁？"此类问题都应避免。

⑤ 问题的编列应合理有序。开始的几个问题宜简单、易答、有趣，以激发被调查者的兴趣；核心问题排在中间，专题性问题排后。

（5）实验调查法。实验调查法又称试验调查法，它是实验者有目的、有意识地通过改变某些社会环境的实践活动来认识实验对象的本质及其发展规律的方法。

实验调查法的优点：方法科学，它是一种实践性、动态性、综合性的直接调查方法；过程严谨，强调确立事物之间的因果联系，其结论一般具有较高的准确性、可靠性和较强的说服力。实验调查法的缺点：与文献调查法、实地观察法、口头访问调查法等相比，它是一种更为复杂、难度更高的调查方法；实验较难控制，尤其是反社会、反人类的实验应加强控制。

（6）网络调查法。网络调查法是调查者通过网络工具向被调查者了解有关情况的方法。目前，由于信息技术日益发达，方便快捷的电子问卷形式开始得到更加广泛的应用，通过互联网发放和回收问卷，并运用网络技术的自动统计和分析功能，使调查研究越来越走向科学化，给秘书人员进行综合分析、辅助决策提供了更多方便。

网络调查法的优点：可以超越时空条件的限制，所获得的情报一般广泛；比直接调查方法方便、自由；便于保护被调查人的隐私。网络调查法的缺点：缺乏具体性、生动性；所获得的情报往往有虚假的成分。因此，网络调查法一般只能作为社会调查的辅助手段，要真正了解社会，还须深入实际，进行实地的、直接的调查。

2．研究方法

研究主要是对收集的感性材料进行思维加工的理性认识方法，主要有归纳法、演绎法、分析法、综合法、比较法、系统方法等。

（1）归纳与演绎法。归纳和演绎是两种不同的推理和认识现实的科学方法。归纳法是由特殊到一般的推理，包括完全归纳法和不完全归纳法。

① 完全归纳法，又叫作枚举法，是一种把研究对象或情况一一都考察到了而推出结论的方法。用完全归纳法得出的结论是可靠的，通常在事物包括的特殊情况为数不多时，才采用完全归纳法。

例如：经营部共有小王、小刘和小李三个职员。小王很擅长交际，小刘很擅长交际，小李很擅长交际，所以经营部的职员都很擅长交际。

又如：有两个企业A、B。企业B独占一个行业的市场，企业A要进入这个领域，想与企业B瓜分该市场。企业B不愿意A与它一起瓜分该市场，它发出"威胁"："如果你进入，我将打击。"当然，对B进行打击，双方均有损失。——这是双方的"共识"。

如果A"不进入"，A的得益为0，B的得益为10；如果A"进入"，B"不打击"的话，A与B平分10，各得到5，而如果B"打击"的话，A的收益为-3，B的收益为4。

这个博弈的结果是，A选择"进入"，B选择"不打击"。——它们构成"子博弈精炼纳什均衡"。对于这个博弈，B的威胁"如果A进入，我将打击"是"不可信的"威胁。

在这个动态博弈中，理性的参与人所用的推理方法被称为"逆向归纳法"，又称"倒推法"（Backward Induction）。虽然被称为逆向归纳法，但它是完全归纳法。逆向归纳法是演绎推理，它是求解完全且完美信息下的动态博弈的方法。逆向归纳法推理严密。

② 不完全归纳法，是根据一类事物中的部分对象具有或不具有某种属性，从而得出该类事物所有对象都具有或不具有某种属性的思维方法。例如，某企业招工，接连几位应聘者都是男性，所以得出结论，来应聘人都是男性，这种推理并没有把所有可能来应聘业务员的人都包括进去，所以是不完全归纳法。

演绎是由一般到特殊的推理。演绎推理的主要形式是三段论，由公元前3世纪著名的思想家亚里士多德所提出。一个三段论就是一个包括有大前提、小前提和结论三个部分的论证。大前提是一般事理，小前提是论证的个别事物，结论就是论点。例如：凡人都会死，苏格拉底是人，所以苏格拉底会死。大前提：凡人都会死；小前提：苏格拉底是人；结论：苏格拉底会死。

（2）分析与综合法。分析与综合是思维的基本过程和方法。分析是在思维中把事物分解为各个属性、部分、方面。综合是在思维中把事物的各个属性、部分，方面结合起来考虑。

两者彼此相反而又相互联系，分析是综合的基础，综合是分析的升华。综合不仅是分析结果的整合，而且是在分析基础上找寻规律的行为。因此，分析中的综合与综合中的分析贯穿于思维的整个过程中。

（3）比较法。比较法通过对具有可比性的不同事物之间单方面或多方面的相互比较，发现事物的特性、实质、规律，鉴别优劣、得失，确认相关效应，找出促进或防范的措施。通常用纵向比较法肯定成绩，预测未来；用横向比较法找出问题与差距，指导下一步工作。

（4）系统法。系统法是指把要解决的问题作为一个系统，对系统要素进行综合分析，找出解决问题可行方案的方法，包括系统特征分析方法、系统逻辑分析方法和系统工程技术三种。以上各种方法，各有各的长处，也各有各的局限性。在分析研究的过程中，往往是几种方法交替使用，使之相互补充，相互印证，以求得对客观实际更全面、更深刻的认识。

四、调研工作的原则

调研工作关系到单位正确决策、有力控制、有效管理。秘书的调研工作关系到秘书活动的价值。做好调研工作，要遵循以下主要原则。

（1）实事求是。"实事"就是客观存在着的一切事物，"求"就是去研究，"是"就是客观事物的内部联系，即规律性。秘书调研，应从客观存在的事实出发，按照实际情况决定工作方针，进行科学的调研工作。

（2）切中主题。秘书调研应从选题开始。秘书调研的课题与其调研的主动类型和被动类型相应，有客命课题和主命课题之分。客命课题如领导出题、机关管理中的具体调研要求；主命课题则是秘书视职能需要自定的调研意向。调研工作应围绕主题进行，去获得、取舍信息，这是如期获取有效信息的关键。秘书调研的有效，集中体现为获取有效信息。

（3）调研结合。调查是获取有效信息的过程手段，研究是为达到调查目的而深入分析认识的过程，是对调查所获的原材料进行处理与加工。二者相互渗透，密不可分，呈交替、结合状态，调查之前、之中和之后，均有研究；反之，在对材料研究过程中又往往需做补充调查。一个完整的调研过程，是在调、研渗透交替的循环之中，在得到预期信息和正确结论之时，方告结束。调、研呈绝对先后次序展开的状态不多，呈渗透、交替循环进行的状态却普遍存在。因此，秘书应掌握这一调研规律，在调查中随时思考、分析，在研究时及时进行追踪感受，获取情况和材料，在二者的结合循环之中，深化认识，提高调研成效。

（4）讲究效率。讲究效率是调研的一条重要原则。信息具有时效性。如果有用的信息错过获取和运用时机，则毫无用处。调研是针对重要问题进行的，更要讲求效率。要注重平时的信息积累，减少重复调研或临时调研的工作量；要能够熟练地运用各种调研方法，努力提高调研工作效率。

五、秘书调研工作与参谋辅佐

案例 5.12

广州番禺职业技术学院大学生通过暑期三下乡社会实践活动，开展针对农村失地农民再就业问题的调研，通过调查写出《农村失地农民再就业培训状况调查》调研报告，获得广东省大学生课外学术科技作品一等奖，并衍生出"失地农民培训体制研究""广州农村劳动力转移新职业技术教育体系研究"等省市科研课题，为国家、省市、地方政策研究提供了有力数据。

（**资料来源**：广州市哲学社会科学发展"十一五"规划项目．2009-12.）

1. 秘书调研工作的跟踪式参谋辅佐服务

在领导决策的整个过程中，秘书利用调研工作对领导决策进行跟踪式参谋辅佐服务，主要表现在以下几个方面。

（1）决策前，秘书调查、收集并研究各方面的信息，利用调研工作为领导决策作准备，提供各方面的服务。

（2）决策确立目标阶段，为了使所选择的目标的不确定性减小到最低限度，需要调研与该目标有关的全面、详细、真实的材料，以供决策者选择目标作参考。

（3）决策方案准备阶段，秘书应随时通过简单调研，辅佐领导决策。

（4）选定决策方案阶段，在选择方案过程中，任何一个层次上发现问题，都必须根据问题产生的原因与性质，及时地进行调研，以便对决策修订补充。

（5）决策实施效果评估中，决策不可能十全十美，都需要在实践中不断补充和完善。秘书应对决策实施过程中出现的情况和问题，进行调研工作，发现其中不足之处，辅佐领导不断地修正决策，以保证决策得以顺利实施并取得最佳效果。

2. 秘书参谋辅佐时调研工作的特点

（1）服务性。秘书调研要发挥参谋辅佐作用必须为领导工作服务，调研要切合领导或组织工作的需要。这是秘书调查研究的出发点。秘书调研如果偏离领导或组织的工作需要，其调研相对于本单位来说，就是无意义的，更谈不上具有参谋辅佐作用。秘书调研只有切合领导工作需要，才能发挥其参谋辅佐作用。

（2）突击性。秘书部门的调查研究，常常不按某一时期的工作计划来安排，往往带有不同程度的突击性。这与秘书部门经常要处理一些突发性、临时性的事件有关。因为事情来得急，时间要求紧，任务又相当繁重，这就需要秘书部门尽快组织人员前往调查，迅速把调查研究的结果报告领导，使领导能及时采取相应的措施。

（3）被动性。秘书调研工作的被动性，是由秘书参谋辅佐地位决定的。秘书辅佐领导决策而被动性调研，往往表现为领导预先定下什么时候开会，研究、决定什么问题，需要些什么材料，这给调研划定了范围。秘书部门就应组织调查，力争在会议讨论前为领导决策提供有一定深度和预见性的调查资料和报告。当然秘书在被动工作中可以采取主动的措施来应对。如平时有些事情表露了某种迹象，使人预感到其中可能存在着问题，一些实质性的东西可能蕴含在里面，这就产生了调查的需要，秘书部门就应事先主动围绕这个范围进行调查。

3. 秘书参谋辅佐时调查研究的内容

秘书部门由于其综合性、辅助性的特点，秘书为辅佐领导工作而进行的调查研究的内容主要集中在以下几方面。

（1）围绕领导重点工作集中调研。领导的重点工作是关系到一个单位效益的关键性工作，秘书应高度配合辅佐领导开展重要工作，围绕领导的重点工作集中调研，以很好地辅佐领导的工作。调研工作应主要围绕领导的重要中心工作而展开，这既是秘书调研工作研究的指导思想，又是其工作的主要内容。

（2）辅佐决策展开调研。秘书经常辅佐领导决策，发挥参谋作用。领导决策，反映着各个方面的关系。有时候，一个具体的决策和措施的实行，会使单位组织内外许多人的利益发生变化，引起各方面的巨大反响，甚至遭到各方面的阻扰。又由于事物的复杂性和多样性，在执行决策的过程中，往往会出现未曾预料到的情况和问题。这就需要及时到有关部门或基层调查研究，了解这些政策得到哪些人的拥护，受到哪些人的反对，对哪些人有利，对哪些人不利，实行这些决策的进展情况如何，现在发展到了哪一步，出现了哪些偏差和其他问题，实行的结果怎样，是否解决了原有的矛盾，能否收到预期的效果，并及时反映给领导，作为他们修订或完善决策的根据，以便进一步指导工作，实施领导。

（3）为起草决策性文件、方案、重要报告而进行调研。在领导授意下起草各种文稿，是秘书人员经常性的工作。重要的决策性文件、方案、报告，都应慎重拟写。起笔之前应进行一番调查，其调查重点主要注意三点：一是必须与上级的决策规定一致，只能在不违背上级决策的前提下根据实际情况灵活变通；二是必须与同级领导过去制定的政策规定相衔接，不能前后矛盾，若新的政策规定与过去的政策规定不同，要予以说明；三是要能付诸实施。而要做到这三点，一刻也离不开调查研究。因为只有通过调查研究，才能使撰写的重要文稿有的放矢，真正管用，才能够为领导提出实用的参谋建议，有效地辅佐领导决策。

（4）为辅佐领导解决紧急性事件调查研究。紧急性事件是对单位影响较大的突发性事件，领导与单位各部门均没有心理准备，不易应付处理，需要进行深入调研，才能探究出原因，找到解决问题的办法。秘书人员经常要跟随领导或受领导委派，调查一些紧急性事件或突发性事故。对这类事情的调查，秘书人员要十分认真仔细，注意某些关键性细节，尽快查清事实真相及原因，分清责任，以便辅佐领导从容应对并及时处理。

4．调研工作对秘书参谋辅佐工作的意义

（1）调研工作是秘书人员做好参谋辅佐工作的基础。秘书人员发挥参谋作用，辅助领导决策，起草各种文稿，督促检查事项，以及其他日常工作，都离不开调查研究。可以说，调查研究贯穿于秘书工作的全过程和各个环节，它不仅是一项经常性的工作，而且是各项秘书工作的基础。只有搞好调查研究，掌握实际情况，才能避免和减少失误，才能为自己及领导的工作准备打好基础。

（2）调研工作是秘书人员辅助决策的关键环节。现实是决策立足的关键基础，离开现实基础的决策，是盲目的决策。领导决策是否正确，关键在于能否从实际出发，使主观认识和客观实际相一致。秘书人员要辅助领导做出符合实际的决策，首先要进行相关调研工作，掌握第一手的实际情况。再通过科学分析、逻辑推理、比较研究等方法了解客观事物的本质和事物相互间的各种联系，才能辅助领导正确决策。总之，在领导决策的全过程中，处处离不开秘书人员的调查研究，调查研究是秘书人员辅助领导决策、当好参谋助手的关键环节。

（3）调研工作是提高秘书人员参谋辅佐能力的必要途径。经验只有通过实践才能积累，能力只有通过实践才能提高。秘书工作能力的提高，有两条途径：一是努力学习理论和专业知识；二是积极参加社会实践。调查研究是重要的社会实践，秘书人员通过调查研究，可以丰富工作经验，提高辨别是非能力、分析综合能力、交际能力和自我完善能力，从而提高自己的参谋辅佐能力。所有这些能力，都是书本上难以学到的。秘书人员要进行很好的参谋辅佐，调研工作是必要的途径。

> **随堂检测**
>
> 1. 名词解释
> 典型调研　抽样调研　封闭式问卷　访谈法
> 2. 假如选择一个自己感兴趣的专题进行调研，你会采用哪些方法？说说理由。

子项目四　信息反馈与参谋辅佐

项目任务

根据反馈信息资料提出一定参谋建议。

事件回放

新可口可乐：信息反馈失误

1. 决策背景

20世纪70年代中期以前，可口可乐公司是美国饮料市场上的"Number 1"，可口可乐占据了美国80%的市场份额，年销量增长速度高达10%。然而好景不长，20世纪70年代中后期，百事可乐的迅速崛起令可口可乐公司不得不着手应付这个饮料业"后起之秀"的挑战。

2. 信息反馈失误

为了着手应战并且找到为什么可口可乐发展不如百事可乐的原因，可口可乐公司推出了一项代号为"堪萨斯工程"的市场调研活动。

1982年，可口可乐广泛深入10个主要城市中，进行了大约2 000次的访问，通过调查，看口味因素是否是可口可乐市场份额下降的重要原因，同时征询顾客对新口味可乐的意见。于是，在问卷设计中，询问了"你想试一试新饮料吗？""可口可乐口味变得更柔和一些，您是否满意？"等问题。

调研最后结果表明，顾客愿意尝试新口味的可乐。这一结果更加坚定了可口可乐公司决策者的想法——秘不宣人，长达99年的可口可乐配方已不再适合今天消费者的需要了。于是，满怀信心的可口可乐开始着手开发新口味可乐。

3. 灾难性后果

起初，新可乐销路不错，有1.5亿人品尝了新可乐。然而，新可口可乐配方并不是每个人都能接受的，而不接受的原因往往并非口味原因，而是这种"变化"受到了原可口可乐消费者的排挤。在不到3个月的时间内，即1985年4—7月，尽管公司花费了400万美元,进行了长达 2 年的调查,但最终还是彻底失败了!百事可乐公司美国业务部总裁罗杰·恩里科说:"可口可乐公司推出'新可乐'是个灾难性的错误。"

4. 分析结论

我们看到,可口可乐公司还是慎重的,它事先也做了大量的调查工作,其调查工作的程序与过程也没有什么明显的错误。但问题在于,如果是一般的产品,这种调查所得出的结论无疑是正确的,而可口可乐已演变为一种文化,调查者没有从文化的角度进行调查,所以,那些看似有理有据的调查结果反成了一种误导。在信息反馈环节上没有受到足够全面的分析与重视,这是其失败的根本原因所在。

那些具有文化底蕴的产品,在做出某种变动时要慎之又慎,要多角度、全方位的考虑问题,以免重蹈新可乐之覆辙。

(**参考资料**:杨明刚. 市场营销100:个案与点析[M]. 上海:华东理工大学出版社,2004.)

任务分析

当市场初步信息反馈发现当初的决策有偏差时,我们必须着手全面详细地收集反馈意见,并进行决策调整,这也是秘书信息工作和参谋辅佐工作的重点。

你认为可口可乐公司推出新产品时在哪个环节出了问题?假如你是可口可乐公司的秘书,应该怎样反馈有关信息,向领导提出科学建议?

相关知识

一、信息反馈的概念

反馈(Feedback),泛指发出的事物返回发出的起始点并产生影响。反馈又称回馈,是控制论的基本概念,指将系统的输出返回到输入端并以某种方式改变输入,进而影响系统功能的过程,即将输出量通过恰当的检测装置返回到输入端并与输入量进行比较的过程。反馈可分为负反馈和正反馈。前者使输出起到与输入相反的作用,使系统输出与系统目标的误差减小,系统趋于稳定;后者使输出起到与输入相似的作用,使系统偏差不断增大,使系统振荡,可以放大控制作用。对负反馈的研究是控制论的核心问题。

医学上的反馈指某些生理的或病理的效应反过来影响引起这种效应的原因。起增强作用的叫正反馈;起减弱作用的叫负反馈。

传播学上的反馈是指传播过程中受传者对收到的信息所作的反应,获得反馈讯息是传播者的意图和目的,发出反馈是受传者能动性的体现。

信息反馈,是指把输出信息的作用结果返送回来,并对信息的再输出产生影响,起到控制和调节的作用,使整个系统得到有效的控制的过程。也即人们在实践活动中采取一定措施追踪事物发展变化情况的信息,然后再根据所获取的信息对实践活动做出调整的过程。市场信息反馈是指将市场销售情况的信息、客户使用产品的意见不断反馈给工厂。

二、信息反馈的目的

1. 检验所获信息的可靠性

实践是检验真理的唯一标准，在实践中可检验信息的真实与否，信息工作中信息反馈的作用便是如此。秘书在辅佐领导决策之前，进行了大量的信息收集和处理工作，但输出的信息真实与否，在一开始并不能全部检验出来。在所搜集的信息中，有的信息可能是真假掺杂的，可能真的成分多一些，也可能假的成分多一些。而信息反馈是对以前信息工作的检验，信息反馈能检验以前所收集和利用信息的可靠性。

2. 调整所用的不当信息

事物是时时发展变化的。随着事物的发展，人们之前收集的信息，可能不符合事物的发展面貌，不能反映事物变化了的本质规律。因此，对信息的收集、处理和利用，应根据事物的发展变化状况做出必要调整，以适应事物的发展方向。秘书在进行信息工作和辅佐领导决策时，经常会有预料不到的情况发生，从而使信息的利用偏离了预期目标，不能发挥原来的实际效用。秘书要时时监测事物的发展变化状态，及时发现新的情况，进行信息反馈，当发现信息利用效果不符合预期要求时，就要采取一定的调整措施，对原来收集的信息进行再处理、再分析、再研究、再开发，或者重新收集新的信息，使信息工作朝正确的方向发展。在此过程中，信息反馈的作用就是反馈事物变化发展的信息，及时发现问题、解决问题，控制有关信息工作的实践活动，使信息工作走向成功，避免造成重大损失。应该说，没有信息反馈的信息工作是不完善的信息工作，是有重大缺陷的信息工作。信息反馈工作对整个信息工作的成败起着决定性的作用。

3. 检验决策的可行性

信息反馈对实践中出现的新情况、新问题及产生的原因进行综合分析研究，确定问题出现的具体环节和层次，及时纠正错误，以便采取调整措施。决策的可行与否也需要通过信息反馈来检验。决策在执行过程中进行得怎样及是怎样进行的，都需要信息反馈来反映。对于决策的任何环节和层次上可能出现的失误，通过反馈信息，可以得到及时的发现与调整。科学决策的过程就是不断修改、调整的过程。因此，通过信息工作——决策——信息反馈——修正——再反馈——再修正的多次往复循环，可以促进决策的不断完善，保证最终决策的科学性与可行性。

例如，企业在决定推出新产品时，会对新产品进行一段时间的试销，通过试销，获取购买新产品用户的使用信息，进行新产品的有关信息反馈工作，反馈的信息可以包括客户对产品的价格、款式、质量等方面的意见，也包括客户对新产品的建议，再根据这些反馈信息对产品的款式、质量、价格等方面做相应的调整，及时采取措施解决问题，推进决策的成功。

三、信息反馈的特点

（1）承前性。信息反馈的承前性是指信息反馈是以之前的信息收集、信息处理、信息利用、决策执行等为基础而产生的。信息反馈工作实质上就是信息在实践中活动情况的反映与工作。

（2）多样性。信息反馈可以通过多种渠道、多种来源、多种形式来进行。信息反馈工作存在于人类实践活动的各个领域，信息反馈的主体身份也不仅仅局限于秘书，从事实践活动的所有人都可以成为信息反馈工作的主体，因此，信息反馈具有丰富多样性。

（3）广泛性。信息反馈工作发生于信息工作及决策执行的整个过程，对信息工作及决策执行的方方面面都要进行反映，既要反馈积极的信息，又要反馈消极的信息，范围十分广泛。

四、信息反馈的形式

1. 正反馈和负反馈

（1）正反馈。正反馈的本义是使系统的输入对输出的影响增大，不断地打破旧的平衡状态，导致系统性运动的加剧，促使系统的变化和发展。

正反馈在信息工作中是指返回来的信息对决策者的组织、指挥起肯定或加强的作用，使工作或生产经营按既定的方向发展。正反馈中的反馈信息一般反映决策执行中的成绩、经验等正面的信息。

（2）负反馈。负反馈的本义是使系统的输入对输出的影响减小，可以及时发现和纠正系统中的偏差和谬误，使系统偏离目标的运动得到纠正并趋向稳定状态，保证系统达到预期的目的。

负反馈在信息工作中是指返回的信息对决策者的组织和指挥起减弱、否定或部分否定的作用，改变或部分改变原来的工作或生产经营活动的方向和状态，以期取得系统目标的最佳效益。负反馈中的反馈信息一般为反映执行中的问题、失误、教训方面的信息。

当然，在信息工作中可以通过努力，化负反馈为信息工作的促进动力。例如，海尔的市场原则之一是"用户抱怨是最好的礼物"，海尔认为，用户抱怨的内容，正是它工作改善的方向；如果能及时消除这些抱怨，就是真正增加了企业的资产。

2. 纵向反馈和横向反馈

（1）纵向反馈。纵向反馈是自下而上或自上而下的信息反馈，指同一系统向上级管理部门和决策层或向下级部门反映执行指令信息情况的一种反馈形式。

（2）横向反馈。横向反馈是指同级组织之间的信息反馈。

3. 前反馈和后反馈

（1）前反馈。前反馈是指在信息发出之前，信息的接受对象向信息发出者表示的要求和愿望，希望将要发出的信息能满足自己的需求，如来自基层和群众中的建议和呼声等。例如，海尔企业的市场原则之一是紧盯市场的变化，甚至要在市场变化之前发现用户的需求，用最快的速度满足甚至超出用户的需求，创造美誉。

（2）后反馈。后反馈是指在信息发出后，信息接受者对信息做出的反应。

五、信息反馈的方法

信息反馈方法与信息收集方法接近，因为信息收集与信息反馈的目标都在于获取信息。但是二者的信息性质不同，信息收集获得的是原始信息，信息反馈的信息是在原始信息的基础上及在决策中衍生出的信息。主要的信息反馈方法有以下几种。

（1）现场观察反馈法。现场观察反馈法就是人们亲自到现场，观察了解决策的执行情况，掌握各方面的反馈信息。

（2）口头提问反馈法。口头提问反馈法是指通过口头提问或进行面对面的提问，或电话提问获取反馈信息。

（3）书面问卷反馈法。书面问卷反馈法是指借助书面问卷来提问、了解反馈信息。

（4）调查反馈法。调查反馈法是指到社会各项实际工作中，细致地进行调查，了解有关反馈信息的方法。可以现场调查，也可以网上调查。

对于不同的系统，所采用的信息反馈方法也不相同。自然界系统的客观事物如各种机器设备等都是没有意识的，对它们情况的了解只能通过仪器设备的监测，多用观察法进行信息反馈。而对于以人为被考察对象的系统，其考察的内容主要是人自身的一些信息，而且由于人是有意识的动物，人自己最了解自己的相关信息，所以对人的思想的了解可以通过多种方式获取。例如，在对用户使用产品信息进行调查时，可以通过观察反馈法、口头提问反馈法、书面问卷反馈法、现场调查反馈法、网络调查反馈法等多种渠道方式进行信息反馈工作。

六、信息反馈的原则

（1）系统性原则。信息反馈要遵循系统性原则，系统地反映信息收集、处理、加工、储存、传递、开发、利用以及决策的拟订、制定、执行、效果等一系列环节中的情况。对于比较复杂的系统，如企业的产品开发销售系统等，其整体和部分的运行情况很难直接获取，因此需要专门的信息反馈系统来监测、发现并返回信息。

（2）控制性原则。控制性原则是指信息的反馈应当得到很好的控制，信息反馈系统不能影响其监测对象系统的运行和发展。信息反馈的目的是促进信息工作和决策的完善，信息反馈系统只是人们监测、控制实践活动的手段，如果因为信息反馈系统而影响了对象系统的运行，则画蛇添足，多此一举。但如果能控制好信息反馈系统，让其发挥正面的、积极的作用，那么信息反馈工作就是画龙点睛之举。因此，既要确保信息反馈系统的有效运行，更要对其进行适当的控制，以保证被反馈的对象也能保持其自身的良好运转。

（3）针对性原则。针对性原则即所反馈的信息内容具有较强的针对性，信息反馈应该围绕以前所收集的信息、所利用的信息及进行的决策做针对性的反馈，不能将信息反馈系统和对象系统的设计分开进行，不能胡乱反馈。有的放矢地反馈信息，可以提高信息工作的成效。只有这样，人们才能通过信息反馈成功而实施对对象系统的控制。

（4）合适性原则。信息反馈系统的选择要符合其反馈对象系统的要求。信息反馈工作能否成功主要依赖于信息反馈系统能否成功返回所有关键信息，因此一定要选择一个合适的信息反馈系统。不合适的信息反馈系统，不能准确、及时、有效地反馈信息，导致信息反馈工作失败。而合适的信息反馈系统，能准确、及时、有效地反馈信息，保证信息反馈的成功。

七、秘书信息反馈与参谋辅佐

案例 5.13

海尔作风体现了海尔人的市场观念：海尔为用户着想，对用户真诚，快速排除用户烦恼到零。以迅速快捷的速度对待市场，绝不对市场说不。尤其是在信息时代，速度决定一切。

海尔精神 海尔作风事例
17 小时将海外经理人的建议变成样机

美国海尔贸易公司总裁迈克曾接到许多消费者的反映，说普通冷柜太深了，取东西很不方便。在 2001 年"全球海尔经理人年会"上，迈克突发奇想，能否设计一种上层为普通卧式冷柜，下面为带抽屉的冷柜，二者合一不就解决这一难题了吗？

当时的冷柜产品本部在得知迈克的设想后，四名科研人员采用同步工程，连夜奋战，仅用 17 个小时完成了样机。不但如此，他们还超出用户的想象，又做出了第二代产品。在会议结束的答谢宴会上，当这些样机披着红绸出现在会场上时，引来一片惊叹声，接着爆发出一阵长时间热烈的掌声。这款冷柜当场以迈克的名字命名。

（资料来源：《海尔企业文化培训教材》第二章）

1. 秘书信息反馈的鉴戒式参谋辅佐服务

秘书利用信息反馈进行参谋辅佐主要是一种经验总结、鉴戒式的参谋辅佐。

（1）秘书在决策实施之后，通过反馈的信息，对照决策计划，检验实施决策的效果，运用比较、分析、总结等方法，辅佐领导人及其他组织成员，发现和总结决策方案本身以及实施过程中的经验和教训、成绩和缺点、长处和短处。

（2）秘书通过信息反馈，分析总结的结果，写入总结材料，记录在案，引以为鉴戒，作为制定新决策的重要依据。

（3）秘书通过信息反馈，对于那些遗留的问题和不足之处，秘书可建议领导人，采取必要的措施进行补救，减少损失。

2. 秘书参谋辅佐中信息反馈的主要内容

秘书要通过信息反馈辅佐领导决策，发挥参谋辅佐作用，反馈信息的主要内容集中在以下几个方面。

（1）反馈决策执行过程。从反馈的信息中，秘书可以了解到单位决策是否正在被执行。

（2）反馈决策执行方式。从反馈的信息中，秘书可以了解到单位决策的执行方式，即怎样执行。

（3）反馈决策执行效果。从反馈的信息中，秘书可以了解到单位决策的执行效果，即决策被执行得怎样。

（4）反馈决策质量。决策质量即决策的正确性，从反馈的信息中，秘书可以了解到单位决策是否正确，是否适用，是否可行。

（5）反馈决策功能。决策功能即决策的功用，从反馈的信息中，秘书可以了解到单位决策指令有哪些作用与功能。

对于不同的信息反馈系统和实践系统，所反馈回来的信息内容也是不同的。如市场信息反馈系统返回的信息一般包括用户组成结构、消费需求、消费习惯、产品质量、产品功能、销售渠道、服务质量等信息；机器设备系统的信息反馈系统反馈的信息则主要是设备运行时的噪声等各种技术参数的信息等。

3. 秘书参谋辅佐工作对信息反馈的要求

秘书参谋辅佐工作是为领导的决策服务，决策者的决策是一个连续的过程，后续的决策依赖反馈回来的准确、全面、及时的信息。决策控制调整是使企业维持或追求目的和目标的一种机制，它根据企业目标，不断跟踪、监督和评估企业的进展并持续地将有关信息反馈给决策者，决策者据此才能确定企业发展是否偏离了预定目标和航线，是否需要调整。决策控制调整是决策的延续，是基于反馈信息的决策过程。秘书要利用信息反馈很好地辅佐领导控制调整决策，发挥参谋作用，其基本要求是及时、准确、全面。

（1）及时反馈信息，有效辅佐领导决策。信息是有时效性的。秘书只有及时、迅速、敏捷地反馈各方面的信息，才能有效地参谋辅佐，否则其参谋辅佐是无效的。秘书应尽量运用现代化的手段反馈信息，减少反馈信息的处理环节，辅佐领导及时控制调整决策不恰当的地方，从而达到有效参谋辅佐的效果。

（2）准确反馈信息，正确辅佐领导决策。准确反馈信息，防止反馈信息的失真，要如实地反馈客观实际情况。决策的科学性是建立在准确的信息基础上。秘书尽量准确如实反映反馈信息，若有可能，可在决策前的小范围内试点，确保信息的准确性。秘书准确反馈信息，可以辅佐领导进行恰当的决策控制与调整。

（3）全面反馈信息，高效辅佐领导决策。信息反馈要完整、系统，能真实地反映客观事物全方位的情况。秘书要做到能反馈回来全面的信息，既要注意正反馈信息，即反馈信息一般为反映决策执行中的成绩、经验等正面的信息；又要注意负反馈信息，即反馈信息一般为反映执行中的问题、失误方面的信息。秘书全面反馈信息，可使领导做出准确全面的判断，进行科学的决策控制。

4. 秘书信息反馈对参谋辅佐工作的意义

（1）信息反馈是秘书参谋辅佐工作的重要部分。秘书通过信息反馈进行跟踪决策服务，这是领导决策执行过程中及之后的检查督办工作，属于秘书参谋辅佐工作的一部分。

（2）信息反馈是秘书参谋辅佐工作的重要方式。秘书对经过整理的一些重要信息资料提出相应的处理意见，供领导参考。提出意见，这既是信息整理中的重要途径，也是秘书信息工作与其他部门信息工作的显著区别之一。秘书在信息整理的过程中，要有的放矢地提出参考性建议、办法、观点、方案，才能发挥参谋助手的作用。

信息反馈可检验决策的正确性，有利于秘书参谋辅佐领导及时调整修改决策中的不恰当部分。

相关链接

XX 电子有限公司
质量信息反馈表

为了尽快解决客户反馈的问题，需要客户提供下列详细信息，以便我公司技术质量部根据客户使用的情况进行测试，分析、判断出成品损坏的原因及解决方法，我公司将及时给您回复。

客户名称：	联系人：
联系电话：	传真：
产品名：	反馈日期：

客户请按下列项目信息提供给我公司：

1. 不良样品（　　）支	2. 同批未使用的样品（　　）支
3. 产品的应用线路图	4. 线路板
5. 反馈器件输入电流	6. 反馈器件输出电流
7. 反馈器件输入电压	8. 反馈器件输出电压
9. 购买数量	10. 不良品数量
11. 产品不良率	12. 产品批号
13. 产品的封装形式	
14. 不良现象描述：	
15. 客户处理要求：	

随堂检测

1. 名词解释

反馈　负反馈　控制性原则　参谋辅佐　服务式参谋辅佐　协助式参谋辅佐

2. 案例分析

海尔是我国著名的家电制造企业，海尔的企业文化强调：企业存在的价值观是"一切为了客户""一定要设法让客户满意"。具体到实际行动中，海尔的售后服务是有口皆碑的。有一次，市场信息反馈发现：在上海，一到夏天洗衣机的销量就会下降，难道人们在夏天不洗衣服了吗？经调查发现，原来夏天的衣服很薄，量又小，原有的洗衣机的水缸太大，需要很多水，造成用水的浪费，所以人们不愿意使用洗衣机。针对这个问题，海尔研制了海尔小神童洗衣机，用水量很少，而且操作方便，即使是小学生放学回家，也可以把衣服往小神童洗衣机里一扔，自己操作。小神童洗衣机经过几次改良，在市场上一直销路很好。海尔"让客户满意"的宗旨感动了许多客户，也为企业赢得了良好的声誉和客户群。

问题：分析这个案例，评述信息反馈的作用。

3. 阅读《三国演义》"三顾茅庐"片段，分析诸葛亮的"隆中对"，体会信息工作在秘书为辅佐决策工作中产生的巨大作用。

知 识 小 结

信息工作与参谋辅佐
- 信息收集与参谋辅佐
  - 信息概述
  - 秘书信息工作的概念及内容
  - 信息收集
  - 秘书信息收集与参谋辅佐
- 信息处理与参谋辅佐
  - 信息整理
  - 信息储存
  - 信息传递
  - 信息开发
  - 信息利用
  - 秘书信息处理及参谋辅佐
- 调研工作与参谋辅佐
  - 调研工作的概念
  - 调研工作的基本类型
  - 调研工作的基本方法
  - 调研工作的原则
  - 秘书调研工作与参谋辅佐
- 信息反馈与参谋辅佐
  - 信息反馈的概念
  - 信息反馈的目的
  - 信息反馈的特点
  - 信息反馈的形式
  - 信息反馈的方法
  - 信息反馈的原则
  - 秘书信息反馈与参谋辅佐

课后练习题

一、单项选择

1. 统计资料属于（　　）。
   A. 自然信息　　　B. 干扰信息　　　C. 语言信息　　　D. 社会信息

2. 整个信息工作的核心是（　　）。
   A. 信息收集　　　　　　　　B. 信息整理
   C. 信息储存　　　　　　　　D. 信息综合

3. 信息校对是对经过初步甄别的信息做进一步的校验核实，对信息的（　　）进行认定。
   A. 重要性　　　B. 真实性　　　C. 齐全性　　　D. 充实性

4. 电子档案信息可以不受时间和空间限制通过网络传播的属性是（　　）。
   A. 共享性　　　B. 公开性　　　C. 公众性　　　D. 空间性

5. 秘书在调查研究的基础上撰写调查报告的工作属于（　　）。
   A. 信息整理　　　　　　　　B. 信息提炼
   C. 信息开发　　　　　　　　D. 信息反馈

二、多选题

1. 信息的特点有（　　）。
   A. 客观性　　　B. 共享性　　　C. 计划性　　　D. 时效性
2. 信息反馈的形式有（　　）。
   A. 前反馈　　　B. 后反馈　　　C. 纵向反馈　　D. 横向反馈
3. 非普遍调研的基本类型（　　）。
   A. 抽样调研　　B. 重点调研　　C. 典型调研　　D. 个别调研

三、工作实务题

1. 请按便条提示，完成相关工作任务。

便　　条

高叶：

　　为了充分发挥信息的作用，促进公司管理水平的提高，公司鼓励各部门进行各种形式的信息开发。请说明信息开发的方法和原则。

　　谢谢

行政经理：××

××××年××月××日

---

2. 利用各种方法收集你所在专业、行业的信息。
3. 结合自己就业、择业的需要，利用网络，收集至少30家企业的招聘信息。
4. 项目任务训练。

（1）项目情景。

威博电器有限公司为了开拓新的市场，根据节省能源、科学利用自然资源的指导思想，拟开发民用太阳能热水器生产项目。公司为此专门召开办公会议，讨论开发民用太阳能热水器的优势及可行性。从节省能源和环保的角度看，太阳能热水器是很有优势的。但产品应用的可行性和市场前景如何，还须根据秘书提供有效的市场信息，再进行综合分析和科学预测，才能做出正确决策。

（2）任务要求。

请你以该公司秘书的身份，围绕太阳能热水器开发的可行性收集有关信息：

① 在网上收集有关太阳能热水器发展前景的信息，并标出信息来源网址。

② 设计一份调查问卷，向消费者收集各种家用热水器的使用意见，并进行统计分析。

③ 向有关能源部门了解各类热水器（电热水器、管道燃气热水器、瓶装燃气热水器）的使用成本；同时向本公司技术开发部了解太阳能热水器的使用成本。

④ 到商场收集各类热水器的销售价格，向商家了解各类热水器的销量和消费群体，说明信息来源。

⑤ 向城建管理部门、太阳能开发应用技术部门了解民用太阳能热水器的可行性。

欢迎广大院校师生**免费**注册应用

华信SPOC官方公众号

www.hxspoc.cn

华信SPOC在线学习平台
专注教学

数百门精品课
数万种教学资源

教学课件
师生实时同步

多种在线工具
轻松翻转课堂

电脑端和手机端（微信）使用

测试、讨论、
投票、弹幕……
互动手段多样

一键引用，快捷开课
自主上传，个性建课

教学数据全记录
专业分析，便捷导出

登录 www.hxspoc.cn 检索 华信SPOC 使用教程 获取更多

华信SPOC宣传片

教学服务QQ群：1042940196
教学服务电话：010-88254578/010-88254481
教学服务邮箱：hxspoc@phei.com.cn

电子工业出版社　华信教育研究所

反侵权盗版声明

电子工业出版社依法对本作品享有专有出版权。任何未经权利人书面许可,复制、销售或通过信息网络传播本作品的行为,歪曲、篡改、剽窃本作品的行为,均违反《中华人民共和国著作权法》,其行为人应承担相应的民事责任和行政责任,构成犯罪的,将被依法追究刑事责任。

为了维护市场秩序,保护权利人的合法权益,我社将依法查处和打击侵权盗版的单位和个人。欢迎社会各界人士积极举报侵权盗版行为,本社将奖励举报有功人员,并保证举报人的信息不被泄露。

举报电话:(010)88254396;(010)88258888
传　　真:(010)88254397
E-mail:　dbqq@phei.com.cn
通信地址:北京市海淀区万寿路173信箱
　　　　　电子工业出版社总编办公室
邮　　编:100036